Norman Bücher

W0368982

EXTREM

Die Macht des Willens

GOLDEGG
VERLAG

Der Verlag und seine Autoren sind für Reaktionen, Hinweise oder Meinungen dankbar. Bitte wenden Sie sich diesbezüglich an verlag@goldegg-verlag.at

ISBN: 978-3-902729-18-7

Mommsengasse 4/2 • A-1040 Wien
Telefon: +43 (0) 1 5054376-0
E-Mail: office@goldegg-verlag.com
http://www.goldegg-verlag.com
Herstellung: Goldegg Verlag GmbH, Wien
Druck: CPI Moravia Books

Norman Bücher

Extrem

Für Helga und Lothar, meine Eltern,
die mir alles gaben und immer noch geben. Ihr habt
mich immer darin bestärkt, meine Träume zu leben.

Für Sabine und Marla, meine Familie,
die ich über alles liebe.

Zudem bedanke ich mich bei all denen,
die mich in den letzten Jahren
tatkräftig unterstützt haben,
insbesondere bei Heini und
dem gesamten 5 Sterne Team
sowie bei Christian, meinem Freund,
Geschäftspartner und Fotografen.
Eure Unterstützung ist unbezahlbar. Dankeschön!

Inhaltsverzeichnis

Einlaufen

Was haben ein Extremläufer, eine Führungskraft, ein Student, ein Landwirt und ein Künstler gemeinsam? Worin liegt die Schnittmenge zwischen dem Extremsport und dem „normalen" Berufs- und Alltagsleben? Was sind die entscheidenden Erfolgsfaktoren? Es spielt sich fast alles im Kopf ab. Genauer gesagt stellt unser Wille das berühmte Zünglein an der Waage für unseren Erfolg dar. Doch es gibt noch mehr Gemeinsamkeiten zwischen dem Extremsport und dem Alltags- und Berufsleben.

Das wird mir bei meinen Laufabenteuern immer wieder bewusst. Ob bei der Umrundung des gewaltigen Mont Blanc-Massivs, bei der ich 166 Kilometer und 9.400 Höhenmeter innerhalb von 46 Stunden bewältigen musste. Oder der Durchquerung der Atacamawüste in Chile – 600 Kilometer in vierzehn Tagen lief ich dabei durch eine der trockensten Landschaften der Erde. Beim Jungle Marathon in Brasilien, der als der gefährlichste Abenteuerlauf der Welt gilt, stellten vor allem die sengende Hitze und die extrem hohe Luftfeuchtigkeit die Herausforderungen dar. Der 100 Meilen-Lauf im Himalaya zeichnete sich durch die dünne Höhenluft und die sehr steilen An- und Abstiege aus. Bei all diesen und weiteren Abenteuern hatte ich kritische Situationen zu meistern, musste häufiger meinen inneren Schweinehund überwinden, fiel unzählige Male zu Boden und stand wieder auf und musste sehr viele Hürden und Hindernisse in Kauf nehmen, bis ich endlich das Ziel erreichte.

Sie müssen jetzt nicht gleich durch eine Wüste laufen oder ein ambitionierter Sportler sein. Wenn es um Ihren eigenen Berufs- oder Alltagsmarathon geht, wie immer dieser ausschaut, gelten nämlich dieselben Gesetzmäßigkeiten und Erfolgsprinzipien. Ob Sie bei einem großen Kunden die entscheidende Verkaufspräsentation halten, Ihre Mitarbeiter jeden Tag in einem bedeutsamen Projekt motivieren, kurz vor einer wichtigen Klausur stehen oder eine fünfköpfige Familie „managen". Ausdauer, Zielsetzung, Eigenmotivation, Selbstmanagement, mentale Stärke und vor allem die Willenskraft sind in allen Lebensbereichen wichtig. Auf dem Weg zum Ziel gehören Hindernisse, Rückschläge und schwierige Situationen einfach dazu. Die Kunst besteht darin, in solchen Momenten nicht aufzugeben, sondern diese Krisensituationen zu meistern und beharrlich seinen Weg weiterzugehen. Ob im Sport, Beruf oder Alltag.

Ich bin ganz sicher kein Spitzensportler, der mit Siegen, Rekorden und Bestzeiten auftrumpfen kann. Definitiv bin ich auch kein Profisportler, der von seinem Sport komplett seinen Lebensunterhalt bestreiten kann. Darum geht es mir gar nicht. Ich gewinne bei meinen Laufabenteuern auf eine ganz andere Art und Weise: nämlich für mein eigenes Leben. Ich habe von meinem Sport sehr viel für mein gesamtes Leben gelernt. Wie ich mit Rückschlägen umgehe, wie ich mich in kritischen Situationen wieder selbst motivieren kann oder wie ich mir richtige Ziele setze und diese umsetze.

Das sind alles Dinge, die ich genauso in anderen Lebensbereichen wie in meinem Beruf als Vortragsredner oder in meiner Rolle als Familienvater benötige. Meiner Meinung nach gibt es allgemeingültige Regeln und Grundsätze, die einem zum Erfolg verhelfen können. Und genau diese gemeinsamen Erfolgsprinzipien will ich Ihnen näherbringen.

Ich möchte Ihnen keine Weisheiten anbieten nach dem Motto „Der weiß doch eh alles besser", sondern einfach von meinen Erfahrungen als Extremsportler erzählen und

Ihnen damit Impulse und neue Denkanstöße geben, wie auch Sie davon in Ihrem Bereich profitieren können.

„Extrem", das ist die Vokabel, die häufig mit meinen sportlichen Abenteuern assoziiert wird. Für mich bedeutet „Extrem", dass man seine persönliche Komfortzone verlässt, sich in unbekanntes Terrain wagt und an seine individuelle Grenze geht. Diese sieht bei jedem Menschen anders aus. Meine Grenze suche ich hauptsächlich im sportlichen Kontext. „Extrem" ist für mich ein relativer Begriff, denn ich traue vielen anderen Menschen ebenfalls solche sportlichen Leistungen zu, wie ich sie erbringe. Keine Angst, ich will aus Ihnen keinen Extremsportler machen. Auch und gerade für Nichtsportler ist dieses Buch konzipiert.

Mir liegt es am Herzen, aufzuzeigen, dass der extreme Ausdauersport als Metapher und Erfolgsmodell herangezogen werden kann, von dem man für andere Lebensbereiche lernen und profitieren kann. Denn der Extremsport bewegt sich viel näher am wirklichen Leben, als Sie vielleicht denken. Insofern ist es kein extremes Buch, was die Botschaft und die Zielgruppe anbelangt. Vielmehr will ich Ihnen mit meinen Erfahrungen Impulse, Anregungen und Denkanstöße bieten und zeigen, was mit der Willenskraft alles möglich ist. „Extrem" nimmt Sie mit zu Ihrem persönlichen Lauf.

Ich verfüge nicht über magische Fähigkeiten und bin auch kein außergewöhnliches Talent, um solche Leistungen wie beispielsweise bei meinem Lauf durch die Atacamawüste zu vollbringen. 600 Kilometer durch die trockenste und höchstgelegene Wüste der Erde zu laufen, ist zwar für viele Menschen unvorstellbar, doch diese Leistung hat nichts mit übermenschlichen Fähigkeiten zu tun. Ich bin auch kein Motivationsguru nach dem Motto „Tsjakaa, Du schaffst es". Ich bin ein ganz normaler

Mensch wie Sie auch. Das, was ich geschafft habe, können viele andere auch, wenn sie gewisse Erfolgsprinzipien und Grundsätze beachten. Und vor allem die Macht des Willens nutzen.

Viel Spaß beim Lesen,

Ihr *Norman Bücher*

Am Start

Erfolg = 166 Kilometer + 9.400 Höhenmeter?

Es ist Freitag, 25. August 2007. Gut 2.300 Läufer aus aller Herren Länder haben sich auf dem Marktplatz in Chamonix, dem Zentrum des Alpinismus in Frankreich, versammelt. Es herrscht totaler Ausnahmezustand. Tausende Zuschauer sind zusammengekommen, um bei einem faszinierenden und besonderen Laufabenteuer hautnah dabei zu sein. Sie sorgen für eine regelrechte Volksfeststimmung. Mittendrin stehe ich. Eine mächtige Bergkulisse umgibt uns. Imposante Viertausender reihen sich aneinander und ein einzelner Berg sticht deutlich hervor: der Mont Blanc. Der Weiße Berg, der frei von Wolken am tiefblauen Himmel sämtliche Blicke auf sich zieht. Eine Aussicht, die mir schier den Atem raubt. Eine gewaltige Herausforderung liegt vor mir. Allein die nackten Zahlen rufen eine gehörige Portion Respekt in mir hervor: 166 Kilometer, 9.400 Höhenmeter und zehn schwere Bergpässe durch hochalpines Gelände gilt es nonstop zu bewältigen. Das Zeitlimit beträgt dabei nur 46 Stunden. In den nächsten gut vierzig Stunden werde ich, bis auf wenige Ausnahmen, ohne Schlafpausen unterwegs sein. Drei Länder, Frankreich, Italien und die Schweiz, werden insgesamt durchlaufen. Ich befinde mich kurz vor dem Startschuss beim Ultra-Trail Mont Blanc, einem der längsten und anspruchsvollsten Bergläufe der Welt. Monatelang habe ich mich sehr intensiv auf diesen Lauf vorbereitet, körperlich wie mental. Jetzt sind es nur noch ein paar Minuten bis zum Start. Der Platz füllt sich immer mehr mit Läufern und das Gedränge nimmt zu. Die letzten Minuten sind immer die schlimmsten. Die Zeit vergeht dabei nur unendlich langsam. Wie werden wohl die nächsten Stunden verlaufen? Stimmt die Wetterprognose und es bleibt trocken? Wie anspruchsvoll ist die Strecke wohl wirklich?, geht es mir durch den Kopf. Gleichzeitig beschleicht mich eine Gänsehaut, wenn ich an das brutale Höhenprofil denke. Doch den anderen Läufern scheint es genauso zu gehen. Auch sie wirken angespannt, nervös und kribbelig. Die unterschiedlichsten Charaktere laufen hier mit. An der Mimik kann ich die Emotionen ablesen, die den Einzelnen bewegen: Begeisterung, Anspannung, Skepsis, Freude und Ungeduld. Links neben mir steht ein Läufer, der ungeduldig von einem Bein auf das andere hüpft. Sein rot-gelbes Kopftuch mit der Aufschrift „Cataluna" signalisiert mir, dass er aus Spanien kommt. Sein kleiner Rucksack, der mit zahlreichen Riegeln und Gels gefüllt ist, sitzt fest an seinem durchtrainierten Oberkörper, der durch sein hautenges, buntes Funktionsshirt bedeckt ist. An seinen muskulösen Oberarmen scheint jede einzelne Ader gleich durch die Haut zu kommen. Fast wie ein Stier, der mit seinen Hufen scharrt und gleich in die Arena darf, kommt er mir vor. Er trägt, wie viele Läufer hier, lange, schwarze Kompressionsstrümpfe, durch die die Muskulatur besser mit Sauerstoff versorgt wird. Während er ein paar Schlucke aus seiner Trinkblase zu sich nimmt, hält er mir seine Hand hin zum Einschlagen. „Good luck!" Rechts neben mir steht Klaus, ein guter Lauffreund von mir, und sehnt endlich den Startschuss herbei. „Wie geht's Dir?", fragt er mich. „Ausgezeichnet", antworte ich ihm. „Ich muss aber jetzt loslaufen, sonst platzt mein Körper vor Anspannung." Ich schaue wiederholt auf meine Laufuhr: Noch fünf Minuten. Die Luft ist jetzt zum Zerreißen gespannt! Der Veranstalter spricht noch ein paar Worte über Mikrofon zu uns Läufern. Ich verstehe ihn nicht und es ist mir auch egal, was er sagt, denn ich will endlich starten. Zum wiederholten Mal zupfe ich an meinem Laufshirt. Sitzt alles richtig? Habe ich auch alles dabei? Schließlich erklingt Conquest of Paradise, die Hymne des Rennens. Damit ist allen klar: Gleich geht's los. Mein Herz schlägt schneller. Die Musik elektrisiert mich, jede Faser meines Körpers ist angespannt und auf dieses einzigartige Laufabenteuer programmiert. Es kribbelt in mir vom Kopf bis zur Fußspitze. „Ich will", sage ich mir. „Ich will und werde diesen Lauf finishen. Ich bin bereit für diese extreme Herausforderung." Um 18:30 Uhr ertönt endlich der Startschuss. Jetzt geht es los. Einmal um den Mont Blanc: 166 Kilometer und 9.400 Höhenmeter. Nonstop, innerhalb von 46 Stunden.

Von Chamonix führt zunächst ein sanfter Anstieg auf der rechten Seite des Arvetals nach Les Houches. In einem lockeren Laufschritt bewege ich mich vorwärts. „Mach langsam", sage ich mir. Ein zu schnelles Loslaufen kann in Anbetracht der exorbitant langen Strecke fatale Folgen haben. Dicht an dicht geht es auf den ersten Kilometern zu. Doch diese ersten acht Kilometer auf weitgehend flachem Gelände sollen die letzten dieser Art gewesen sein. Schon sehr bald wird der erste von zehn langen und zermürbenden Anstiegen kommen. Ein Gefühl des Schauerns durchfährt mein Körper bei diesem Gedanken. Wenig später bricht die Nacht herein. Alles um mich herum verändert sich. Die Wahrnehmung reduziert sich hauptsächlich auf den Schein der Stirnlampe. Ich kann nur noch ein paar Meter weit sehen. Jetzt geht das Rennen richtig los. Das Laufen bei Nacht wird auf den schmalen Gebirgspfaden zu einem echten Abenteuer.

Es ist mittlerweile weit nach Mitternacht und ich habe fast eine Marathondistanz zurückgelegt. Die nächste Herausforderung wartet auf mich: der Anstieg zum Col du Bonhomme. Das bedeutet 1.000 Höhenmeter – am Stück bergauf. Mit Blick auf den Boden und voll konzentriert starte ich ganz langsam, Schritt für Schritt, diesen steilen Anstieg. Vor mir liegt ein schlammiger Pfad, übersät mit Geröll und rutschigen Felsen. Dieser schlängelt sich im Zickzackkurs steil nach oben. Bis zu 35 Prozent Steigung darf man bei diesem Rennen bewältigen. Der technische Anspruch ist beim Ultra-Trail Mont Blanc enorm. Links und rechts des Pfades ist es stockdunkel. Bei Nacht erhält das Rennen einen komplett anderen Charakter. Um mich herum ist es mystisch, unheimlich, geheimnisvoll. Mein Sichtfeld ist merklich eingeschränkt. Nur der schmale Schein meiner Stirnlampe gibt mir Orientierung. Ich sehe stellenweise nur noch ein paar Meter weit. Es herrscht eine eigenartige, faszinierende und auch gespenstische Atmosphäre. Wenn du bei Tageslicht läufst, kannst du die Umgebung in der Regel voll wahrnehmen. Du siehst, dass vor dir ein spitzer Stein liegt. Du siehst den holprigen und steilen Bergpfad. Bei Nacht ist dies alles nicht möglich. Ich hebe meinen Kopf und schaue nach vorne. „Was ist das denn, bitte? Sind das etwa schon die Sterne am Himmel?“, frage ich mich. „Doch warum bewegen sie sich?“ Bei genauerer Betrachtung gefriert mir fast das Blut in den Adern. „Das sind die Stirnlampen der Läufer!“ Wie Glühwürmchen, die sich den Berg hochschlängeln. Einerseits ist es faszinierend, andererseits lässt es mich auch erschauern, weil ich sehe, welche Strecke ich noch vor mir habe. Nach dem Schock gehe ich weiter und stoße mich mit meinen Trekkingstöcken vom Boden ab. Diese stellen eine enorme Erleichterung bei diesem Rennen dar. Fast jeder Läufer hat welche dabei. Tick, tack, tick, tack – in der Stille der Nacht hört man nur den Klang der Stöcke, die auf die nassen Felsen aufsetzen. Ansonsten ist es ruhig.

Auf einmal taucht im Schein meiner Stirnlampe ein Läufer auf, der am Wegesrand steht und nicht mehr weitergeht. Er hat seinen Oberkörper nach vorne gebeugt, mit seinen Händen hält er sich an den Knien fest. Als ich mich ihm nähere, bemerke ich, dass er fix und fertig ist. Er keucht wie ein Stier und scheint sich erbrochen zu haben. Eine braunfarbene, widerlich riechende Flüssigkeit liegt vor ihm auf dem Boden. „Are you right?", frage ich ihn. Er schüttelt nur mit dem Kopf und signalisiert mir, dass ich weitergehen soll. So grausam kann der Mont Blanc sein, und das nach nur einem Viertel des Rennens. Noch über 120 Kilometer liegen vor uns. Doch daran verschwende ich keinen Gedanken. Mein Fokus richtet sich immer nur auf den jeweils nächsten Schritt. Auf jeden einzelnen Felsen, den ich passiere. Ich bin nur im Hier und Jetzt. Du bekommst hier bei Nacht fast automatisch einen Tunnelblick und siehst nur einen winzigen Ausschnitt aus dieser gewaltigen Bergwelt. Alles andere ist in diesem Moment ausgeblendet. Meter für Meter steige ich höher und die Luft wird immer kälter. Jeder Atemzug erzeugt eine weiße Wolke, die dann schnell wieder in der pechschwarzen Nacht verschwindet. Ich fühle mich wie eine langsame, schwere Dampflok, die sich hier den Berg hinaufquält. Über Felsen, Geröll und Schotter bewege ich mich weiter vorwärts. Weiter oben kann ich ganz sanft einzelne Stimmen wahrnehmen. „Ist das endlich der Gipfel?" Dann, nach der letzten steilen Kurve, habe ich es geschafft und stehe auf dem Croix du Bonhomme, „dem Kreuz des guten Mannes", auf 2.479 Metern.

Nach einem kurzen Augenblick des Rastens folgt für mich einer der anspruchsvollsten Streckenabschnitte des gesamten Rennens: der Abstieg nach Les Chapieux. Knapp 1.000 Meter auf nur 5,9 Kilometer geht es sehr steil bergab! Kantige Felsen, matschige Pfade, feuchte

Wiesenabschnitte und immer wieder tückische Schluchten machen diesen Abstieg extrem anspruchsvoll. Die Anstiege beim Ultra-Trail Mont Blanc sind schon heftig und verlangen einem wirklich alles ab, doch dieser Lauf wird definitiv bergab entschieden. Jeder Schritt bestimmt über deine Gesundheit. Mach einen falschen und das Rennen kann vorbei sein. Ich muss bei jedem Schritt genau wissen, wo ich meinen Fuß als Nächstes hinsetze. Der Untergrund ist rutschig und schlammig, immer wieder muss ich über Felsen steigen. Einhundert Prozent Aufmerksamkeit sind hier angesagt. „Konzentriere dich!", sage ich mir immer wieder. Plötzlich funkelt etwas Goldfarbenes im Schein meiner Stirnlampe. Ein Läufer liegt vor mir am Wegesrand, eingehüllt in seine Überlebensdecke, mit schmerzverzerrtem Gesicht kämpft er mit sich und seinen Emotionen. Tränen kullern ihm über die Wangen. Für ihn scheint das Rennen nach nicht einmal einem Drittel der Strecke beendet. Weiter unten sehe ich eine kleine Lichtquelle. Ist das etwa die Verpflegungsstation? Nur ganz langsam komme ich dieser näher. Über steile und rutschige Wiesen geht es bergab. Ein Weg ist fast nicht mehr auszumachen. Im Winter dient dieser Untergrund als Skipiste, an diesem August-Wochenende dürfen wir Läufer den Abhang hinunterpreschen. Was für ein Mörderabstieg! Die Lichtquelle unten im Tal wird immer größer und ich nehme auch ganz leise Musikgeräusche wahr. Mit jedem gelaufenen Meter werden sie lauter. Die Klänge von „Satisfaction" der Stones dröhnen mir entgegen. In mir steigt ein Gefühl der Wärme und Sicherheit auf. „Bald bist du unten", sage ich mir. Ist es nicht geil, hier in der pechschwarzen Nacht inmitten der mächtigen Bergwelt die Rolling Stones zu hören?, denke ich. Der Rhythmus beflügelt mich und im lockeren Laufschritt erreiche ich schließlich den Verpflegungspunkt in Les Chapieux.

Fünfzig Kilometer habe ich bereits zurückgelegt. Meine Uhr zeigt 4:45 Uhr. Ich bin schon seit über zehn Stunden nonstop unterwegs und begebe mich gleich ins große und warme Zelt. Mein Magen schreit nach etwas Essbarem, in den letzten Stunden habe ich mich ausschließlich von Riegeln und Gels ernährt. Das ist bei diesem Lauf definitiv zu wenig, denn hier hast du einen ganz anderen Energiebedarf: das Acht- bis Zehnfache eines normalen Marathonlaufs. Der köstliche Geruch von Nudelsuppe steigt mir in die Nase. Ich esse gleich zwei Teller davon, bevor ich mir noch ein gut belegtes Käsebrot in den Mund schiebe. „Ah, was für eine Wohltat!" Die Verpflegung ist beim Ultra-Trail Mont Blanc wirklich ausgezeichnet und reichhaltig. Von Brot, Obst, diversen Riegeln, Schokolade, Keksen, verschiedene Wurst- und Käsesorten, Suppe, Nudeln gibt es fast alles, was das Läuferherz begehrt. Und das im Abstand von fünfzehn Kilometern. Die sehr angenehmen Temperaturen, die Musik und die fantastische Atmosphäre im Zelt laden zu einem längeren Verweilen ein. Doch wenn man es sich hier erst einmal bequem gemacht hat, dann fällt es einem umso schwerer, wieder weiterzulaufen. „Ich will weiter", sage ich mir und verlasse das Zelt.

Fünf Stunden später genieße ich einen der besten Ausblicke auf das gewaltige Mont Blanc-Massiv. Ich befinde mich auf dem Gipfel des Col de la Seigne. 2.516 Meter über dem Meeresspiegel. Die ersten Sonnenstrahlen kitzeln auf meiner Haut. Nicht nur die Kälte der Nacht und die Finsternis sind damit überstanden, auch die Gewissheit, einen weiteren schwierigen Streckenabschnitt erfolgreich bewältigt zu haben. Ich bleibe stehen, schnaufe noch ein paar Mal kräftig durch und warte, bis sich mein Atem ein wenig beruhigt hat. Weitere 1.000 Höhenmeter Aufstieg liegen hinter mir. Doch die Aussicht hier oben entschädigt für die Strapazen. Wohin ich auch blicke: Berge,

Berge und nochmals Berge! Ich lasse meinen Blick weiterschweifen: schneebedeckte Gipfel, saftig grüne Wiesen und imposante Gletscher. Keine einzige Wolke bedeckt den tiefblauen Himmel und ich kann kilometerweit sehen. Was für ein Genuss! Die Sonne taucht die Berge ringsum in ein warmes Orange, der majestätische Mont Blanc leuchtet fast rot in diesem Morgenlicht. Sieben Täler, 71 Gletscher und 400 Gipfel – das ist das Faszinierende am Mont Blanc-Massiv. Hier wechseln sich Fels, Wasser, Eis und Licht ständig ab. Gerade dieses Gefangensein in der mächtigen Natur stellt für mich einen wesentlichen Beweggrund zur Teilnahme an diesem Lauf dar. In der letzten Stunde des Aufstiegs ist mir jeder Schritt unheimlich schwer gefallen, doch jetzt scheint alles wie weggeblasen. Ich spüre eine absolute Reinheit in mir. Die klare, saubere Luft, die in meine Lungen strömt. Ich sauge diesen Moment voll und ganz in mich auf. Alles andere um mich herum nehme ich in diesem Augenblick nicht mehr wahr. Ein Lächeln huscht mir über den Mund und Glücksgefühle durchströmen meinen Körper. „Ist es nicht ein absolutes Privileg, hier in dieser traumhaften Landschaft laufen zu dürfen?"

Von der eisigen Kälte, die nachts hier oben herrscht, ist fast nichts mehr zu spüren. Die Temperaturunterschiede im Hochgebirge können enorm sein. Von zweistelligen Minusgraden in der Nacht bis zu dreißig Grad am Tag musst du als Läufer bei diesem Rennen auf alles gefasst sein. Das bedeutet natürlich, dass du von der persönlichen Ausrüstung her sehr gut vorbereitet sein musst. Warme Kleidung ist, speziell bei Nacht, extrem wichtig und schützt den Körper vor dem Auskühlen. Doch am Gipfel des Col de la Seigne ziehe ich meine Mütze und Handschuhe aus, bleibe für ein paar Sekunden stehen, genieße noch einmal den fantastischen Rundblick, nehme noch einen Riegel zu mir und mache mich danach an den Abstieg.

„Bald hast du die Hälfte des Rennens geschafft“, motiviere ich mich. Diesem Streckenabschnitt, bei Kilometer 83, fiebere ich entgegen. Er bildet für mich einen der wichtigsten Punkte des gesamten Laufs. Gedanklich strukturiere ich mir immer die gesamte Strecke in kleine Abschnitte. Das hilft mir ungemein, gerade wenn ich mich in einer Tiefphase befinde. 166 Kilometer am Stück sind für mich unvorstellbar, aber beispielsweise zwölf Kilometer sind noch überschaubar. Es wird immer wärmer, die Sonne steht fast senkrecht über mir und der Pfad bietet kaum schattenspendende Bäume. Dreißig Grad in der Sonne – ich fühle mich wie in einem Backofen. „Wann kommt der nächste Verpflegungspunkt?“, geht es mir immer wieder durch den Kopf. Am Wegesrand sehe ich einen Läufer, der sich an einem Felsen festklammert und sich ausruht. Sein aschfahles Gesicht und seine dunklen Augenränder sprechen Bände.

Ich fühle mich wie bei einer Achterbahnfahrt: Hochs und Tiefs wechseln sich permanent ab. Nachdem ich die letzten Stunden auf italienischer Seite gelaufen bin, betrete ich nun Schweizer Terrain. Über 100 Kilometer liegen hinter mir. Seit dem Start gestern Abend in Chamonix sind bereits 26 Stunden vergangen. Langsam wird es wieder dunkel und die zweite Nacht bricht herein. Ich werde auf einmal hundemüde. „Quäl dich, du Sau“, sage ich mir immer wieder. Die lange Dauer des Rennens und das damit verbundene Laufen durch zwei Nächte stellen einen großen Härtefaktor dar. Insbesondere in der zweiten Nacht, nach mittlerweile fast dreißig Stunden Nonstoplaufen, ist es außerordentlich schwer, gegen die Müdigkeit und die Finsternis anzukämpfen. Ich schlafe teilweise während des Laufens fast ein. „Verdammte

Scheiße, bleib konzentriert", sage ich mir laut. Ich schlage mir mit meinen Händen auf die Brust – wie ein wild gewordener Gorilla – und reiße meine müden Augen so weit wie möglich auf. Ich will mit aller Kraft wach bleiben und den nächsten Checkpoint erreichen. In solch einem Moment entscheidet nur noch die mentale Stärke. Willst du die Müdigkeit besiegen? Oder besiegt sie dich? Die Versuchung ist groß, sich an einer der komfortablen Verpflegungsstationen entlang der Strecke niederzulassen und für ein paar Stunden zu schlafen. In meiner Vorstellung taucht ein großes, weiches Bett auf, zarte Hände massieren meine geschundenen Beine, genüsslich trinke ich von meiner heißen Schokolade ... Das stellt leider nur mein Wunschdenken dar, die Realität sieht anders aus: kalt, dunkel, ungemütlich. Meine Augenlider werden immer schwerer, nicht einmal ein Streichholz würde mehr dazwischenpassen. Den anderen Läufern geht es genauso. Mit ihren dunklen Augenringen und einem starren Gesichtsausdruck bewegen sie sich ganz langsam voran – fast wie Gespenster. Mit größter Müdigkeit schleppe ich mich zum Verpflegungspunkt Champex-Lac im Schweizer Wallis. 122 Kilometer, 6.000 Höhenmeter und gut drei Viertel des Rennens liegen jetzt hinter mir. Mir ist bewusst, dass ich meinem Körper sehr viel abverlange. Ich kenne aber auch meine Möglichkeiten und meine Grenzen. Ich weiß aus jahrelanger Erfahrung, wann es zu viel ist und wann ich meinem Körper eine Pause gönnen muss. Was sich an dieser Stelle für den Außenstehenden als abnormal und völlig ungesund anhört, ist für mich also durchaus kalkulierbar. „Nur" noch ein Marathon mit 3.000 Höhenmetern liegt vor mir, denke ich. Wenn du schon über 120 Kilometer in diesem Terrain in den Beinen hast, kommt dir der Marathon im Vergleich dazu als nicht mehr so ehrfurchtgebietend vor. Wenn du es als Läufer bis Champex innerhalb des Zeitlimits geschafft hast, dann steigen die Chancen, auch das Ziel in Chamonix zu erreichen. Es ist kurz nach Mitternacht. Ich habe über drei Stunden Puffer auf das Zeitlimit. Verschiedenste Gedanken schießen mir durch den Kopf. „Wie verlaufen wohl die nächsten Stunden? Komme ich gesund und verletzungsfrei durch die Nacht? Es liegt nur noch ein Marathon vor dir“, sage ich mir immer wieder. Ich bewege mich körperlich wie mental nahe am Limit. Die Verlockung ist groß, sich im warmen Zelt einfach hinzulegen und für ein paar Stunden zu schlafen. Mein Körper schreit nach einem Bett, doch meine Willenskraft sehnt den Zieleinlauf herbei und sagt mir: „Auf, weiter geht's!“

Plötzlich finde ich mich auf meinem Allerwertesten wieder. „Bleib konzentriert“, sage ich mir. Eine kleine Unachtsamkeit hat mich wegrutschen lassen. „In ein paar Stunden wirst du im Ziel sein“, bestärke ich mich. Kurz vor dem Ziel eines so langen Laufes verletzungsbedingt auszuscheiden, ist besonders ärgerlich. Da hast du dich ein Jahr lang vorbereitet, hast sehr viel Zeit und Energie in das Projekt „Ultra-Trail Mont Blanc“ investiert und nur ein kurzer Augenblick der Unachtsamkeit kann alles zunichtemachen. Auch das ist Teil des Langstreckenlaufens. Vor mir erblicke ich einen Läufer, der sich nur noch humpelnd vorwärtsbewegt. Mit seinem rechten Fuß kann er fast nicht mehr auftreten, bei jedem Schritt verzieht er schmerzverzerrt sein Gesicht. „Wenn es sein muss, krabble ich auf allen Vieren über die Ziellinie“, gibt er mir in seinem akzentfreien Englisch zu verstehen. Die letzten Kilometer ziehen sich noch einmal gewaltig, Minuten kommen mir wie Stunden vor. Alle Gedanken fokussiere ich nur noch auf meinen Zieleinlauf. Ich will unbedingt durch die Ziellinie in Chamonix laufen.

Dann habe ich nur noch zwei Kilometer bis zum Ziel.

Ich lasse das Ortsschild von Chamonix hinter mir. Überall stehen Menschen, die mich anfeuern und meinen Namen rufen. Allez! Allez! Glücksgefühle durchströmen meinen ganzen Körper, jeder Meter ist jetzt ein einziger Genuss zu laufen. Dann die allerletzten Meter. Nach 42 Stunden und 30 Minuten stoppe ich meine Uhr. Ich habe es geschafft. Mit Worten kann ich nicht beschreiben, was in mir vorgeht. Tränen laufen mir über die Wangen. Ich bin endlich im Ziel. Damit geht für mich ein großer Traum in Erfüllung. Dieser Lauf hat sehr vieles in meinem Leben zum Positiven verändert. Als ich vor Jahren zum ersten Mal von diesem Rennen hörte, konnte ich mir die Dimensionen zunächst überhaupt nicht vorstellen. Ich weiß noch gut, wie ich einem Freund sagte, dass so etwas für mich niemals infrage kommt. Das sei einfach eine Nummer zu groß für mich. Doch nachdem ich mich sehr intensiv mit diesem Lauf beschäftigt hatte, über Monate und Jahre, änderte sich mein Vorstellungsvermögen. Dazu kamen Tausende von Trainingskilometern und viele Wettkämpfe, durch die für mich dieser große Lauf Schritt für Schritt für möglich erschien. Ich wollte dieses Rennen unbedingt laufen. Und nicht nur laufen, sondern auch finishen. Deshalb investierte ich sehr viel Zeit und Energie in die Vorbereitung. Nun hatte ich es tatsächlich geschafft. Ich fühlte mich wie im siebten Himmel. Es war ein Sieg für mich. Ein toller Erfolg. Okay, 1.135 Läufer liefen vor mir über die Ziellinie, doch diese Tatsache interessierte mich überhaupt nicht. Sie war für mich genauso unwichtig wie die Information, dass nur gut die Hälfte der gestarteten Läufer überhaupt die Ziellinie erreichte. Ich hatte es geschafft, mein eigenes, großes Ziel zu erreichen. Und das bedeutet für mich Erfolg.

Für mich als Extremsportler sind nicht Bestzeiten, irgendwelche Platzierungen oder Rekorde entscheidend.

Ich habe, außer einem 5-Kilometer-Volkslauf als Jugendlicher, noch keinen einzigen Wettkampf gewonnen. Das stört mich nicht, solange ich meine persönlich gesteckten Ziele erreichen kann. Nicht die Wettkämpfe sind für mich entscheidend, nicht auf das Sammeln von Marathonläufen kommt es mir an und nicht irgendwelche Medaillen und Pokale motivieren mich. Für mich stehen die persönlichen Erfahrungen bei meinen Laufabenteuern im Vordergrund. Die sehr intensiven Lebensmomente bei meinen Abenteuern, sich an seine persönlichen Grenzen heranzuwagen und diese zu überwinden und zu erfahren, was man alles im Leben mit dem Willen und der Vorstellungskraft erreichen kann. Diese Erfahrungen und Eindrücke sind in meinen Augen viel mehr wert als irgendeine Zeit in Minuten und Sekunden.

So sieht es in meiner Welt, in der Welt eines Extremsportlers, aus. Wie schaut es bei Ihnen aus? Was bedeutet für Sie Erfolg? Wir stehen doch heute, bewusst oder unbewusst, ständig im Wettbewerb. Immer höher, schneller, weiter und besser als der andere zu sein, lautet das Motto. In der heutigen Gesellschaft kommt es fast immer nur darauf an, erfolgreich zu sein. Erfolgreich im Job, erfolgreich als Vater oder Mutter, erfolgreich in den Hobbys. Und vor allem erfolgreich*er*. Erfolgreicher als der Nachbar, erfolgreicher als der Kollege, erfolgreicher als der Freund oder die Freundin. Und ehrlich gesagt: Wer möchte nicht erfolgreich sein? Wer möchte keinen Erfolg haben? Doch was bedeutet Erfolg? Wie definieren Sie Erfolg? Der Beste zu sein, wie es besonders von den Medien häufig suggeriert wird? Die Nummer eins auf seinem Gebiet zu sein? Zur absoluten Weltspitze zu gehören? Sicher ist es bewundernswert, wenn man es schafft, in seinem Bereich die Nummer eins zu sein. Wenn man Rekorde aufstellt, Medaillen gewinnt und Bestzeiten erzielt. Meine

Hochachtung vor solchen Leistungen. Doch für wie viele Menschen geht es wirklich darum, die Nummer eins zu sein und zur absoluten Spitze in ihrem Bereich zu zählen? Ich definiere Erfolg anders. Für mich bedeutet Erfolg, wenn man seine persönlich gesteckten Ziele erreicht. Ziele, die von einem selbst stammen und die einem nicht vom Umfeld aufgezwängt werden. Ziele, die nicht abhängig von anderen Menschen sind. Wenn ich mich immer nur an Abenteurern wie beispielsweise Reinhold Messner orientieren würde und meinen eigenen Erfolg an ihm messe, dann wäre ich jeden Tag unglücklich. Durch den Vergleich lenke ich nämlich den Fokus meines Unterbewusstseins auf meinen Mangel, in diesem Fall die geringere Anzahl an Abenteuern und Grenzerfahrungen gegenüber Reinhold Messner. Dann würde ich umgehend das Laufen einstellen und mich einer anderen Sache widmen. Ein bekannter amerikanischer Trainer sagte einmal: „Für mich bedeutet Erfolg, zu den besten zehn Prozent in der Branche zu gehören." Er meinte dabei die Rednerbranche. So ein Quatsch! Ich kann sehr wohl als Vortragsredner erfolgreich sein, ohne zu den oberen zehn Prozent zu gehören. Die eigene Definition und den eigenen Maßstab für Erfolg halte ich für ungemein wichtig. Wie viele Menschen orientieren sich an Topmodels, Profisportlern oder Hollywoodschauspielern? An anderen, scheinbar erfolgreicheren Menschen? Es ist wichtig, ein Vorbild zu haben, überhaupt keine Frage. Doch wenn man sich ständig den Erfolg anderer Menschen zum eigenen Maßstab nimmt, kann der Schuss sehr schnell nach hinten losgehen. Unglücklichsein, Demotivation und Depression sind dann häufig die Folge. In dieser Hinsicht kann ich als gutes Beispiel dienen, denn ich bin kein Spitzensportler, kein Profiathlet und habe bis auf eine Ausnahme noch keinen Lauf-Wettbewerb gewonnen. Doch ich gewinne trotzdem, eben auf meine Art und Weise. Der Sieg besteht für mich darin, dass ich meine eigenen Ziele erreiche, mein eigenes Leben lebe, selbstbestimmt, nach meinen Werten und Überzeugungen.

Erfolg ist also immer subjektiv und eine Frage der Betrachtungsweise. Vor Kurzem besuchte ich das Klassentreffen meiner alten Schule. Dort habe ich vor fünfzehn Jahren meine mittlere Reife gemacht. Es war sehr interessant, die Mitschüler nach so langer Zeit wiederzusehen. Ich traf dort auch einen meiner damaligen Sitznachbarn wieder. Wir führten eine lange und sehr intensive Unterhaltung. Er erzählte mir, dass er immer noch in seinem Dorf wohnt, dass er immer noch im Haus seiner Eltern lebt und dass er immer noch beim selben Verein Fußball spielt. Nach der Schule ging er gleich zum Finanzamt, wo er bis heute tätig ist. Und wissen Sie was? Er scheint glücklich damit zu sein. Er ist mit seiner kleinen, überschaubaren Welt absolut zufrieden. Warum Karriere machen, wenn ich doch einen ruhigen Job habe? Warum in der Welt herumreisen, wenn es daheim am schönsten ist? Warum an die körperliche Grenze gehen, wenn auch ein „normales" Fußballspiel Freude bringt? Auf dem Nachhauseweg dachte ich sehr lange über unser Gespräch und seinen Werdegang nach. Muss es immer höher, schneller und weiter sein? Immer extremer? Wichtig ist doch nur, dass man glücklich und zufrieden ist – mit *seinem* Leben. Und das stellt in meinen Augen Erfolg dar.

Nun habe ich Ihnen einiges über meine Sichtweise von Erfolg erzählt. Wie sieht es bei Ihnen aus? Wie definieren Sie Erfolg? Ein elementar wichtiger Baustein, um erfolgreich sein zu können, ist, sich selbst zu kennen beziehungsweise sich erst einmal kennenzulernen. Dies kann einen langen Prozess darstellen, der voraussetzt, dass man sich sehr intensiv mit sich selbst beschäftigt. Selbstreflexion ist das Zauberwort. Ich selbst habe diesen Prozess auch durchlaufen, bis ich schließlich meine Lebensvision, meine Berufung fand.

Beruf Extremläufer oder wie man sein Spielfeld findet

Ein wesentlicher Faktor, damit man persönlichen Erfolg erzielt, ganz gleich in welchem Lebensbereich, ist Begeisterung. Begeisterung ist für mich der Schlüssel zu einem erfolgreichen und erfüllten Leben. Mit ihr ist fast alles möglich im Leben. Mit Begeisterung meine ich eine hundertprozentige Identifikation mit seiner ausgeübten Tätigkeit. Wenn man es morgens gar nicht erwarten kann, endlich aus dem Bett zu hüpfen, um endlich loslegen zu dürfen, und abends nicht schlafen gehen will, weil einem seine Aufgabe so viel Freude bereitet: Das ist für mich Begeisterung. Wer es schafft, seine Begeisterung und seine Leidenschaften zu leben, ist motiviert, engagiert und zu unglaublichen Höchstleistungen fähig. Dabei hat man nicht das Gefühl sich zu verausgaben. Natürlich gibt es auch eine Grenze (dazu später mehr) und unser Körper benötigt regelmäßig Pausen und Erholungszeiten. Das ist bei einem Extremsportler genauso wie jedem anderen Menschen. Mit Begeisterung fällt jedoch vieles leichter. Begeisterung und Leidenschaft stellen für mich eine ungemein große Energiequelle dar, mit der ich es schaffe, als Extremläufer und Unternehmer immer wieder meine persönlichen Grenzen zu verschieben. Diese Begeisterung, die ich in meinem Leben erfahre, wurde mir keinesfalls angeboren. Ich musste sie mir zunächst „erarbeiten". Damit man ein begeistertes und auch zufriedenes Leben führen kann, ist es unerlässlich, auf dem richtigen Spielfeld zu agieren. Mit Spielfeld meine ich damit nicht den grünen Fußballplatz, sondern eine Aufgabe oder Tätigkeit, die den eigenen Werten, Interessen und Stärken entspricht. Wie ich mein eigenes Spielfeld gefunden habe, möchte ich Ihnen im Folgenden erzählen.

Zunächst hatte ich einen ganz „normalen“ Werdegang. Nach meinem Abitur und zehn Monaten bei der Bundeswehr fing ich an, Betriebswirtschaftslehre an der Berufsakademie Karlsruhe zu studieren. Einen Höhepunkt stellte in dieser Zeit mein Auslandssemester im kanadischen Toronto dar. Dieser Aufenthalt war eines meiner Schlüsselerlebnisse, wie Sie später noch erfahren werden. Je näher das Ende meines Studiums rückte, umso nervöser wurde ich, weil ich immer noch keine genaue Vorstellung davon hatte, was ich einmal beruflich machen wollte. Ich besaß zwar sehr viele Interessen, doch ich hatte keine Ahnung, wie ich diese im beruflichen Kontext einsetzen konnte. Ein für mich sinnstiftendes Element war und ist immer der Sport gewesen. Ich spielte lange Jahre Fußball im Verein. Dies betrieb ich sehr intensiv und leistungsorientiert. Ich war Mitglied der Südbadischen Auswahl. Das bedeutete zwei Mal die Woche Vereinstraining, einmal pro Woche Training mit der Auswahl und mindestens ein Spiel am Wochenende. Nach und nach bereitete mir der Fußball keinen Spaß mehr. Die Abhängigkeit von einem Team störte mich und ich hörte mit fünfzehn Jahren mit dem Fußballspielen auf und fing an, Tennis zu spielen. Doch auch hier ließ die Begeisterung nach kurzer Zeit nach und ich suchte nach einer neuen Sportart für mich. „Wie bist du denn schließlich zum Laufen gekommen?“, werde ich an dieser Stelle häufig gefragt. Inspiriert hat mich definitiv mein Vater Lothar, der dreißig Jahre lang Marathon und auch Ultramarathonläufe bestritt. Jedes Jahr im September stand bei unserer Familie ein Besuch beim Baden Marathon in Karlsruhe auf dem Programm, um meinen Vater zu unterstützen. Es faszinierte mich schon damals, die Atmosphäre rund um einen Marathon live mitzuerleben. Für mich waren die Läufer wahrhafte Helden. In dieser Zeit, ich war ungefähr vierzehn Jahre alt, verspürte ich zum ersten Mal den Wunsch, auch einmal an einem Laufwettbewerb oder gar Marathon teilzunehmen. Die stolzen Gesichter im Zielbereich imponierten mir und ich wollte eines Tages auch dazugehören. Beeindruckt von diesen Erlebnissen und natürlich auch von den vielen Laufgeschichten meines Vaters fing ich an, Strecken von fünf bis zehn Kilometern zu laufen. Eine Grundausdauer hatte ich bereits durch den Fußball und das Tennisspielen. Das Laufen bereitete mir von Anfang an riesige Freude. Es bedeutete für mich frei und unabhängig zu sein, nicht mehr auf Mitspieler angewiesen zu sein. Ich war nun auf mich alleine gestellt und auch nur mir selbst gegenüber verantwortlich. Auch das Eintauchen in die Natur begeisterte mich beim Laufen. Ich wohnte zu dieser Zeit in Rheinstetten, einer Stadt zehn Kilometer südlich von Karlsruhe. Die Rheinebene hatte landschaftlich viel zu bieten und bot unzählige Laufstrecken. Ich war nicht mehr auf einem umzäunten Platz gefangen, sondern konnte dort laufen, wo ich hin wollte. Nach ein paar Wochen lief ich zum ersten Mal bei der Rheinstettener Laufgruppe mit, in der auch mein Vater regelmäßig teilnahm. Diese Laufgruppe besteht nur aus sechs Läufern, jeder davon verfügt jedoch über jahrelange Marathonerfahrung. Für mich als Laufneuling war es also eine Ehre und wahrhafte Herausforderung, hier mitlaufen zu dürfen. 17 Kilometer standen auf dem Plan. Ich bin bis zu diesem Zeitpunkt noch nie so lange am Stück gelaufen. Nach diesem Training war ich körperlich am Limit, doch gleichzeitig glücklich, dass ich solch eine Distanz, zusammen mit erfahrenen Marathonis, gelaufen war. Im September 1999 lief ich dann meinen allerersten Wettkampf, den Halbmarathon in Karlsruhe. Zusammen mit meinem Vater nahm ich die damals für mich unvorstellbar lange Distanz von 21,1 Kilometern in Angriff. Zunächst konnte ich den Lauf, die sagenhafte Atmosphäre in vollen Zügen genießen. Doch die letzten fünf Kilometer waren dann für mich die Hölle und der Lauf wollte einfach kein Ende nehmen. Schließlich erreichte ich überglücklich das Ziel und schmiedete bereits Pläne für mein nächstes Rennen.

Im Frühjahr 2000 lief ich dann meinen ersten Marathon. Diesen absolvierte ich an der Deutschen Weinstraße, einer idyllischen Gegend in der Pfalz, in der man nicht nur gut laufen kann. Bei diesem Rennen machte ich so ziemlich alles falsch, was man überhaupt falsch machen konnte. Es sollte für diese Jahreszeit ein sehr heißer Tag werden. Was machte ich? Ich lief mit langem Shirt und langer Hose. Schon nach der ersten Stunde bereute ich diesen Fehler. Gerade als Anfänger sollte man ja eher verhalten beginnen, wie es jeder Laufratgeber empfiehlt. Was machte ich? Ich lief los, für meine Verhältnisse viel zu schnell. Den Kilometer in fünf Minuten und sogar darunter. Nach der Hälfte der Strecke war ich platt! Muskelkrämpfe durchzogen meine Oberschenkelmuskulatur und meine Waden. Ich wäre am liebsten ausgestiegen und hätte mich an einer kühlen Weinschänke niedergelassen. Aber es lagen ja noch 21 Kilometer vor mir. Dank meiner Willenskraft besiegte ich schließlich meinen inneren Schweinehund und beendete den Lauf. Da lernte ich schon, was es heißt, ein selbst gestecktes Ziel mit aller Kraft zu erreichen und an die persönliche Grenze zu gehen. Im Ziel schwor ich mir zunächst, nie mehr solch eine Distanz zu laufen. Doch wenn der Schmerz erst einmal vorüber ist und ein paar Tage ins Land gezogen sind, dann überwiegt der Stolz. Und ich war richtig stolz auf meinen ersten Marathon! Nach ein paar Tagen schmiedete ich bereits Pläne für meine nächsten Marathonziele. Ich war regelrecht vom Laufvirus infiziert und lief noch im selben Jahr drei weitere Marathons. Das Laufen wurde zu einem festen Bestandteil in meinem Leben. Doch ich wollte mehr. Die Marathondistanz empfand ich für mich persönlich nach einiger Zeit nicht mehr als die absolute Leistungsobergrenze. Im Sommer 2001, nur 14 Monate nach meinem ersten Marathon, lief ich dann meinen ersten Ultramarathon. Ultramarathons sind Distanzen, die über die normale Marathonstrecke von 42,195 Kilometern hinausgehen. Und ich wollte nicht irgendeinen Ultramarathon laufen. Es mussten schon die legendären 100 Kilometer von Biel sein. Dieser Lauf in der Schweiz ist ein Klassiker unter den Ultraläufen. Zum ersten Mal wurde er im Jahr 1959 mit nur einer Handvoll Läufern ausgetragen. Das Besondere bei diesem Rennen ist es, dass es erst um 22:00 Uhr abends gestartet wird. Man läuft dann durch die ganze Nacht. Bei diesen 100 Kilometern erlebte ich ein Wechselbad der Gefühle. Von Magenschmerzen, über muskuläre Probleme und mentale Krisen bis zu noch nie dagewesenen Glücksgefühlen erlebte ich alles bei diesem einen Lauf. Nach sage und schreibe fast 18 Stunden erreichte ich das Ziel. Danach schwor ich mir, nie mehr an solch einem Event teilzunehmen. Ich verfluchte diesen Lauf. Doch wie schon bei meinem ersten Marathon sah die Welt nach ein paar Tagen schon wieder ganz anders aus. Ich dachte bereits an meinen nächsten Ultralauf. Mit der Zeit favorisierte ich immer mehr die ultralangen Distanzen, weil ich dort meine Stärken, Ausdauer und Willenskraft, am besten ausspielen kann. Ich lief zum Beispiel den Lapland Ultra, einen landschaftlich reizvollen 100-Kilometer-Lauf in Nordschweden oder den Rennsteiglauf im

Thüringer Wald, bei dem 72 Kilometer und 1.500 Höhenmeter zu überwinden sind. Der Defi, mit 72 Kilometern und 2.000 Höhenmetern ein anspruchsvoller Traillauf im Val des Travers, war ein weiterer Höhepunkt in meiner noch jungen Ultralaufkarriere. Bei einem Ultramarathon ist das Tempo nicht ganz so entscheidend wie bei Mittelstrecken oder auch bei einem Marathon. Hier kommt es vor allem auf Durchhaltevermögen, auf Leidensfähigkeit, auf mentale Stärke und eben auf die Willenskraft an. Und genau diese Eigenschaften kommen mir beim Ultralauf entgegen. Das Laufen, besonders das Langstreckenlaufen, wurde also zu meiner großen Leidenschaft. Doch wie ich diese Leidenschaft zu einem Beruf machen konnte, blieb mir zur damaligen Zeit noch verborgen beziehungsweise zog ich erst gar nicht in Erwägung. Nach Abschluss meines BWL-Studiums im Herbst 2003 ging ich zunächst für ein Jahr nach Australien, was für mich bis heute eine sehr bereichernde und lehrhafte Zeit war.

Als ich wieder in Deutschland war, hatte ich ein großes Ziel: Ich wollte unbedingt in der Marketingabteilung bei Adidas arbeiten. Adidas war zu dieser Zeit für mich der Traumarbeitgeber und hier konnte ich meine Leidenschaft für den Sport mit meinen betriebswirtschaftlichen Kompetenzen verbinden. Ich war richtig motiviert und wollte nach der tollen Zeit in Down Under so richtig mit Vollgas ins Berufsleben starten. Ich schrieb meine Bewerbung an den Sportartikelhersteller in Herzogenaurach und wartete. Als Diplombetriebswirt mit Auslandserfahrung, kombiniert mit meiner Laufleidenschaft, rechnete ich mir gute Chancen auf einen Job aus. Doch ich bekam schließlich eine Absage und damit brach eine Welt für mich zusammen. Ich erweiterte daraufhin meinen Aktionsradius und bewarb mich bei zahlreichen anderen Sportfirmen, ohne Erfolg. Parallel nahm ich einen Gelegenheitsjob im

Verkauf an, um mich finanziell über Wasser zu halten. Die Situation gestaltete sich für mich alles andere als angenehm. Ich fühlte mich stellenweise richtig deprimiert. Jemand zu sein, der voller Tatendrang ist und etwas bewegen möchte, aber nicht kann, entsprach nicht meiner Vorstellung. Ich schrieb weiter eine Bewerbung nach der anderen und erhielt Absage um Absage.

Schließlich bekam ich ein Angebot von einem IT-Beratungsunternehmen in München. Ich nahm die Stelle als Junior Consultant an, obwohl mir meine innere Stimme sagte, dass es nicht der richtige Job war. Für die Materie Berichtswesen, Datenauswertung und Softwareimplementierung konnte ich mich überhaupt nicht begeistern. Schon nach dem ersten Arbeitstag merkte ich: „Das ist überhaupt nicht dein Ding!" Kunden bei IT-Projekten zu beraten und Daten zu analysieren, entsprach einfach nicht meinen Vorstellungen und Fähigkeiten. Entsprechend war meine Motivation. Ich stand zu dieser Zeit um 7:30 Uhr auf und fing um neun Uhr meine Arbeit an. Heute wäre dies für mich undenkbar, so spät in den Tag zu starten, weil ich einfach so viele Ideen habe und vor Tatendrang nur so strotze. Davon war ich jedoch zur damaligen Zeit meilenweit entfernt. Ich bin immer froh gewesen, wenn ich Feierabend hatte und endlich laufen gehen konnte. Für mich war das Laufen mehr als ein Ausgleich. Ich konnte darin meine Unzufriedenheit im Job abbauen und wieder positive Energie tanken. Das Laufen stellte an einem öden Arbeitstag für mich den absoluten Höhepunkt dar. Beim Laufen fühlte ich mich einfach wohl und mir ging es danach immer unheimlich gut. So lebte ich von Wochenende zu Wochenende. Nach sechs Monaten kündigte ich die Stelle wieder, ohne zu diesem Zeitpunkt einen neuen Job in der Tasche zu haben. Damit ging die gleiche Prozedur wieder von vorne los: Bewerbungen schreiben und zahlreiche Absagen hinnehmen. Anstatt jetzt konsequent einen Job im Sportbereich zu suchen, bewarb ich mich weiter bei Unternehmen, die mir aufgrund meines bisherigen Werdegangs am Erfolg versprechendsten erschienen. Ich ließ mich sehr stark von meinem Umfeld und meinem bisherigen Ausbildungsweg beeinflussen, anstatt auf mein eigenes Bauchgefühl und meine Leidenschaft zu hören.

Im Rahmen eines Bewerbertrainings wurde ich im November 2006 zu Wieland Consulting nach Berlin eingeladen. Ich hatte zuvor noch nichts von Daniel Wieland, dem Eigentümer der Beratungsfirma, gehört. Mit Daniel Wieland, einem ehemaligen Leistungssportler im Bodybuilding, verstand ich mich sofort. Schon als er mich an der Eingangstür empfing, war gegenseitige Sympathie vorhanden. Da wir beide aus dem Leistungssport kommen, hatten wir gleich eine gemeinsame Gesprächbasis. Es gab noch eine weitere Eigenschaft, die ich an ihm bewunderte. Daniel Wieland schaffte es, Menschen zu begeistern. In dem Seminar sprach er mit einer ungeheuren Leidenschaft, die sofort auf die anderen Teilnehmer überging. Er verfügte über eine enorme Ausstrahlungskraft. In den Pausen erzählte er mir, dass er sehr stark als Redner und Trainer aktiv ist. Er zeigte mir seine Auszeichnungen als Speaker und Referenzen von begeisterten und zufriedenen Kunden. Ich war beeindruckt. Dieser Tag in Berlin veränderte mein ganzes Leben. An diesem Tag, dem 20. November 2006, wurde mir zum ersten Mal meine Berufung bewusst. Ich erkannte meine Lebensaufgabe. Ich begriff, dass ich meine Leidenschaft für den Sport zu meinem Beruf machen konnte, indem ich meine Erfahrungen aus dem Sport in Vorträgen, Seminaren und Coachings weitergebe. Zuvor gab es für mich immer zwei komplett unterschiedliche Welten. Da war zum einen mein Sport, der mich ausfüllte und mir Sinn stiftete, von dem ich aber nicht leben konnte. Ich hatte zu diesem Zeitpunkt erst eine Handvoll Ultraläufe und ein Dutzend Marathons absolviert und diese meistens im ersten Drittel des Feldes gefinisht. Auf der anderen Seite stand bisher der Betriebswirt Norman Bücher, der irgendeinen Job ausübte, der ihm aber überhaupt keine Freude bereitete. Auf einmal hatte ich eine ganz neue Perspektive, einen völlig neuen Blickwinkel. Daniel Wieland war die Initialzündung für meinen weiteren Lebensweg. Auf der Rückfahrt ließ ich noch einmal die vergangenen Stunden auf mich wirken. Ich hatte sehr viele Eindrücke gewonnen und befand mich in einem euphorisierten Zustand. Doch das Wichtigste war, dass ich ein Ziel hatte. Und nicht irgendein Ziel, sondern mein Lebensziel. Mehr noch: meine Lebensvision. Dass man nach einem Motivationsseminar inspiriert und motiviert nach Hause fährt, ist ein bekanntes Phänomen. Die Kunst besteht darin, die in dem Seminar gewonnenen Erkenntnisse auch tatsächlich umzusetzen. Und das tat ich. Kaum war ich wieder zu Hause, fing ich an, meine Ideen schriftlich festzuhalten. Ich nahm mir ein Blatt Papier (das besitze ich heute noch) und schrieb mir meine Wünsche, Vorstellungen und Ziele auf. Alles, was mir einfiel. Ich nahm ein weiteres Blatt, schrieb das Wort Lebensplan groß darauf und skizzierte mir meine Lebensziele und Lebensaufgaben. In der Mitte stand ganz groß „Norman Bücher: Erfolgs- und Motivationscoach“. Ich erstellte intuitiv eine Übersicht, die für mich mein Leben bedeutete. Zum ersten Mal in meinem Leben beschäftigte ich mich mit meinen Werten, Überzeugungen und Glaubenssätzen und fragte mich: Was ist für dich wirklich wichtig im Leben? Wie und nach welchen Grundsätzen willst du leben? Welche Stärken besitzt du? Welche Eigenschaften hast du immer schon gut beherrscht? Mir war zu diesem Zeitpunkt überhaupt nicht bewusst, was es bedeutet, hauptberuflich als Redner und Trainer zu arbeiten. Ich wollte einfach meine Erfahrungen aus dem Extremsport an andere Menschen weitergeben. Dies stellte meine Vision dar. Ob als Trainer, Coach, Redner oder alles zusammen – das war mir in diesem Moment noch nicht so richtig klar.

Das Thema Motivation und persönlicher Erfolg zog mich immer mehr in den Bann. Ich vertiefte mich in dieses Thema und lernte alles darüber, was es gab. Ich eignete mir auf verschiedensten Wegen all das an, was ich benötigte, um mein Vorhaben zu starten. Neben dieser konkreten und für mich begeisterten Lebensvision erkannte ich aber auch sehr schnell, dass noch ein sehr langer und beschwerlicher Weg vor mir lag. Was ich jedoch dringend benötigte, war ein Job, mit dem ich Geld verdiente und dadurch meine Selbstständigkeit aufbauen konnte. Ich hatte das Glück, bei einer Unternehmensberatung, bei der ich schon zu Studienzeiten beschäftigt war, wieder arbeiten zu können. Am 1. März 2007 fing ich als Consultant dort an. Es war für mich ein harter Schritt, wieder eine Aufgabe anzutreten, für die ich mich nicht richtig begeistern konnte. Jetzt hatte ich jedoch meine Lebensvision immer im Hinterkopf. Und diese beflügelte mich. Zu dieser Zeit übte ich mehr oder weniger zwei Jobs zur gleichen Zeit aus. Den offiziellen als Unternehmensberater und den verdeckten als angehender Coach, Trainer und Redner. Ganz nebenbei betrieb ich weiterhin sehr intensiv meinen Laufsport.

Als nächsten Schritt begann ich, Vorträge von bekannten Rednern zu besuchen. Ich schaute mir ihren Präsentationsstil, ihre Vortragsweise und ihre Inhalte an. Das Thema „Extrem“ und „Grenzerfahrung“ gab es schon auf dem Markt, wenngleich wirklich professionelle Redner zu diesem Thema meiner Ansicht nach eher selten zu finden waren. Die Kunst ist es, in den Impulsvorträgen den Zuhörern einen wirklichen Nutzen zu bieten und sich nicht nur als der erfolgreiche Sportler darzustellen. Diese Nutzenkommunikation in den Vorträgen war meine Intention und Chance. Dadurch konnte ich mich von anderen Extremsportlern, die ebenfalls als Speaker arbeiten, unterscheiden. Davon inspiriert begann ich selbst die ersten Inhalte für meinen eigenen Vortrag zusammenzustellen. Ich suchte nach einer Möglichkeit mich rede- und präsentationstechnisch zu verbessern. Im Anhang eines Rhetorikbuchs las ich zum ersten Mal den Namen „Toastmasters". „Toastmasters" ist eine weltweite Organisation, die sich mit dem Thema Reden befasst und besteht aus Tausenden von Rede-Clubs auf der ganzen Welt. Es existierte auch einer in meiner Heimatstadt Karlsruhe. Nach meinem ersten Besuch war ich gleich Feuer und Flamme und trat dem Club bei. Die Art und Weise, wie man in diesem Club seine rhetorischen Fähigkeiten verbessern konnte, sagte mir sofort zu. Bei jedem Treffen gibt es eine Agenda, die ein striktes Zeitfenster vorsieht. Es werden unterschiedliche Reden gehalten: vorbereitete Reden, Stegreifreden und Bewertungsreden. Man hat also immer die Möglichkeit, zu reden und sich auf diese Weise weiterzuentwickeln. Jedem, der reden oder besser reden lernen möchte, kann ich Toastmasters empfehlen.

Ein weiteres Schlüsselerlebnis markierte mein allererster Vortrag, den ich am 18. Januar 2008 hielt. In einem kleinen Clubhaus einer Gaststätte referierte ich über meine sportlichen Abenteuer. Dank eines guten Freundes hatte ich es geschafft, meine Bilder in eine sinnvolle Reihenfolge zu bringen und das Ganze auch musikalisch zu untermalen. Die Nacht zuvor hatte ich kein Auge zugemacht. Ich war einfach zu nervös, um zu schlafen. Angespannt und mit einer großen Portion Lampenfieber stand ich dann am darauffolgenden Abend in der Gaststätte und erzählte von meinen Erlebnissen. Ausgehend von meinen sportlichen Erfahrungen schlug ich immer wieder die Brücke zu Berufs- und Alltagsthemen. Wie schafft man es, sich aus kritischen Situationen zu befreien? Auf welche Weise kann man sich für Höchstleistungen motivieren? Wie kann eine ausgewogene Ernährung aussehen? Dabei hielt ich in der einen Hand das Mikrofon und in der anderen die PC-Maus (!), um die Präsentation zu steuern. Ich erzähle das so genau, weil für mich dieser Abend einen der wichtigsten Meilensteine in meiner Karriere als Vortragsredner darstellte. Mit diesem Vortrag startete ich durch. Er markierte den ersten großen Schritt und bestätigte mich darin, dass ich mich auf dem richtigen Weg befand. Ich bekam so viele positive Rückmeldungen an diesem Abend, die mich zusätzlich motivierten, weiterzumachen. Nach dem Vortrag fuhr ich nach Hause mit der Gewissheit, dass ich der richtigen Berufung gefolgt war.

Am 1. Juli 2008 gab ich meinen sicheren Job als Unternehmensberater auf und machte mich als Extremläufer und Vortragsredner selbstständig. Einige Freunde und Bekannte staunten über diesen Schritt. Doch ich wusste, dass es für mich die absolut richtige Entscheidung war. Ich bekam zwar von einem Monat auf den anderen kein festes Gehalt mehr, dafür erhielt ich etwas, was in meinen Augen unbezahlbar ist: Freiheit! Und die Tatsache, dass ich das machen konnte, wofür mein Herz schlägt, wofür ich mich voll und ganz begeistern konnte. In einem fremdbestimmten Job, wie als angestellter Berater, wäre ich niemals glücklich geworden. Es ist einfach nicht mein Ding, wenn andere über meine Zeit und damit über mein Leben bestimmen. Ich bin auch nicht der Typ, der brav mit Anzug und Krawatte Dienst nach Vorschrift macht, pünktlich um acht Uhr seine Arbeit aufnimmt und um

Punkt 17:00 Uhr in den Feierabend geht. Ich mache keine halben Sachen. Entweder ganz oder gar nicht, lautet meine Devise. Nur achtzig oder neunzig Prozent gibt es bei mir nicht. Insofern war für mich der Schritt in die Selbstständigkeit nur folgerichtig und konsequent.

Es war ein beschwerlicher und langer Weg, bis ich endlich meiner Berufung als Extremläufer und Vortragsredner gefolgt war. Apropos Extremläufer – was ist das überhaupt? Sicherlich ist dies kein typischer „Beruf" wie Bankkaufmann, Dachdecker oder Immobilienmakler. Es ist auch nicht immer einfach für mich, einem Außenstehenden rational zu erklären, was ich mache. Ich selbst definiere einen Extremläufer oder Extremsportler folgendermaßen: eine Person, die im sportlichen Bereich persönliche Grenzen überwindet. Grenzen körperlicher wie mentaler Art. Dabei müssen es nicht immer Rekorde, Bestzeiten oder Leistungen sein, die zuvor noch kein anderer Mensch erreicht hat. Für mich geht es einfach darum, meine eigene Grenze zu verschieben. Ich persönlich sehe einen gewaltigen Unterschied zwischen einem Grenzgänger wie Reinhold Messner und einem Extremsportler wie ich einer bin. Ich will mich nicht, und das mache ich auch nicht, mit anderen Extremsportlern, Abenteurern oder Grenzgängern vergleichen. Ich bin Norman Bücher. Reinhold Messner ist Reinhold Messner. Und ich denke, das ist gut so. Jeder Mensch hat sein eigenes Spielfeld. Für Dieter Bohlen ist es die Musik, für Angela Merkel die Politik und für Albert Einstein war es die Physik. Ein begeistertes und leidenschaftliches Leben kann sich nicht einstellen, wenn man auf dem falschen Spielfeld agiert. An dieser Stelle mag der eine oder andere Leser den berechtigten Einwand bringen: Gibt es denn auch für „normale" Berufe und Tätigkeiten ein Spielfeld? Nicht jeder Mensch ist eben Künstler, Sportler, Physiker oder Politiker. Muss man auch nicht sein, denn jede Tätigkeit oder Aufgabe, die einem Menschen Sinn stiftet, kann ein Spielfeld sein. Für den einen ist das Töpfern das ein und alles, der andere begeistert sich für den Verkauf und für den nächsten ist das Pflegen von kranken Menschen die passende Tätigkeit. Ein guter Freund von mir will sich beispielsweise als Steuerberater selbstständig machen. Er brennt für dieses Thema und jedes Mal, wenn wir uns treffen und auf die Steuern zu sprechen kommen, spricht er ohne Punkt und Komma. Dabei leuchten seine Augen. Selbst ein so trockenes Thema wie „Steuern" kann ein Spielfeld darstellen, wenn dieses den eigenen Stärken entspricht und man sich dafür begeistern kann.

Mut zum Ich

Begeisterung setzt voraus, dass ich eine Tätigkeit gerne mache, dass ich bei einer Tätigkeit mit mir im Reinen bin und dass ich eine Tätigkeit ein Stück weit besser beherrsche als die anderen. Doch zuvor gilt es zunächst einmal zu erkennen, wer Sie überhaupt sind. Welche Eigenschaften machen Sie aus? Welche Werte und Überzeugungen sind Ihnen wichtig? Nach welchen Grundsätzen handeln Sie? Eine Frage habe ich mir vor meiner Selbstständigkeit sehr oft gestellt. Diese Frage ist meiner Meinung nach für jeden Menschen elementar wichtig und stellt eine von drei Schlüsselfragen in diesem Kapitel dar:

Wer bin ich?

Können Sie diese Frage für sich beantworten? Ehrlich gesagt, ich hatte Probleme damit. Ich fand zunächst keine Antwort auf diese Frage. Deshalb fragte ich weiter: Was machst du gerne? Worin bist du besser als die anderen? Bei welchen Tätigkeiten läuft alles spielerisch ab? Welche Themen interessieren dich? Was treibt dich an? Für was kannst du dich begeistern? Zunächst konnte ich auch diese Fragen nicht sofort beantworten. Deshalb ging ich in meine Vergangenheit zurück und stellte mir weitere Fragen: Welche Lieblingsbeschäftigungen hattest du in deiner Kindheit? Welche Dinge haben dich besonders interessiert? Welche Lieblingsfächer hattest du? Wo hast du schneller gelernt als die anderen Kinder? Bei meinen Antworten kam ich immer auf den Sport und die Bewegung. Seit meiner frühesten Kindheit treibe ich leidenschaftlich Sport und interessiere mich dafür. Bewegung ist für mich ein Lebenselixier. Es war also nur folgerichtig, dass ich irgendwann meine Berufung darin fand.

Was ich aus meinem eigenen Werdegang gelernt habe, ist, dass man einfach das machen soll, wofür das Herz schlägt, auch wenn man sich momentan auf einem ganz anderen Weg befindet. Mehr auf sein Bauchgefühl und seine innere Stimme zu hören, anstatt immer nur den Verstand einzusetzen, ist dabei sicherlich ein entscheidender Ansatzpunkt. Nicht was vernünftig erscheint, ist häufig das Beste, sondern was einen emotional bewegt. Wenn ich immer nur vernünftig gewesen wäre, dann würde ich heute weiter im gleichförmigen Fluss der Berater schwimmen. Glücklicherweise habe ich mein wahres Ich, meine große Leidenschaft, erkannt und diese zu meinem Lebensmittelpunkt gemacht. Auch wenn ich dadurch für viele Menschen aus dem Rahmen falle und gelegentlich anecke. Ich bin heute froh, dass ich den Schritt in die Selbstständigkeit gewagt habe und diesen Weg konsequent gegangen bin mit allen Vor- und Nachteilen. Ich kann jedem nur empfehlen, dasselbe zu tun. Das muss nicht der Sport und schon gar nicht der Extremsport sein. Es muss auch nicht jeder ein Unternehmer werden. Es gibt unzählige andere

Möglichkeiten. Eine Freundin von mir hat beispielsweise ihren gut bezahlten Job als Managerin in einem deutschen Konzern gekündigt und ist nach Australien ausgewandert, um dort auf einer Farm zu arbeiten. Auch wenn die Tätigkeit, für die man sich begeistert, nicht dem bisherigen Werdegang entspricht und auf den ersten Blick ein wenig exotisch erscheint. Doch muss es immer ein solider und allgemein akzeptierter Beruf sein? Sind immer die allseits bekannten und sicheren Wege die richtigen? Muss man sich immer der Gesellschaftsnorm anpassen und das tun, was andere von einem erwarten? Oder kann es auch ganz anders gehen? Ich bin überzeugt, wenn jeder Mensch seinen eigenen Weg geht, der seinem eigenen Wesen entspricht, hätten wir eine ganz andere Zufriedenheit in unserem Land.

Die einzigen Fähigkeiten, die man dazu benötigt, sind eine große Portion Mut und die Bereitschaft, über sich nachzudenken und etwas zu verändern. Das ist nicht immer leicht. Im Gegenteil, es erfordert einiges an Kraft und Energie, sich mit seinem tiefsten Inneren zu beschäftigen, sich auch unangenehme Dinge einzugestehen, Gewohnheiten zu ändern und unbequeme Wege zu bestreiten. Da sitzen dann plötzlich zehn große Schweinehunde in dir und sagen: „Och nö, will ich doch nicht. Ich mache weiter wie bisher." Kurzfristig erfordert es eine enorme Kraftanstrengung, Veränderungen herbeizuführen. Doch langfristig zahlt sich der Mut zur Veränderung, der Mut zum Ich, für künftige größere Zufriedenheit und mehr Lebenssinn aus.

Zu seinem Ich zu stehen, sein Leben zu leben, auf seinem eigenen Spielfeld zu agieren, hat sehr viel damit zu tun, seine Stärken zu erkennen und nach ihnen zu leben. Wenn ich Sie nach Ihren Stärken fragen würde, könnten Sie mir diese Frage sofort beantworten? Kennen Sie Ihre Stärken?

Nach der Frage „Wer bin ich?“ lautet die zweite Schlüsselfrage „Was kann ich?“

Auch diese Frage habe ich mir sehr häufig gestellt. Und im sportlichen Kontext konnte ich sie relativ schnell beantworten. Meine Stärken liegen hier im extremen Ausdauersport und nicht im klassischen Laufsportbereich. Auf einer Halbmarathon- oder Marathonstrecke kann ich nicht mein gesamtes Potenzial ausschöpfen. Das wurde mir relativ schnell klar, als ich nach meinen ersten Marathons versuchte, meine Zielzeit auf dieser Strecke zu verbessern. Ich investierte sehr viel Energie in mein Lauftraining und lief dennoch im Wettkampf nicht die Zeit, die ich aufgrund meiner Trainingsleistungen hätte laufen können. Meine große Stärke ist die Willenskraft und diese kommt mir gerade bei sehr langen Distanzen zugute. Je länger eine Strecke, umso mehr spielen die mentale Stärke und die Willenskraft wichtige Rollen. Natürlich ist auch bei einem 10-Kilometer-Lauf, einem Halbmarathon und Marathon der Kopf ein zentraler Erfolgsfaktor, doch bei einem Ultramarathon kommt dem geistigen Bereich ein noch höherer Stellenwert zu.

Meine Stärken im beruflichen Kontext waren mir nicht sofort bewusst. Hier habe ich mich zunächst sehr schwer getan, meine Stärken zu erkennen. Ich hatte zum Beispiel keine Ahnung, dass ich eine angenehme Stimme habe und diese auch sehr gut einsetzen kann. Bis mich eines Tages eine gute Freundin darauf aufmerksam machte. Mein sprachliches Talent war mir nie wirklich bewusst. Ich ging davon aus, dass ein akzentuiertes Sprechen und eine gute Präsentation Selbstverständlichkeiten sind.

Was mir mit der Zeit immer mehr bewusst geworden ist, ist die Tatsache, dass die Dinge, die mir Freude bereiten, gleichzeitig meine Stärken darstellen. Was dich begeistert, das machst du gerne und was du gerne machst, darin bist du auch gut. Klingt eigentlich logisch, oder? Jeder Mensch hat doch etwas, das ihn begeistert. Der eine sammelt leidenschaftlich gern Briefmarken, der andere arbeitet ehrenamtlich im Musikverein, der nächste engagiert sich für sein Leben gerne in einer Hilfsorganisation. Wenn ich diese Leute fragen würde, ob sie in ihrer jeweiligen Aufgabe gut sind, bekäme ich sicherlich ein Ja als Antwort. Dabei muss es sich nicht immer um die hauptberufliche Tätigkeit handeln, von der man lebt.

Ich habe mich in der Schulzeit immer sehr schwer getan, handwerkliche Aufgaben durchzuführen. Fächer wie Bildende Kunst oder Technisches Werken hasste ich. Es überrascht Sie wohl nicht, wenn ich Ihnen verrate, dass ich in diesen Fächern nie besonders gute Noten schrieb. Das Fach Sport hingegen zählte von Beginn an zu meinen Lieblingsfächern. Ich verstehe bis heute nicht, warum man als Schüler an einem Unterrichtsfach dauerhaft teilnehmen muss, obwohl man dafür offensichtlich kein Interesse hat und keine Begabung mitbringt. Diese Zeit könnte man doch viel effektiver in Fächer investieren, die einen begeistern und für die man Talent hat.

Sie haben in den letzten Zeilen einige Mal das Wort Stärke gefunden. Was versteht man überhaupt darunter? Mein geschätzter Rednerkollege und ehemaliger Handballnationalspieler Jörg Löhr definiert Stärke folgendermaßen:

Stärke = Talent + Wissen + Können + Wollen

Lassen Sie uns die einzelnen Begriffe genauer betrachten. Talent ist wichtig, überhaupt keine Frage, doch es stellt in meinen Augen von diesen vier Faktoren den unbedeutendsten dar. Talent wird in der heutigen Zeit maßlos überbewertet. Mit Talent alleine kommt man nicht weit im Leben. Ich bin beispielsweise überhaupt kein überdurchschnittlich talentierter Läufer. Es gibt Athleten, die verfügen über deutlich mehr Talent, als ich es habe. Und trotzdem geben diese beispielsweise bei einem Ultraberglauf wie am Mont Blanc vorzeitig auf. Talent kann also nicht alles sein. Glücklicherweise existieren noch weitere Faktoren, die eine echte Stärke ausmachen, allen voran das Wollen. Nehmen wir dazu ein bekanntes Beispiel aus dem Tennissport: Ivan Lendl. Ivan Lendl zählt ohne Frage zu den erfolgreichsten Tennisspielern aller Zeiten. Er gewann acht Grand-Slam-Titel und stand insgesamt 270 Wochen an der Spitze der Weltrangliste. Doch Ivan Lendl war sicherlich nicht der talentierteste Spieler seiner Zeit. Im Gegenteil, ihm wurde häufig nachgesagt, dass seine Art Tennis zu spielen, an eine Maschine erinnere. Andere Tennisgrößen wie Boris Becker oder Stefan Edberg wiesen ein weitaus größeres Talent auf. Doch was Ivan Lendl auszeichnete, waren sein eiserner Wille, seine Disziplin und sein Fleiß. Er trainierte jeden Tag mehrere Stunden und wollte den Erfolg um fast jeden Preis, auch wenn er wusste, dass er dafür nicht das größte Talent mitbrachte. Mit seinem enormen Willen kompensierte er sein – im Vergleich zu anderen Tennisgrößen an der Weltspitze – fehlendes Talent.

Das Wollen ist für mich der elementarste Faktor, um eine Stärke zu kultivieren. Denn wenn ich eine Sache unbedingt will, dann setze ich mich auch dafür ein, diese Sache gut zu können. Ich eigne mir das nötige Wissen an, besuche Fortbildungen, lese Bücher und trainiere an den

Fähigkeiten, die ich brauche, um die Sache gut zu beherrschen. Der Faktor Wollen bedingt also das Können und das Wissen.

Das Ziel beim Ultra-Trail du Mont Blanc habe ich hauptsächlich dadurch erreicht, weil ich es unbedingt wollte. Mir ist das Laufen, so wie ich es betreibe, sicherlich nicht in die Wiege gelegt worden. Ein Extremlauf über 166 Kilometer und 9.400 Höhenmeter ist mit viel Trainingsfleiß, Engagement und Disziplin verbunden. Diese Attribute lassen sich nur umsetzen, wenn man sein großes Ziel mit jeder Faser seines Körpers auch wirklich will. Weil ich eben diesen Lauf um jeden Preis erfolgreich beenden wollte, setzte ich alle Hebel in Bewegung, um körperlich und mental topfit in Chamonix an den Start zu gehen.

Und da sind wir schon bei der dritten Schlüsselfrage. Die erste lautete: „Wer bin ich?“, die zweite „Was kann ich?“ und die dritte heißt: „Was will ich?“ Und dieser Frage habe ich gleich ein ganzes Kapitel gewidmet.

Ich will, ich will, ich will

Ich will – Erfolgsfaktor Nr. 1

Ich bin über den Wolken! Vor mir habe ich eine Aussicht, die mir schier den Atem raubt. Weiße Riesen, die fast senkrecht in den Himmel ragen und diesen berühren zu scheinen. Unglaublich schöne und beeindruckende Formationen aus Fels, Schnee und Eis. Dimensionen, die mit Worten nicht zu beschreiben sind. Bunte Gebetsfahnen flattern im eisigen Wind. Mit meinen kalten Händen klatsche ich immer wieder gegen mein Gesicht, um sicherzustellen, dass dies hier alles Realität ist. Nein, ich träume nicht. Ich bin wahrhaftig hier. Ich stehe mit meinen eigenen Beinen im höchsten Gebirge der Erde. Vor mir breitet sich ein Panorama aus, das mich schier aus meinen Laufschuhen haut: Mount Everest, Lhotse, Makalu und Kanchengjunga. Das Höchste, was unsere Welt zu bieten hat. Ich komme mir wie ein absoluter Winzling gegenüber diesen Bergriesen vor. Mein Atem geht gleichmäßig in der dünnen Luft auf über 3.600 Metern. Ich befinde mich in Sandakphu im indischen Teil des Himalayas im Bundesstaat Westbengalen. Dieses kleine Bergdorf ist einer der ganz wenigen Orte in der Welt, an dem man Ausblicke auf vier der fünf höchsten Berge der Erde hat. Besonders das beeindruckende Massiv des Kanchengjunga, des dritthöchsten Bergs der Erde, fasziniert mich. 8.586 Meter über dem Meeresspiegel. In Worten: Achttausendfünfhundertsechsundachtzig Meter! Ich war schon häufiger in den Alpen und am Mont Blanc unterwegs, doch was ich hier sehe, sprengt alle Grenzen. Ich bin sprachlos! Angeblich würde das Matterhorn, mit 4.478 Metern einer der höchsten Gipfel der Alpen, gut dreißig Mal in das Kanchengjunga-Massiv hineinpassen. Unvorstellbar! Seit drei Tagen laufe ich schon beim Himalaya 100 Mile Race durch das höchste Gebirge der Erde. Bei diesem Rennen gilt es, insgesamt 162 Kilometer und über 7.000 Höhenmeter in fünf Tagen zu bewältigen. Als ich vor drei Tagen, zusammen mit 42 anderen Athleten aus der ganzen Welt, losgelaufen bin, konnte ich nicht im entferntesten Sinne erahnen, was mich hier alles erwarten wird. Schon am ersten Tag geht es auf eine Höhe von fast 4.000 Metern. Da bleibt dir beim Laufen fast die Luft weg. Doch unsere Muskulatur benötigt Sauerstoff, um überhaupt arbeiten zu können. Nach dem Startschuss ist fast jeder Läufer noch locker getrabt, doch spätestens nach der vierten oder fünften Serpentine ist dann für die allermeisten nur noch Gehen möglich. Und es geht immer höher und höher. Von 2.000 Metern ausgehend, haben wir schnell eine Höhe von 2.500 Metern erreicht und nähern uns dann der 3.000-Meter-Grenze. Der Laufuntergrund zeichnet sich durch unangenehme Kopfsteinpflasterwege aus. Gift für die Fußsohlen – Konzentration für den Kopf.

Ich laufe auf Richard, einen Südafrikaner, auf, der mir schon vor dem Start des Rennens aufgefallen ist. „Was will der denn bitte bei diesem Rennen?“, fragte ich mich, als ich ihn zum ersten Mal gesehen habe. Groß, kräftig, ja einfach wuchtig kommt er daher. Wie ein Wrestler, der es nicht erwarten kann, endlich in den Ring zu steigen. Ich konnte es zunächst gar nicht glauben, dass er der dünnen Höhenluft und den steilen Anstiegen bei diesem Rennen überhaupt gewachsen ist. Doch schon auf den ersten Kilometern zeigt er mir, dass er auch ein guter Läufer ist. „Do you like the race so far?“, frage ich ihn. „I love it. But that is just the beginning. We are going to run higher and higher“, gibt er zurück. Und wie recht er damit hat. Irgendwann ist es mit unserem Gespräch vorbei, denn vor lauter Schnaufen bringe ich kein Wort mehr heraus. Ich ziehe wieder alleine weiter. Plötzlich kreuzt eine Herde Yaks den Weg. Imposant und ein wenig Angst einflößend, bewegen sich diese majestätischen Tiere auf mich zu. Erst im letzten Moment gehen sie zur Seite. Ich erreiche wenig später den nächsten Verpflegungsposten. „Are you ok?“, empfangen mich freundliche und zuvorkommende Helfer, die mir Wasser, Kekse und Kartoffeln anbieten. Mir geht es blendend, ich könnte die ganze Welt umarmen. Ich gebe zur Kontrolle meine Unterschrift in der Liste ab. Es stehen auch ein paar neugierige Kinder am Stand, die mich wie einen Außerirdischen anstarren. Einen Mann mit langen, blonden Haaren haben sie wohl noch nicht so häufig hier gesehen. Ich lächle sie an und spreche ein paar Worte auf Indisch, was bei ihnen ein Schmunzeln hervorruft. Dann ziehe ich weiter. Nur noch schlappe zehn Kilometer bis zum heutigen Etappenziel liegen vor dir, denke ich. Doch dieses letzte Teilstück hat es noch einmal gewaltig in sich, denn 1.000 Höhenmeter müssen in diesem Terrain bewältigt werden. Bei europäischen Bergläufen ist in der Regel spätestens bei einer Höhe von 2.700 Metern Schluss. Diese Höhe markiert nun den Beginn des letzten Anstiegs. Zu meiner rechten Seite türmen sich imposant die Achttausender auf. Die Sonne strahlt in voller Pracht und der tiefblaue, wolkenfreie Himmel bildet einen atemberaubenden Kontrast zu diesen schneeweißen Bergkolossen. Was für ein Anblick! So ein starkes und intensives Weiß habe ich noch nie gesehen. Ergriffen und voller Faszination starre ich minutenlang die Berge an. Ich fühle mich, als wäre Weihnachten, Ostern und Geburtstag zusammen. Doch diese reizvolle Umgebung sorgt immer nur für kurze Ablenkung zu den körperlichen Strapazen, die ich bei diesem finalen Anstieg erfahre. Ich komme nur unendlich langsam voran. Mir scheint es, als hätte ich Magnete an meinen Fußsohlen, die mir jeden einzelnen Schritt ungemein erschweren. Als würde ich immer nur auf der Stelle treten. Die zunehmende Höhe macht jeden Schritt extrem anstrengend. Ich schnappe regelrecht nach Luft und muss immer wieder für einen kurzen Augenblick stehen bleiben, damit sich mein Puls erholt. Auf einmal ziehen dicke Nebelschwaden auf und lassen den strahlend blauen Himmel urplötzlich verschwinden. Alles um mich herum wird grau. Ich kann kaum mehr zehn Meter weit sehen. Ein frostiger und ungemütlicher Wind weht mir entgegen. Das ist Hochgebirge pur – hier kann sich innerhalb von wenigen Minuten das Wetter komplett ändern. Wie weit ist es wohl noch zum Etappenziel? Drei Kilometer, zwei Kilometer? Mein Höhenmesser zeigt 3.550 Meter, es kann nicht mehr weit sein. Nach jeder Kurve hoffe ich, das Bergdorf zu sehen. Doch jeder Kilometer zieht sich gewaltig in die Länge. Minuten kommen mir wie Stunden vor. Dann habe ich es endlich geschafft und laufe über die Ziellinie in Sandakphu.

Nach jeder Etappe gönne ich mir eine warme Dusche, was bei diesem Lauf in dieser Umgebung durchaus ein Luxusgut darstellt. Denn Dusche ist nicht gleich Dusche. Eine Dusche bedeutet in diesem Bergdorf: einen Eimer Wasser mit einem Becher, den man in einer spartanisch eingerichteten Hütte mehrmals über sich gießt! Was für eine Wohltat! Ich genieße jeden einzelnen Becher Wasser, den ich mir über den Körper schütte. Ich finde es immer wieder erstaunlich, wie man mit einfachen Dingen zufriedenzustellen ist und wie wenig man zum Leben braucht. Keine großen materiellen Güter, keinen Luxus. Am Abend stehen wir dicht gedrängt beim Essen in der Berghütte um den kleinen Ofen. Alle haben warme Mützen und dicke Handschuhe an. Das Feuer knistert und brodelt in der kalten Hütte. Einstellige Minusgrade hat es wohl schon draußen. Ich lerne Jacob aus Dänemark kennen, der schon auf jedem Kontinent läuferisch unterwegs war. Er berichtet mir von seinen Erlebnissen beim Yukon Arctic Ultra in Kanada. Dort lief er 160 Kilometer nonstop bei Temperaturen um die minus vierzig Grad. Durch Eis und tiefen Schnee. Auf seiner rechten Wade hat er sich sein Lebensmotto tätowieren lassen: „Nur diejenigen, die weit laufen, können auch erfahren, wie weit sie laufen können." Neben ihm steht Roberto aus Argentinien. Mit seinen grauen Haaren, seinem Dreitagebart und seinem gebräunten Gesicht sieht er dem Schauspieler George Clooney sehr ähnlich. Roberto erzählt mir von seinen unternehmerischen Aktivitäten in der ganzen Welt und wie er scheinbar nebenbei noch die Zeit findet, an spektakulären Abenteuerläufen teilzunehmen. Er strotzt geradezu vor Energie und Enthusiasmus. Mir bereitet es eine große Freude, sich mit solchen kosmopolitischen Menschen zu unterhalten. Es ist schon ein verrücktes Volk, das sich hier versammelt hat. Verrückt in einer positiven Art. Ich liebe diese Momente. Ich liebe dieses einfache und unkomplizierte Leben, das sich auf die wesentlichen Dinge konzentriert.

Der Himalaya 100 Meilen Lauf stellte für mich definitiv einen der Höhepunkte in meiner Laufkarriere dar. Allein vor der gewaltigen und beeindruckenden Bergkulisse des Mount Everest zu laufen, war wirklich atemberaubend. Während meiner fast zweimonatigen Reise durch Nepal und Indien durfte ich sieben der vierzehn höchsten Berge der Welt mit eigenen Augen sehen. Doch mir ging es bei diesem Abenteuer nicht nur um die absolute sportliche Grenzerfahrung, sondern mir waren die vielfältigen kulturellen Eindrücke und vor allem die Begegnungen mit den Menschen dort mindestens genauso wichtig. Jede Begegnung und jedes Gespräch mit den Einheimischen faszinierten mich. Als ich am Ende meiner Reise den letzten Tag in Delhi verbrachte, lernte ich Ashutosh, einen indischen Studenten, kennen. Ich genoss gerade am Connaught Place in Delhi die Sonne und ließ die vielen Eindrücke meiner Reise Revue passieren, als er mich ansprach. Es entwickelte sich ein sehr interessantes Gespräch und er erzählte mir von sich und seiner Familie. Wie sie in bescheidenen Verhältnissen leben. Sein großes Ziel ist es, Tourismus zu studieren. Und er stellte Fragen. Pausenlos. Besonders interessierte es ihn, was ich studiert hatte, wie die Menschen in Deutschland wären und was meine Überzeugungen und Einstellungen waren. Seine Neugier, seine Wissbegierigkeit und sein Wunsch dazuzulernen, stellen in meinen Augen genau die Einstellung dar, um die es im Leben geht. Schon an seiner aufrechten Körperhaltung und seiner gepflegten Schuluniform habe ich sofort erkannt, was er wollte: Er wollte dazulernen, studieren und strebte danach, ein selbstbestimmtes, zufriedenes Leben zu führen. Ashutosh hat sicherlich keine Schwierigkeiten, am Morgen motiviert in den Tag zu starten.

Das ist übrigens ein interessanter Aspekt. Wussten Sie, dass die Art und Weise, wie wir in der Früh aufstehen, ein gutes Indiz für unsere aktuelle Motivation ist? Fällt es Ihnen morgens schwer, aus dem Bett zu kommen? Diese Frage stelle ich häufig in meinen Vorträgen und nicht selten sehen mich dann etwas fragende Gesichter an. Wenn ein Mensch seinen Job, seine Aufgabe oder seine Tätigkeit gerne macht, sich für diese begeistern kann, dann wird er wohl kaum länger schlafen als notwendig. Vielmehr will er schwungvoll und rechtzeitig in den Tag starten, weil er ja etwas hat, wofür es sich lohnt aufzustehen. Daran äußert sich schon, ob jemand motiviert ist oder nicht.

Was heißt denn überhaupt Motivation? Motivation ist nichts anderes, als zu sagen: Ich will. Das ist eine der kürzesten und besten Definitionen von Motivation, die ich kenne. Ich will. In diesen zwei Worten steckt so vieles. Ich kann nur motiviert sein, wenn ich es aus meinem tiefsten Inneren wirklich will. Wenn ich für eine Sache brenne, wenn ich mich voll und ganz für eine Sache begeistere, wenn ich alles andere um mich herum komplett ausblenden kann, wenn ich an nichts anderes mehr denke und wenn ich die Zeit dabei völlig vergesse, dann will ich eine Sache wirklich. Der Antrieb muss also von einem selbst kommen. Kein exorbitantes Gehalt, kein Luxusfirmenwagen und keine netten Kollegen können uns langfristig motivieren, denn diese Faktoren kommen von außen. Sie können uns zwar kurzfristig einen Motivationsschub verleihen, aber niemals langfristig zur dauerhaften Motivation beitragen.

„Ich will" sage ich mir häufiger, besonders wenn ich in der Vorbereitung auf einen großen Lauf stehe. Selbst einem leidenschaftlichen Ultraläufer wie mir fällt es nicht immer leicht, in seine Laufklamotten zu schlüpfen und loszulaufen. Da gibt es manchmal zahllose Gründe, die einen vom Laufen abhalten: schlechtes Wetter, Verpflichtungen als Familienvater, wichtige Termine im Job oder allgemeine Unlust.

Der Winter in 2009/2010 brachte verhältnismäßig viel Schnee und kalte Tage mit sich, im Vergleich zu den Vorjahren. Ich starte meistens im Januar mit meinem Grundlagenausdauertraining in die neue Saison, das nach ein paar Wochen auch die ersten langen Trainingseinheiten vorsieht. Mit langen Trainingseinheiten meine ich Dauerläufe von 35 bis 50 Kilometern. Dabei bin ich schon einmal fünf bis sechs Stunden am Stück unterwegs. Ich will ganz ehrlich zu Ihnen sein: Bei grauem Himmel, bei Minusgraden und vereisten Wegen macht es mir nicht immer Freude, stundenlang durch den Wald zu laufen. Es kostet mich manchmal enorme Überwindung, bei diesem Wetter in meine Laufklamotten zu steigen, hinauszugehen und loszulaufen. Wenn ich nun kein konkretes Laufziel hätte, würde ich zu Hause bleiben oder nur eine kurze Runde einlegen, aber sicherlich nicht fünf Stunden am Stück laufen. Indem ich aber immer weiß, warum ich jetzt hinausgehe und bei dieser Kälte laufe, fällt es mir ein Stück weit leichter, dies in die Tat umzusetzen. Dieses Ziel stellte bei mir im Mai 2010 einen Lauf durch die Atacamawüste in Chile dar, bei dem ich 600 Kilometer in vierzehn Tagen laufen wollte (darüber später mehr). Dafür war es notwendig, dass ich mir im Winter die nötige Grundlagenausdauer aneignete. Bei jedem noch so anspruchsvollen und langen Training dachte ich immer an meinen Wüstenlauf. Der Beweggrund saß mir also immer im Nacken und sagte mir: „Wenn du heute diese Trainingseinheit nicht durchziehst, dann wird es schwieriger, dein großes Ziel im Frühjahr zu erreichen." In solchen Momenten sind die richtige Einstellung, die vollkommene Identifikation mit seinem Ziel und das unbedingte Wollen ganz entscheidend. Eben „Ich will" zu sagen. Was sagen Sie sich, wenn Sie morgens in Ihr Büro fahren oder Ihren Job antreten? „Ich gehe heute ins Büro, weil ich es *will*"? Oder eher: „Ich gehe heute ins Büro, weil ich Geld verdienen *muss*"? Ein himmelweiter Unterschied. In der Wissenschaft spricht man von intrinsischer und extrinsischer Motivation, die in fast jedem Buch über Motivation beschrieben werden, weshalb ich Ihnen deshalb längere Ausführungen darüber ersparen will. Nur so viel: Bei der intrinsischen Motivation kommt der Antrieb von einem selbst. Die extrinsische Motivation entsteht durch äußere Anreizfunktionen wie Provisionen, Sonderurlaub oder Incentives. Der extreme

Ausdauersport dient in diesem Kontext wieder als Paradebeispiel. Ich kenne keine andere Sportart, die so trainings- und zeitintensiv ist wie ein langer Ausdauerwettbewerb. Ich investiere stellenweise 20 bis 25 Stunden in meinen Sport pro Woche und ich bin kein Profisportler.

Im Gegensatz zu Sportarten wie Fußball, Tennis oder Golf lässt sich mit extremem Ausdauersport kein großes Geld verdienen. Es ist eben eine Randsportart, die nicht so viele Fans und damit für Werbung verwertbare Kunden besitzt und deshalb nicht das große Medieninteresse genießt. Warum soll sich ein Mensch dennoch motivieren, Hunderte von Kilometern durch eine Wüste zu laufen? Sicher nicht wegen des Geldes oder des Ruhmes. Oder weil man dadurch materielle Dinge wie Autos oder Reisen gewinnen kann. Welche Motivatoren sind es dann? Ausschließlich die eigenen. Meine Motivatoren sind primär die Freiheit und Selbstbestimmung. Über mein Leben und meine Zeit selbst verfügen zu können, das motiviert mich ungemein. Ich weiß, wofür und warum ich so weit laufe.

Nur der eigene Antrieb führt dazu, dass ich beispielsweise auch unangenehme Trainingseinheiten durchziehe. Nur der eigene Antrieb bringt mich dazu, nach dreißig Stunden Laufen und größter Müdigkeit weiterzumachen. Dieser Antrieb macht sich beispielsweise dadurch bemerkbar, dass ich das Verlangen habe, jetzt unbedingt laufen zu gehen, auch wenn es draußen hagelt und schneit. Wenn ich das starke Bedürfnis in meinem tiefsten Inneren verspüre, das tun zu wollen, dann spreche ich vom eigenen Antrieb. Warum hat man den? Weil wir Menschen innerlich das Bedürfnis nach Wachstum verspüren. Das ist eine Art Grundbedürfnis. Um zu wachsen, benötige ich eine Kraft, die mich dazu antreibt. Und das ist eben der eigene Antrieb.

Zum Thema Motivation habe ich schon einige Male

folgenden Satz gelesen: „Du schaffst alles, was immer Du willst.“ Kennen Sie diesen Satz? Leider reisen immer noch selbsternannte Motivationsgurus durch die Lande, die propagieren, dass man nur mit dem Finger schnipsen muss, um motiviert zu sein. Das ist nicht mein Verständnis von Motivation bzw. von Motivationstraining. Ja, es gibt Methoden, mit denen man sich schnell in eine positive Stimmung versetzen kann. Dazu später mehr. Dies setzt jedoch voraus, dass man Energie und Geduld aufbringt. Nichts geschieht von heute auf morgen, auch nicht bei einem Motivationstraining. Den Satz „Du schaffst alles, was immer Du willst“, halte ich für eine Lüge. Wir können nicht alles im Leben erreichen, wenn wir nur wollen. Das geht nicht. Ich kann nicht morgen die 166 Kilometer um den Mont Blanc erfolgreich laufen, wenn ich bisher nur einen Volkslauf über zehn Kilometer in der Ebene bewältigt habe. Dabei kann ich noch so viel um den Mont Blanc laufen *wollen*, ohne die entsprechenden Fähigkeiten geht es nicht. Sie erinnern sich doch noch an die Definition von Stärke? Stärke = Talent + Wissen + Können + Wollen. Sie können nach dieser Formel einen noch so großen Willen haben, ohne die drei anderen Faktoren werden Sie nicht erfolgreich. Vergessen Sie also den Satz „Du schaffst alles, was immer Du willst“.

Die Willenskraft sehe ich dennoch als zentralen Bestandteil auf dem Weg zum Erfolg. Sie stellt die Grundlage des viel zitierten inneren Antriebs dar. Doch wir können nur die Dinge im Leben erreichen, für die wir auch die Fähigkeiten und das nötige Know-how mitbringen. Mit dem Willen alleine werden wir keinen Erfolg haben. Es ist wie bei einem Auto, das die beste Ausstattung, den besten Motor und die besten Reifen hat. Wenn es aber keinen Sprit bekommt, hilft Ihnen auch die teuerste Ausstattung nicht weiter und Sie werden nicht vorankommen.

Mein Ziel, das ich mir zu Beginn meiner Selbstständigkeit gesetzt habe, ist es, einmal zu den besten Rednern zum Thema Motivation im deutschsprachigen Raum zu gehören. Mein Wille ist nach wie vor sehr groß, dieses Ziel zu erreichen. Nur: Ich kann noch so häufig „Ich will" sagen, ohne das Aneignen der entsprechenden Fähigkeiten wie Rhetorik, Dramaturgie, Bühnenpräsenz und Performance werde ich mein Ziel nicht erreichen. Ich benötige dazu unbedingt auch das Können und das entsprechende Wissen. Durch das unbedingte Wollen, dieses Ziel zu erreichen, verspüre ich jeden Tag einen inneren Antrieb, der mich meinem Ziel näherbringt. Dadurch nehme ich auch Aufgaben wie stundenlanges Proben auf einen Vortrag in Angriff, die zunächst unangenehm erscheinen.

Woran ich jedoch glaube, ist folgender Satz: „Wenn du willst, kannst du jeden Tag etwas mehr leisten, als du es in Wirklichkeit tust." Können Sie sich mit dieser Aussage anfreunden? Ich für meinen Teil schon, da bin ich ganz offen und ehrlich zu Ihnen. Mit diesem Zitat möchte ich Sie nicht zu einem Workaholic trimmen oder die vollkommene Leistungsgesellschaft ausrufen. Okay, ich bin ein leistungsorientierter Mensch, doch von einem Workaholic distanziere ich mich. Wenn Sie eine tolle Leistung vollbringen, trägt dies zu Ihrer Zufriedenheit bei, richtig? Und wenn Sie etwas erreichen, was Sie bisher noch nicht geschafft haben, Ihre persönliche Grenze verschoben haben, dann sind Sie stolz auf sich, richtig? Die Frage ist: Warum machen wir es dann nicht? Warum leisten wir nicht jeden Tag nur ein wenig mehr? Das Problem liegt nicht im Können, das Problem liegt in den meisten Fällen gar nicht in unseren Fähigkeiten, sondern das Problem ist: Die meisten von uns wollen einfach nicht und sind schlichtweg faul. Punkt. Für viele Menschen ist es einfacher und bequemer, daheim auf der Fernsehcouch anderen beim Sport zu zuschauen, als selbst Sport zu treiben. Nicht wenige Menschen lassen sich tagtäglich von „Gute Zeiten, schlechte Zeiten" berieseln, anstatt in ihrem eigenen Leben die guten und die schlechten Zeiten selbst zu erleben. Das ist eine Frage der richtigen Einstellung und des Wollens. Ich komme also wieder zum Erfolgsfaktor „Ich will" zurück. Mit der Macht des Willens kann ich Unmögliches möglich machen. Nicht nur im Leistungssport, sondern auch in vielen anderen Lebensbereichen. Als Beispiel möchte ich von Andreas Pröve erzählen. Andreas Pröve verunglückte als 23-Jähriger mit seinem Motorrad und ist seitdem querschnittsgelähmt. Für viele Menschen wäre dies ein Grund, unglücklich zu sein und ein eingeschränktes Leben zu führen. Nicht jedoch Andreas Pröve, der schon drei Jahre nach seinem Unfall zu einer längeren Indienreise aufbrach und danach immer wieder monatelang durch die Welt reiste. Im Jahr 2010 kann er bereits auf eine 25-jährige Reisetätigkeit zurückblicken. Das ist allein schon mehr als beeindruckend. Andreas Pröve hat es darüber hinaus geschafft, von seiner Reiseleidenschaft leben zu können. Er ist Fotojournalist, schreibt erfolgreich Bücher und hält viele Vorträge. Wie er das geschafft hat? Mit der Macht des Willens.

Ein anderes berühmtes Beispiel stellt Stephen Hawking dar, einer der bekanntesten Physiker und Astronomen der Welt. Er hat viele Beststeller über die Entstehung unseres Universums geschrieben und ist sehr erfolgreich damit. Doch der Erfolg ist ihm nicht in die Wiege gelegt worden, ganz im Gegenteil. Als Jugendlicher ist bei ihm Amyotrophe Lateralsklerose (ALS), eine seltene und unheilbare Krankheit, diagnostiziert worden. Er bekam gesagt, dass er nur noch ein paar Jahre zu leben hätte. Bald konnte er keinen einzigen Muskel mehr bewegen. Er musste sich im Rollstuhl fortbewegen und war 24 Stunden lang auf fremde Hilfe angewiesen. Seine Tage schienen gezählt. Doch Hawking gab sich nicht auf und fokussierte auf das Einzige, was ihm noch geblieben war: sein Denken. Er fing an, Bücher zu schreiben und das Leben wieder zu genießen. Hawking ist zum aktiven Gestalter seines Schicksals geworden, dank seiner Willenskraft. An der eigenen Willenskraft entscheidet sich, ob jemand etwas leisten will oder nicht. Ob jemand die Couch verlassen will oder weiter fernsieht. Ob jemand seine Behinderung als Einschränkung sieht oder weiter durch die Welt reist. Ob jemand seine unheilbare Krankheit einfach hinnimmt oder weiterhin ein erfülltes Leben führt.

Mit dem Satz „Wenn du willst, kannst du jeden Tag etwas mehr leisten, als du es in Wirklichkeit tust", meine ich jedoch nicht, täglich bis zum Umfallen zu schuften, immer länger und mehr zu arbeiten und unter allen Umständen an die persönliche Grenze zu gehen. Das Kennen der eigenen Grenzen, die Entspannung und ein bewusstes Zurücknehmen sind für mich genauso wichtig. Es kommt auch nicht immer auf die Quantität der Leistung an. Mir geht es darum, jeden Tag einmal mehr die eigene Komfortzone zu verlassen. Das müssen dann nicht nur extreme oder lang andauernde Projekte sein. Oftmals handelt es sich dabei um alltägliche Dinge wie die erste freie Rede zu halten oder endlich den schwierigen Kunden zurückzurufen, der sich vor ein paar Tagen lauthals beschwert hat.

Doch wie oft verbringen wir unsere Zeit mit Dingen wie ziellosem Fernsehen, die wir stattdessen für unsere Weiterbildung nutzen könnten? Wenn wir nur wollten. Bedingt durch meine sportlichen Abenteuer und meine Vortragsaktivitäten reise ich sehr viel. Mich verwundert es jedes Mal auf das Neue, wenn ich im Zug oder am Flughafen sitze und sehe, wie Menschen ihre Zeit totschlagen.

Da sitzt man an seinem Platz und schaut stundenlang Löcher durch die Wand. Wenn man nur ein Drittel dieser Zeit dazu nutzt, ein gutes Buch zu lesen, ein interessantes Hörbuch zu hören oder seine Zeit anderweitig sinnvoll nutzt, hätte man in meinen Augen sehr viel gewonnen. Genau in solchen einfachen, alltäglichen Dingen zeigt sich für mich dieser Satz „Wenn du willst, kannst du jeden Tag etwas mehr leisten, als du es in Wirklichkeit tust". Nochmals: Meine Intention ist es nicht, Sie zu einem Workaholic oder zu einem „Rund-um-die-Uhr-Lerner" zu machen. Mir ist bewusst, dass viele von Ihnen einen stressigen Alltag haben und einfach einmal auch nichts machen wollen. Manchmal während der Zugfahrt schlafen und entspannen wollen. Völlig in Ordnung. Mir geht es um die Grundsatzfrage: Will jemand wachsen oder nicht? Will sich jemand weiterentwickeln oder nicht? Will jemand seine Komfortzone verlassen oder nicht?

Ich bin überzeugt, dass einige unter Ihnen 50 oder sogar 100 Kilometer am Stück laufen können. Was ich sportlich leiste, traue ich auch vielen anderen Menschen zu, denn ich bin – nochmals – kein Übermensch und auch kein überdurchschnittlich talentierter Läufer. Einzige Voraussetzung (lassen wir einmal die gesundheitlichen außen vor): Sie müssen es mit der gleichen Vehemenz wollen wie ich. Doch die meisten wollen gar nicht 50 Kilometer laufen. Das ist für mich der entscheidende Punkt. Sie müssten dann nämlich auf vieles verzichten. Sie müssten fast jeden Tag bei Wind und Wetter mehrere Stunden hart trainieren, müssten auf eine entsprechende Ernährung achten und könnten nicht mehr stundenlang vor dem Fernsehgerät sitzen. Sie müssten also sehr viel Zeit und Energie investieren. Die Frage ist nie: Können wir eine bestimmte Sache in unserem Leben erreichen? Natürlich können wir. Wir können uns all die Fähigkeiten und das gesamte

Wissen immer und überall aneignen. Die viel wichtigere Frage lautet: Wollen wir eine bestimmte Sache in unserem Leben erreichen? Mir geht es nicht darum, Sie zum Laufen zu motivieren. Mir geht es auch nicht darum, zu propagieren, unter allen Umständen immer an die persönliche Grenze zu gehen. Das ist dauerhaft kontraproduktiv und für den Körper und Geist definitiv ungesund. Worauf es mir ankommt, ist, für sich selbst zu erkennen, in welchem Lebensbereich, bei welchen Aufgaben man „Ich will" sagt und diese dann auch konsequent erfüllt.

Beim Lauf um den Mont Blanc im Jahr 2009 bekam ich nach achtzig gelaufenen Kilometern markstückgroße Wasserblasen an meinen Füßen. An ein schmerzfreies Laufen war nicht mehr zu denken, bei jedem Schritt verzog ich mein Gesicht. Wasserblasen treten bei mir normalerweise nur ganz selten auf. Ausgerechnet bei solch einem langen Rennen wie am Mont Blanc kamen sie plötzlich. Es lagen zu diesem Zeitpunkt noch weitere lange achtzig Kilometer vor mir bis zum Ziel. Sie müssen wissen, dass ich das Ziel bei diesem Lauf in den Jahren zuvor schon zweimal erreicht hatte. Es stand also außer Frage, dass ich es schaffen konnte. Primär ging es also nicht um das Können, sondern in diesem Moment ausschließlich um das Wollen und um die richtige Einstellung. Ich ließ beim nächsten Verpflegungspunkt bei Kilometer 94 in Arnuva meine Füße behandeln. Als ich auf dem Feldbett im Sanitätszelt lag, hätte ich einige Gründe finden können, die für eine Aufgabe des Rennens sprachen. Doch Aufgeben war für mich einfach keine Option. Ich hatte die fixe Einstellung, dass ich den Lauf finishen werde. Mehr noch: Ich war mir absolut sicher, dass ich finishen werde. Und ich wollte dieses Rennen auch um jeden Preis erfolgreich beenden, weil es für mich persönlich sehr viel bedeutete. Und ich schaffte es auch. Wenn ich heute an diese Situation zurückdenke, muss ich darüber schmunzeln, denn die Behandlung meiner Blasen stellte für mich die unangenehmste und aufregendste Situation des ganzen Laufs dar. Ich muss Ihnen gestehen, dass ich einen Riesenrespekt vor Nadeln habe. Und als ich im Zelt lag und der Arzt mit einer langen Spritze meine Blasen aufstoch, damit sie austrocknen konnten, wurde mir schwarz vor Augen. Selbst Minuten danach musste ich noch liegen bleiben, bis ich wieder gerade stehen konnte. Doch nach dieser Behandlung hatte ich keine Probleme mehr während des gesamten Rennens und konnte den Lauf wieder genießen.

Mit der Kraft des Willens ist sehr vieles im Leben möglich. Für mich ist die Willenskraft einer der wichtigsten Faktoren auf dem Weg zum persönlichen Erfolg. Talent und Fähigkeiten sind sicherlich nicht unbedeutend, ganz im Gegenteil. Doch nur, wenn der Antrieb von einem selbst kommt, können auch die Fähigkeiten und das Talent voll ausgeschöpft werden. Um an die Weltspitze zu kommen, benötigt man Talent – überhaupt keine Frage. Doch für wie viele Menschen geht es überhaupt darum, ganz an die Spitze in ihrem Bereich zu kommen? Und für wie viele ist es ausreichend, einfach „nur" das Beste aus sich herauszuholen? Um genau das geht es mir: das Beste aus seinen Möglichkeiten zu machen und sein Potenzial voll auszuschöpfen.

Die innere Einstellung entscheidet

Um etwas in unserem Leben zu erreichen, um motiviert zu sein, um „Ich will" zu sagen, benötigen wir einen Erfolgsfaktor, der zu den wichtigsten überhaupt gehört: unsere innere Einstellung.

Nach Abschluss meines Studiums im Jahr 2003 hatte ich das Privileg, einmal kreuz und quer durch Australien zu reisen – für ein Jahr. Ich packte meinen Rucksack und flog alleine nach Sydney, ohne einen konkreten Plan zu besitzen. In diesem Jahr habe ich so viele wertvolle Lebenserfahrungen gesammelt wie selten zuvor. Ich traf interessante Menschen aus der ganzen Welt und lernte, was es bedeutet, sein Leben selbst in die Hand zu nehmen. Ich kam auch in den Genuss, die schönsten Flecken auf unserem Planeten mit eigenen Augen zu sehen: den weltberühmten Ayers Rock, einsame und wunderschöne Strände, das Opernhaus in Sydney, die unendliche Weite des Outbacks und vieles mehr. Jeden der sieben Bundesstaaten durfte ich bewundern: Western Australia, South Australia, Queensland, New South Wales, Victoria, Northern Territory und Tasmanien. Doch ich reiste nicht nur die ganze Zeit durch das Land, sondern finanzierte mir den Aufenthalt durch Gelegenheitsjobs. Diese waren nicht immer ein Zuckerschlecken, sondern stellten teilweise harte körperliche Feldarbeit dar. Ob Trauben, Äpfel, Gurken, Melonen, Paprika oder Zwiebeln, es gab fast keine Obst- und Gemüsesorte, die ich in Australien nicht in meinen Händen gehalten hätte. Acht bis zehn Stunden am Tag immer die gleiche Tätigkeit zu verrichten, bei vierzig Grad Außentemperatur, auf einem riesigen Feld, war für einen frisch gebackenen Diplom-Betriebswirt eine gewaltige Umstellung. Einen meiner längsten Arbeitsaufenthalte hatte ich in Naracoorte. Naracoorte ist mit gut 5.000 Einwohnern eine ländlich geprägte Kleinstadt im Südosten des Bundesstaates South Australia und liegt etwa 330 Kilometer von Adelaide entfernt. In diesem Ort befand sich die Naracoorte Backpackers, eine Unterkunft mit lauter jungen, arbeitswilligen Reisenden. Die Naracoorte Backpackers fungierte als Vermittler zwischen den einzelnen Farmern aus der Gegend und den Backpackern. Wer nicht wirklich arbeiten wollte, durfte auch nicht in dieser einfachen Herberge wohnen. Gleich nach meiner Ankunft wurde ich einer Farm zugeteilt. Die ersten Tage sind immer die schwierigsten, weil man sich als Backpacker wieder an den neuen Tagesrhythmus gewöhnen muss. Kurz vor fünf Uhr klingelte mein Wecker und es war für mich eine enorme Überwindung, aufzustehen und zum Frühstück zu gehen. Eine weitere Herausforderung bestand darin, jeden Morgen in die dreckigen, stickenden Klamotten zu steigen, die man für die Arbeit auf dem Feld bekam. Dann ging es, zusammen mit gut 25 anderen Backpackern, im Bus zur Farm, einem riesigen Winzergrundstück. Um 6:30 Uhr war Arbeitsbeginn. Unsere Aufgabe bestand darin, Trauben zu schneiden, den ganzen Tag lang. Reihe für Reihe. Und diese schienen unendlich lang zu sein. Die Zeit verstrich dabei nur langsam, Minuten kamen mir wie Stunden vor, Stunden wie Tage. Die aufkommende Hitze machte diese sehr monotone Tätigkeit fast unerträglich. Ich war immer froh, wenn die Glocke ertönte, die die Pause und das Ende der Arbeit markierte. Jeder Tag zog sich gewaltig in die Länge. Das ging fast vier Wochen so, tagaus, tagein immer die gleiche Tätigkeit. Sogar am Wochenende wurde mitunter gearbeitet. Nur als das Thermometer an einem Tag 46 Grad anzeigte, wurde die Arbeit ausnahmsweise eingestellt. Ich dachte in dieser Zeit häufig, und ich hatte sehr viel Zeit zum Nachdenken während des Traubenschneidens: Warum tue ich mir das nur an? Warum mache ich diese Tätigkeit bloß? Ich hatte ein paar Mal den Gedanken, die Arbeit einfach hinzuschmeißen und weiterzureisen. Doch mir wurde jedes Mal bewusst, dass ich ohne diesen Job kein Geld verdienen würde und somit meine Reise nicht fortsetzen könnte. Deshalb stand ich weiterhin jeden Morgen um kurz vor fünf Uhr auf, quälte mich in meine miefenden Arbeitsklamotten und versuchte, das Beste aus dem Tag zu machen. Ich hatte die Einstellung, dass ich diesen Job, so monoton und unbequem er auch war, zu Ende bringen wollte. Und ich schaffte es auch. Nach einem guten Monat in Naracoorte war meine Reisekasse wieder voll und ich konnte die nächsten sechs Wochen wieder weiter durch Down Under reisen. Diese Erfahrung hat mich für mein weiteres Leben ungemein geprägt. Wenn ich heute beispielsweise in einem beruflichen Projekt nicht weiterkomme, dann denke ich oft an die Zeit in Naracoorte zurück und sage mir: „Im Vergleich zur Farmarbeit ist diese Aufgabe doch paradiesisch." Es fällt mir danach leichter, weiterzuarbeiten und das Beste aus dieser Situation zu machen.

Wenn ich heute an meine Zeit als Kind und Jugendlicher zurückdenke, dann wird mir immer mehr bewusst, dass ich die wirklich wichtigen Dinge in meinem Leben nicht in der Schule und auch nicht im Studium gelernt habe. Weder habe ich gelernt, wie ich mir Ziele setze, noch habe ich erfahren, wie ich vor anderen Menschen spreche. Und mir wurde auch nicht beigebracht, wie ich mein Talent und meine Fähigkeiten am besten einsetzen kann. Das alles habe ich mir nur durch eigene Erfahrungen, durch Neugierde, durch Offenheit für neue Dinge, durch meine Reisen, durch meine sportlichen Abenteuer und immer wieder durch den Sprung ins kalte Wasser angeeignet. Wenn ich den „normalen" Karriereweg nach meinem Studium gegangen wäre, dann würde ich jetzt als Unternehmensberater in irgendeinem Unternehmen sitzen und Kunden bei der Implementierung von IT-Softwarelösungen zur Seite stehen. Nur weil ich den Schritt in das berufliche Abenteuer „Extremsport" gewagt habe, führe ich heute ein Leben nach meinen Bedürfnissen und Werten. Das Bemerkenswerte daran ist: Die Entscheidung lag und liegt immer bei mir. Wenn ich heute unzufrieden mit meinem Job bin, kann ich diesen kündigen und mir einen neuen suchen. Wenn ich mit meinem Partner nicht mehr glücklich bin, kann ich diese Beziehung so weiterführen oder sie beenden. Die Entscheidung liegt immer bei Ihnen. Sie entscheiden, ob Sie dazulernen wollen oder nicht. Sie bestimmen, ob Sie morgens im Bett liegen bleiben oder ob Sie zur Arbeit gehen. Es liegt ganz bei Ihnen, ob Sie lieber aktiv Fußball spielen oder ob Sie daheim auf der Fernsehcouch anderen beim Fußballspielen zuschauen. Es liegt nur an Ihnen und an Ihrer Einstellung. Sie sind für alle Ihrer Entscheidungen selbst verantwortlich. Wenn ich beispielsweise nicht, wie vereinbart, meinen Vortrag bei einem Kunden halte, dann kann ich dies tun. Es ist meine eigene Entscheidung. Ich müsste allerdings auch mit den Konsequenzen leben. Doch anstatt Verantwortung für das eigene Leben zu übernehmen, suchen viele Menschen die Schuld bei anderen. Dann ist lieber der böse Chef schuld an der eigenen unbefriedigenden beruflichen Situation. Das ist schließlich auch einfacher, als selbst eine Entscheidung zu treffen und Verantwortung zu übernehmen. Auch das ist eine Frage der richtigen Einstellung.

Durch meine Reise nach Indien und Nepal habe ich mich nicht nur sportlich weiterentwickelt, sondern durch die Begegnungen mit den Menschen konnte ich einiges von ihnen lernen. Schon bei meiner Ankunft in Kathmandu hatte ich das erste Schlüsselerlebnis. Der Flughafen in Kathmandu, der Hauptstadt Nepals, präsentiert sich seinen Besuchern durch einfache, leere und heruntergekommene Fabrikhallen. Nach einem langen Flug und einem längeren Zwischenstopp in Delhi wollte ich so schnell wie möglich in mein Hotel. Der Aufenthalt und die Einreise nach Indien waren zuvor durch einen unfreundlichen, lauten und abweisenden Ton gekennzeichnet gewesen. Mein erster Eindruck von Indien war zumindest nicht allzu positiv. Ich rechnete hier in Nepal mit einem ähnlich schroffen Umgangston. Doch kaum hatte ich die Eingangshalle des Flughafens betreten, kamen zwei junge Nepalesen auf mich zu und fragten mich, ob sie mir beim Ausfüllen meines Visumsantrages behilflich sein dürften. Sie sprachen gutes Englisch und halfen mir nicht nur bei den Formalitäten, sondern begleiteten mich auch durch den Zoll bis zum Ausgang. Auch die Beamten am Zoll und das Flughafenpersonal waren sehr freundlich und scherzten mit mir und den anderen Reisenden. Es herrschte eine angenehme und entspannte Atmosphäre und ich fühlte mich nicht wie in einem der ärmsten Länder der Erde. Auf solch entgegenkommende Art und Weise wurde ich selten zuvor in einem anderen Land empfangen.

Die Lebensbedingungen in Nepal und Indien sind teilweise erschreckend. Ich traf in Delhi auf viele bettelnde Kinder, die mich mit traurigen Augen verfolgten und auf Hilfe hofften. Ich war bestürzt über verwahrloste Menschen, die oft regungslos in den Straßen lagen und zählte Unmengen an abgemagerten, herrenlosen Hunden auf der Suche nach Essensresten. Oft bot sich mir ein erschütterndes Bild, das mich immer wieder zu dem Gedanken führte, wie unglaublich gut es uns in der westlichen Welt doch geht. Doch trotz unseres materiellen Wohlstands in Deutschland jammern und klagen viele Menschen über ihre scheinbar miserable Lage. Verglichen mit den Menschen in Indien ist das jedoch nur Jammern auf hohem Niveau. Das sollten wir uns immer wieder vor Augen halten. Was ich von den Menschen in Indien und Nepal gelernt habe, ist, dass die meisten trotz größter Armut und bescheidenster Verhältnisse eine positive Einstellung zu ihrem Leben haben. Sie waren offen und aufgeschlossen gegenüber anderen Menschen, sie waren neugierig und versuchten, einfach das Beste aus ihren Möglichkeiten zu machen. Eine bewundernswerte Einstellung, die auch wir uns zu eigen machen sollten. Denn unsere Alltäglichkeiten sind eigentlich absolute Privilegien: Wir können Bücher lesen, dürfen jederzeit ins Internet und können uns in jede denkbare Richtung weiterentwickeln. Wir müssen unsere Möglichkeiten nur nutzen und das liegt nur an uns und unserer Einstellung.

Die Frage nach dem Warum

Wie schaffe ich es denn, mich immer wieder zu motivieren? Diese Frage wird mir bei Vorträgen fast immer gestellt. Ich kann mich selbst, die meiste Zeit zumindest, für meine sportlichen und auch unternehmerischen Aktivitäten motivieren. Aber ich selbst kann Sie und andere Menschen nicht motivieren. Das geht nicht. Kein Motivationstrainer auf dieser Welt kann Sie motivieren. Was ich Ihnen jedoch anbieten kann, sind Impulse, Anregungen und mögliche Wege, durch die Sie sich selbst motivieren können. Aus meiner zehnjährigen Erfahrung als Extremsportler kann ich Ihnen beispielsweise zwei Möglichkeiten aufzeigen, durch die Sie sich immer wieder selbst motivieren können:

1. Ziele
2. Motive

Dem ersten Punkt Ziele habe ich das nachfolgende Kapitel „Die Magie von Zielen“ gewidmet. In Motivation steckt ein wichtiges Wort: Motiv. Um dauerhaft motiviert zu sein, benötigen wir ein starkes Motiv. Motivation basiert auf Motiven. Die Kunst der Selbstmotivation liegt darin zu wissen, warum wir etwas tun. Die Frage nach dem Warum zählt zu den wichtigsten im Leben. Nur wenn ich meine Motive, meine Beweggründe kenne, bin ich motiviert und werde auch handeln. Also denken Sie einmal darüber nach. Vielleicht haben Sie sich das schon länger nicht mehr gefragt: Warum üben Sie Ihren derzeitigen Job aus? Warum gehen Sie Ihrem Hobby nach? Warum sind Sie mit Ihrem derzeitigen Partner zusammen? Warum haben Sie sich gerade dieses Buch gekauft und lesen es?

Diese Frage nach unseren Motiven illustriert folgende Erfahrung von mir, die ich wieder in Australien gemacht habe. Ich hielt mich während meiner einjährigen Reise sehr lange im Norden des Landes auf, weil mich die unendlich erscheinende Weite des Outbacks, die vielseitige Landschaft, der Artenreichtum an Tieren und das extreme Klima dort ungemein beeindruckten. Für mich steht das Northern Territory für das wahre Australien. Deshalb verbrachte ich einen Großteil meiner Zeit dort. Ich hatte das Glück, kurzfristig für ein paar Wochen auf einer riesigen Farm wohnen und auch arbeiten zu dürfen. Einem Grundstück so groß wie hundert Fußballfelder. Um mich herum war nichts, nur die unendliche Weite des Outbacks umgab mich. Der nächste Supermarkt lag gut 250 Kilometer entfernt. 35 Grad waren es teilweise im Schatten. Und dann waren da noch gut 2.000 Salzwasserkrokodile. Ich befand mich nämlich auf einer riesigen Krokodilfarm. Diese Farm wurde von Bluey, einem Südafrikaner, der vor zwanzig Jahren nach Australien ausgewandert war, und seiner Frau Janelle bewirtschaftet. Zwei liebenswerte Menschen, die mich an ihrem Leben teilhaben ließen. WWOOFing – so lautete das Zauberwort, durch das ich auf diese Farm kam. WWOOFing steht für Willing Workers On Organic Farms und ist ein Programm, das von Backpackern gerne genutzt wird. Es beinhaltet, dass man auf einer Farm Unterkunft und Essen bekommt und sich im Gegenzug verpflichtet, pro Tag ein paar Stunden zu arbeiten, wobei Arbeit in meinen Augen immer eine Definitionssache ist. Mit 2.000 Krokodilen zu arbeiten, stellte für mich keine Arbeit dar, sondern bedeutete eine neue, aufregende und sicherlich auch extreme Erfahrung. Wenn man in ein Gehege mit zwanzig Krokodilen geht, die jeden Moment nach dir schnappen können, ist das eine Grenzerfahrung. Okay, bei den Tieren handelte es sich noch um Jungtiere, doch ein Biss hätte auch bei ihnen schmerzhafte Folgen haben können. Mir hüpfte jedes Mal das Herz in die Hose, wenn sich ein Krokodil bewegte und auf mich zukam. Es gab noch eine weitere Person auf dieser riesigen Farm: Ray, den einzigen ständigen Mitarbeiter des Familienbetriebes. Ray ist ein typischer Australier, so wie man ihn sich vorstellt: braungebrannt, lange Haare, verschwitztes Shirt und natürlich seine Flip-Flops, die er ständig trug. Mit Ray durfte ich zusammenarbeiten und das bereitete mir große Freude, denn Ray war die meiste Zeit richtig locker drauf. Obwohl er ganz alleine, ohne Familie und Angehörige auf dieser Farm lebte, schienen ihm der Job und das Leben hier zu gefallen. Morgens nach dem Frühstück stand immer das Waschen der Krokodilgehege auf dem Programm. Wir gingen dazu in eine Art Gewächshaus, in dem sich unzählige große Wannen befanden. In jeder dieser Wannen hausten dreißig bis vierzig Krokodile, die erst ein paar Tage alt waren. Obwohl sie noch recht klein waren und niedlich ausschauten, reagierten sie auf meine Putzaktion schon recht aggressiv und schnappten nach mir. Bei den kleinen Krokodilen war das noch ungefährlich und nett anzuschauen, doch bei den älteren musste ich höllisch aufpassen, dass sie mich nicht erwischten. Nach dem Reinigen der Gehege standen das Zubereiten der Nahrung und schließlich die Fütterung der Krokodile auf dem Programm. Das war für mich immer einer der Höhepunkte des Tages. Mit gut fünfzehn Eimern, randgefüllt mir Pferdefleisch, fuhren wir zu den Krokodilen. Mit Schubkarren beförderten wir die Eimer zu den einzelnen Gehegen, was eine große Aktivität der Krokodile zur Folge hatte. Von einer Sekunde auf die nächste wurden aus den scheinbar toten Geschöpfen bewegungsfreudige, sehr impulsive Tiere. Als ginge es um Leben und Tod, stürzten sie sich auf jeden Brocken Fleisch. Dabei stellten sie ihre sehr eindrucksvollen Zähne zur Schau. Ich war fasziniert von der Impulsivität und Eleganz dieser Tiere. Doch es wurde nicht den ganzen Tag über nur gearbeitet. Die Australier und insbesondere Ray hatten in diesem Punkt eine relativ lockere und entspannte Haltung. Ray nahm sich häufiger längere Pausen, gönnte sich dann immer das eine oder andere Bier und schaute sich stundenlang Cricket im Fernsehen an. Ich fragte mich nach ein paar Tagen: Warum macht er das? Was sind seine Motive, alleine, ohne Familie und Angehörige, hier zu leben und zu arbeiten? Ich stellte ihm eines Tages genau diese Frage. Und er sagte mir in seinem typischen australischen Slang: „Hey mate, no worries. I love it to be here. The quietness, the beautiful nature and the simplicity of life. I don't miss anything in my life." Ray liebte es, hier leben zu können. Die Ruhe, die Natur und das einfache Leben beeindruckten ihn. Ray war sich also absolut im Klaren darüber, warum er hier alleine in der größten Einöde lebte und arbeitete. Man braucht im Leben nicht viele materielle Dinge, um glücklich zu sein, und dennoch kann man reich sein. Reich an Erfahrungen. Und Ray war ein reicher Mann. Seine innere Ruhe, seine Gelassenheit und seine Zufriedenheit zeigten mir dies. Er hatte klare Motive und lebte nach diesen.

Und genau darum geht es: Wir müssen uns über unsere Motive klar werden und uns diese immer wieder ins Bewusstsein rufen. Gerade wenn es einmal nicht so läuft. Warum mache ich das? Warum gehe ich meinem Job nach? Warum betreibe ich gerade dieses Hobby? Nur wenn wir ein attraktives Motiv haben, kommen wir morgens leichter aus dem Bett. In meinen Firmenvorträgen stelle ich den Zuhörern genau diese Fragen: Warum arbeiten Sie in der Firma XY? Was sind Ihre Motive für Ihren gegenwärtigen Job? Dann mache ich bewusst eine Pause und schaue mir ihre Reaktionen an. Nicht selten sehen mich dann fragende Gesichter an nach dem Motto: „Bücher, was willst du von uns?“

Sie müssen dabei kein Extremsportler, Farmer oder Künstler sein oder ein außergewöhnliches Leben führen, um für sich ein attraktives Motiv zu haben. Schon ganz alltägliche, „normale“ Tätigkeiten können sinnvoll sein und ein Motiv beinhalten. Auch dazu möchte ich Ihnen ein selbst erlebtes Beispiel erzählen: Am vergangenen Samstag hatte ich die Ehre, während meines Fernsehauftritts bei „Menschen der Woche“ mit Frank Elstner den jüngsten Sternekoch Deutschlands, Sören Anders, kennenzulernen. Mit seinen 24 Jahren ist er Küchenchef in der renommierten Oberländer Weinstube in Karlsruhe und erhielt in diesem Jahr vom bekannten Michelin Guide einen Stern. Er steht teilweise von früh morgens bis spät abends in der Küche. Tag für Tag. Und während er mir von seiner Tätigkeit und seinem Leben erzählt, da funkeln seine Augen. Er strahlt über beide Ohren und hört gar nicht mehr auf zu erzählen. Auch beim Gespräch mit Frank Elstner kann man seine Begeisterung für das Kochen bei jeder Frage spüren. Auf die Fragen „Warum kochen Sie? Warum stehen Sie den ganzen Tag über in der Küche?“, antwortete er: „Weil es mir Spaß macht. Weil es mir Freude macht, für andere Menschen zu kochen.“ Das ist doch ein starkes Motiv, oder? Selbst eine Tätigkeit wie Kochen kann eine Erfüllung darstellen, wenn man für diese ein entsprechendes Motiv hat.

Mit der Frage nach meinen Motiven setzte ich mich das erste Mal richtig auseinander, als ich sie auch aus meinem Familienkreis gestellt bekam. Als ich nach meinem Laufabenteuer am Mont Blanc im Jahr 2007 nach Hause fuhr, erzählte ich allen von meinen sensationellen Erlebnissen und Erfahrungen. Ich schwebte auf Wolke sieben. Als ich dann auch meine Oma besuchte, meinte diese ganz trocken: „Dass du immer in den Bergen rumlaufen musst. Bleib doch auch einmal zu Hause. Was hat dir das denn jetzt wieder gebracht?“ Diese Frage fand ich interessant und auch berechtigt und sie regte mich zum Nachdenken an. Worin lag der Sinn in dem ganzen Lauf? Warum machte ich so etwas? Meine Oma schaffte es tatsächlich, dass ich mich sehr intensiv mit dieser Frage auseinandersetzte. Ich fragte mich in den folgenden Tagen immer wieder: Warum läufst du über vierzig Stunden am Stück um das Mont Blanc-Massiv? Um was geht es dir dabei wirklich? Ich fand heraus, dass es für mich hauptsächlich um die Intensität der Erfahrungen geht. Ich lebe in diesen Momenten wie beim Lauf um den Mont Blanc sehr intensiv. Die sehr starken Glücksmomente, wenn ich beispielsweise nach stundenlangem Bergauflaufen endlich den Pass erreiche und eine unbeschreiblich schöne Aussicht erleben darf. Die Morgensonne, die die umliegenden Berggipfel in einem warmen Rot erscheinen lässt. Das ist schwer in Worte zu packen. Du stehst einfach nur da, vergisst jegliches Zeitgefühl, bekommst Gänsehaut und erfreust dich an den Schönheiten der Natur. Wie ein kleines Kind. Du bist einfach im Reinen mit dir, obwohl du schon zwanzig Stunden und länger in extrem anspruchsvollem Gelände bei Tag und Nacht unterwegs bist. Das bedeutet für mich intensiv. Nur eine Stunde später befinde ich mich in meinem tiefsten Tief. Jeder Schritt fällt auf einmal schwer. Meine Muskeln schreien nach einer Pause. Du würdest dich am liebsten einfach nur hinlegen und schlafen. Die Augen fallen dir fast während des Laufens zu. Und ausgerechnet jetzt kommt die anspruchsvollste Passage des gesamten Rennens: ein Mörderanstieg mit über dreißig Prozent Steigung. Der Körper möchte aufgeben, doch der Kopf will weiter. Ich beginne die ersten Meter dieser sehr steilen Bergaufpassage hochzusteigen. Und urplötzlich bin ich wieder voll da. Die Schmerzen sind wie weggeflogen, von Müdigkeit keine Spur mehr. Ich lebe! Vor ein paar Sekunden schien die Welt für mich noch unterzugehen und nun laufe ich geschmeidig den Bergpfad hoch, als hätte das Rennen gerade erst begonnen. Wenn du dich in einer kritischen Lage befindest, geht es trotzdem irgendwie immer weiter, wenn du nicht aufgibst, sondern weiter einen Schritt vor den anderen setzt. Diese Erfahrungen, die eigene Grenze verschieben zu können, über einen toten Punkt hinwegzugehen, eine ausweglos erscheinende Situation zu meistern, stellen für mich besondere, intensive Lebensmomente dar, die ich bewusst suche und die mich antreiben. Solche Erfahrungen bekomme ich niemals, wenn ich mich immer nur in meiner „normalen“ Alltagswelt bewegen würde. Abenteuerläufe wie am Mont Blanc stiften mir persönlich einfach unheimlich viel Sinn. Ich definiere mich durch solche „Tätigkeiten“. Ein Maler drückt sich in seinen Bildern aus, ein Bildhauer durch seine Skulpturen, ein Sternekoch durch seine Gerichte und ein Architekt durch seine Gebäude. Ich drücke mich eben durch das Laufen, meine Abenteuer und auch meine Vorträge aus.

Motivation ist für mich nichts anderes als die Summe

an Motiven, die das Handeln eines Menschen bestimmen. Nach Professor Steven Reiss gibt es sechzehn Lebensmotive, die fast alle unsere Handlungen steuern. Diese sechzehn Motive lauten:

Macht, Unabhängigkeit, Neugier, Anerkennung, Ordnung, Sparen, Ehre, Idealismus, Familie, Beziehung, Status, Rache/Wettbewerb, Sinnlichkeit, Essen, Körperliche Aktivität und Innere Ruhe.

Was davon sind Ihre Motive? Nehmen Sie sich die Zeit und beschäftigen Sie sich mit diesen Motiven. Die Kunst ist es, seine eigenen Motive zu erkennen und nach ihnen zu leben. Nur dann ist man auch motiviert. Wenn beispielsweise für jemanden Unabhängigkeit sein wichtigstes Motiv darstellt, wird dieser Mensch wohl kaum motiviert sein und glücklich werden, wenn er sich in einem festen Angestelltenverhältnis befindet, jeden Tag starre Arbeitszeiten zu befolgen hat, ständig den Anweisungen von anderen Menschen gehorchen muss und eine vierköpfige Familie zu versorgen hat. Oder stellen Sie sich einen Menschen vor, der den ganzen Tag am Schreibtisch sitzt, tagein, tagaus immer die gleiche Tätigkeit ausübt, immer die gleichen Kollegen um sich hat und das schon seit vielen Jahren. Wird dieser Mensch glücklich, wenn seine zentralen Motive körperliche Aktivität und Neugier darstellen? Wohl kaum.

Als ich noch als Unternehmensberater tätig war, hatte ich einen Kollegen, der fachlich und menschlich ein sehr angenehmer Mensch war. Er investierte sehr viel Zeit und Energie in seinen Job, arbeitete manchmal achtzig Stunden die Woche und war ständig in der Welt unterwegs. Er bekam ein sehr gutes Gehalt und durfte einen teuren Firmenwagen sein Eigentum nennen. In der Firma genoss er hohes Ansehen und war bei den Kollegen sehr beliebt. Viele Menschen wären an seiner Stelle glücklich gewesen.

Doch er war es nicht. Mit der Zeit bemerkte ich, wie er immer mehr über seine persönliche Situation jammerte. Er beklagte sich über die vielen Geschäftsreisen, das hohe Arbeitspensum und dass er für private Dinge keine Zeit mehr finde. Als wir uns einmal intensiver unterhielten, stellte sich heraus, dass er glücklich verheiratet, zweifacher Familienvater ist und seine Familie über alles liebt. Doch leider hatte er durch seinen Job kaum Zeit für sie. Er erzählte mir, dass er von den Aktivitäten seiner beiden Jungs fast nichts mehr mitbekomme und sie nur selten sehe. Wenn er am Wochenende einmal zu Hause ist, dann sei er so müde, dass er auch nichts mehr mit seiner Familie unternehmen wolle. Er würde aber so gerne mehr Zeit mit seiner Familie verbringen, wenn er nur könnte. Ein starkes Motiv von ihm stellt sicherlich die Familie dar. Doch in seinem Job als Unternehmensberater konnte er dieses Motiv nicht ausleben. Als Folge stellte sich Unzufriedenheit ein.

Der Grund, warum viele Menschen unzufrieden mit ihrem Leben sind, ist für mich, dass sie ihre wahren Motive nicht kennen und nicht nach ihnen leben. Doch wie will man motiviert sein, wenn man nach Motiven lebt, die der eigenen Person nicht entsprechen? Nach Motiven handelt, die gar nicht die eigenen sind? Oder erst gar nicht weiß, nach welchen Motiven man lebt? Die Basis und Voraussetzung für ein motiviertes Leben stellen Motive dar. Und zwar ausschließlich die eigenen. Seine eigenen Motive zunächst zu erkennen, sich diese dann immer wieder bewusst zu machen und nach ihnen zu leben, ist die Grundlage für Selbstmotivation.

„Nur wer etwas riskiert, ist wirklich frei" – dieses Zitat eines unbekannten Autors definiere ich folgendermaßen um: „Nur wer etwas riskiert, kann auch persönlich wachsen."

Ein Grundbedürfnis von uns Menschen ist das Wachstum. Damit meine ich die persönliche Reife, die Weiterentwicklung, das Dazulernen. Doch ich kann nur wachsen, wenn ich meine persönliche Komfortzone verlasse und bereit bin, neue Erfahrungen zu sammeln und ausgetretene Pfade zu verlassen. Oder wie ich es nenne: die Zone der Herausforderung zu betreten. Um das geht es mir, wenn ich von „break your limits", meinem Lebensmotto, spreche. Doch ich habe das Gefühl, dass unsere Gesellschaft einfach zu bequem, zu satt und zu unbeweglich geworden ist. Die meisten Menschen wollen einfach in ihrer Komfortzone bleiben. In diesem persönlichen Sicherheitsbereich ist es ja auch gemütlich und man muss sich nicht anstrengen. Da wird dann zum Beispiel über dreißig Jahre ein und derselbe Job ausgeübt oder man fährt seit Jahren immer zum gleichen Urlaubsort. Dagegen ist ja auch nichts einzuwenden, solange die Menschen damit zufrieden sind. Wenn diese Menschen jedoch anfangen zu jammern und ihre Unzufriedenheit an ihrer Umgebung auszulassen, habe ich etwas dagegen. Von Reinhold Messner habe ich einmal folgendes Zitat gelesen: „Der Mensch kann fast alles, was er will. Aber ein normaler Mensch will nur, was er kann." Besonders der zweite Satz spricht mir aus der Seele. Sobald es anstrengend wird, hören viele Menschen auf und ziehen sich in ihre Komfortzone zurück. Das Neue, das Unbekannte, das Ungewisse wird gescheut und man bevorzugt lieber den alten, bekannten und bequemen Weg. Ein guter Freund von mir ist schon seit über zehn Jahren bei demselben Arbeitgeber. Tagaus und tagein macht er den gleichen Job. Seit zwei Jahren beklagt er sich immer wieder über seine berufliche Situation. Auf der einen Seite schaut er sich nach neuen Alternativen um und erzählt mir, was er alles gerne machen würde: ein neues Studium oder einen anderen Job. Doch genau diesen Schritt, intensiv Bewerbungen zu schreiben oder sich für das Studium zu akkreditieren, den hat er bisher nicht gemacht. Er bleibt also weiterhin in seiner Komfortzone.

Das Ausharren in der berühmten Komfortzone führt zwangsläufig zum Stillstand und Stillstand bedeutet Rückschritt. Häufig bin ich von Besitzstandswahrern umgeben, die stärker an einer Anhäufung von materiellen Gütern, Statussymbolen und Sicherheiten interessiert sind, als etwas Neues und Unbekanntes zu wagen. Besitztum, materielle Dinge und Titel sind für mich nicht wichtig. Sie stellen für mich Mittel zum Zweck dar. Mir kommt es auf das Erleben von neuen Erfahrungen, das Immer-wieder-ins-Unbekannte-aufbrechen-können und die persönliche Weiterentwicklung an. Doch wir können uns nur weiterentwickeln, wenn wir uns anstrengen und die persönliche Komfortzone verlassen. Ein Vortragstitel meines geschätzten Kollegen Reinhard Ematinger lautet „Arsch hoch!", was die Aufforderung zum Verlassen der Komfortzone auf passende Art und Weise beschreibt. Genau darum geht es: seinen breiten Hintern aus der bequemen Couch zu heben und sich in ein unbekanntes, ungemütliches Terrain zu bewegen. Das kann bedeuten, zum ersten Mal vor großem Publikum zu reden oder alleine eine lange Reise anzutreten. Es kann auch bedeuten, sich beruflich neu zu orientieren oder alleine in eine andere Stadt zu ziehen. Der Sohn eines guten Bekannten von mir hat beispielsweise dieses Frühjahr sein Abitur gemacht und ist danach für sechs Monate alleine durch Neuseeland gereist. Willkommen in der Zone der Herausforderung. Ein Lauffreund von mir war bis Mitte Vierzig bei einem großen Staatskonzern angestellt. Sicherer Job. Er kündigte diesen und fing nochmals ein Studium an. Willkommen in der Zone der Herausforderung. Ein anderer Freund von mir war bis zu seinem dreißigsten Lebensjahr bekennender Couch-Potatoe, trank Unmengen an Alkohol, rauchte täglich vier Zigarettenschachtel und wog über 120 Kilogramm bei einer Körpergröße von 1,83 Metern. Dann entdeckte er die Leidenschaft zum Sport und fing mit dem Laufen an. Heute ist er Ultramarathonläufer, hat fünfzig Kilogramm abgenommen, trinkt keinen Alkohol mehr und hat auch das Rauchen eingestellt. Willkommen in der Zone der Herausforderung. Oder denken Sie an Reinhold Messner, der als erster Mensch den Mount Everest, den höchsten Berg der Erde, ohne künstlichen Sauerstoff bestieg. „Das ist unmöglich, das geht gar nicht", lautete die Einschätzung der Mediziner. Doch Reinhold Messner wagte es und brach in unbekanntes Terrain auf. Und er siegte.

Ich selbst habe mich im Jahr 2008 entschieden, meinen sicheren Job an den Nagel zu hängen und als Extremsportler und Vortragsredner zukünftig mein Geld zu verdienen. Das Ganze war natürlich mit einem großen Brocken Risiko behaftet, überhaupt keine Frage. In meinem Job als Unternehmensberater hatte ich jeden Monat mein sicheres und gutes Einkommen. Dieses war von einem Monat auf den anderen nun weg. Ich musste mich zu Beginn meiner Selbstständigkeit mehr als einmal fragen, wie ich den kommenden Monat finanziell überstehen und wie es überhaupt weitergehen kann. Ich musste in den Anfangsjahren auf jeden Euro achten und war über jeden einzelnen Vortrag glücklich, den ich halten durfte. Meine Laufexpeditionen waren, speziell zu Beginn meines Unternehmertums, zum Erfolg verdammt. Ein Scheitern konnte ich mir fast nicht leisten. Ich musste meine sportlichen Projekte zunächst komplett aus eigener Tasche vorfinanzieren. Finanzsponsoren, wie sie bekannte Extrembergsteiger besitzen, hatte ich nicht. Ich musste also zunächst in Vorleistung gehen und hoffen, dass die sportlichen Projekte am Ende das Geld in Form von Vorträgen und Büchern wieder hereinholen. Das hat mir mehr als nur eine schlaflose Nacht gebracht. Seinen Sport als Hobby zu betreiben, ist etwas komplett anderes, als davon vollständig seinen Lebensunterhalt zu bestreiten. Das lernte ich sehr schnell. Doch nur, weil ich ein Risiko eingegangen bin und kurzfristig Verzicht geübt habe, bin ich mittel- bis langfristig auf den für mich richtigen Weg gekommen. Nur weil ich meine Komfortzone verlassen habe und diesen Schritt gewagt habe, führe ich heute ein selbstbestimmtes und erfülltes Leben.

Sie müssen kein Extremsportler oder Unternehmer werden, um die Komfortzone verlassen zu können. Es geht schon bei kleinen, alltäglichen Dingen los. Wenn morgens der Wecker klingelt, kann ich entweder gleich aufstehen oder im Bett liegen bleiben. Komfortzone oder Zone der Herausforderung? Wenn ich abends Sport treiben möchte, kann ich das wirklich tun oder mich stattdessen vor den Fernseher setzen. Komfortzone oder Zone der Herausforderung? Wenn ich mir vornehme, mich jeden Tag eine Stunde lang weiterzubilden, kann ich das tun oder es bleiben lassen. Komfortzone oder Zone der Herausforderung? Die persönliche Komfortzone definiert jeder Mensch anders. Ob die Menschen wirklich ihre Komfortzone verlassen, lässt sich jedes Jahr nach Silvester beobachten. Was passiert da häufig? Das Jahr beginnt und man hat viele gute Vorsätze gefasst, was man im neuen Jahr alles anders machen will. Man sagt sich beispielsweise in voller Euphorie und bester Silvesterstimmung:

„Ab dem 1. Januar fange ich an, Sport zu treiben." Der erste Tag des neuen Jahres ist schließlich vorbei und man hat seinen Vorsatz noch nicht in die Tat umgesetzt. Morgen ist ja auch noch ein Tag, denkt manch einer. Doch auch am 2. Januar findet man alle möglichen Gründe, um nicht seine Sportklamotten anziehen zu müssen. Die anfängliche Begeisterung hat schon deutlich nachgelassen. Nach ein paar Tagen ist von dem guten Vorsatz nichts mehr zu spüren. Was ist passiert? Die mögliche Freude, schlanker zu sein, wird von dem kurzfristigen Unbehagen beim jeweiligen Training in den Schatten gestellt. Kurzfristig vermeiden wir den Schmerz und stürzen uns lieber auf eine Schokoladentafel. Ein bisschen Freude, die jedoch nicht lange währt. Wir bleiben im Endeffekt lieber in unserer Komfortzone. Warum ist das so? Weil wir über ein zweipoliges Antriebssystem, eine Art inneres Betriebssystem, verfügen: Freude und Schmerz. Grundsätzlich versucht unser Gehirn immer, Schmerzen zu vermeiden und Freude zu erfahren. Dabei ist das Bedürfnis, Schmerzen zu vermeiden, der stärkere von beiden Faktoren. Wenn wir uns nun beispielsweise vornehmen, mit dem Sport anzufangen, dann müssen wir zunächst die Hürde „kurzfristiger Schmerz" bei den ersten Trainingsstunden überwinden, um mittel- bis langfristig das Ziel „Freude" beim Sport erlangen zu können. Und das erfordert von einem die Überwindung des berühmten inneren Schweinehundes, zumindest zu Beginn. Deshalb ziehen viele Menschen lieber die kurzfristige Freude (Schokolade) der langfristigen (schlanke Figur durch Sport) vor und bleiben in ihrer Komfortzone.

Wenn man es einmal geschafft hat, ein Wagnis einzugehen, etwas Neues auszuprobieren oder sich einfach einmal überwindet, einen Vorsatz wirklich einzuhalten, wächst man ein kleines Stück über sich hinaus. Dieses Gefühl ist fantastisch. Dies kann ich Ihnen bestätigen, denn ich habe es mehrere Male selbst erlebt. Nur meine Beharrlichkeit und mein Wille haben mich dorthin geführt, wo ich heute stehe. Es gab Tausende Dinge, die dagegen sprachen, mich dem Beruf „Extremsportler“ zu widmen, es gab unzählige Gründe, die den Aufbau eines eigenen Unternehmens hätten verhindern können: Absagen, Zurückweisungen, Liquiditätsprobleme und andere Risiken. Aber meine langfristige Perspektive sah ich persönlich eben positiv. Und diese Perspektive, aus meiner großen Leidenschaft einen Beruf zu machen, ließ mich immer wieder meine persönliche Komfortzone verlassen und auch schwierige, unangenehme Aufgaben in Angriff nehmen. Immer wenn es kritisch wurde, dachte ich fünf bis sechs Jahre voraus und stellte mir vor, wie ich als Unternehmer erfolgreich bin.

Zum Abschluss dieses Kapitels habe ich noch eine Frage an Sie: Woran merken Sie denn, dass Sie überhaupt Ihre Komfortzone verlassen? Ganz einfach: Wenn Sie ein Kribbeln in Ihrer Magengegend verspüren, wenn Sie ein unangenehmes Gefühl haben, wenn Sie Lampenfieber bekommen und die Anspannung in Ihrem ganzen Körper spüren. Dann können Sie sicher sein, dass Sie sich auf dem richtigen Weg befinden und in der Zone der Herausforderung angekommen sind.

Den ersten Schritt tun

Mit feuchten Augen drehe ich mich noch einmal um, winke ein letztes Mal und gehe dann schweren Herzens in die Halle hinein. Tränen kullern mir über beide Wangen und ich muss mich regelrecht disziplinieren weiterzugehen. Hoffentlich geht alles glatt? Bleibt die Kleine gesund? Wie wird sie sich weiterentwickeln? Kommt Sabine alleine mit allem zurecht? Unzählige Fragen schießen mir durch den Kopf. Ich befinde mich am Terminal eins am Frankfurter Flughafen, in drei Stunden geht mein Flieger Richtung Chile und in drei Tagen startet meine Durchquerung der Atacamawüste. Vor wenigen Sekunden habe ich mich von meiner Frau Sabine und meiner Tochter Marla verabschiedet, die ich in den nächsten vier Wochen nicht sehen werde. Marla ist gerade zwei Monate alt geworden. Mit ihren großen blauen Augen und ihren langen Wimpern hat sie mir noch ein letztes Lächeln geschenkt. Das macht den Abschied besonders schwierig. Der Abschied, die letzten Momente mit meiner Familie, stellt für mich immer den schwierigsten und wichtigsten Schritt bei jeder Reise dar. Doch sobald ich die Flughafenhalle betrete, tauche ich ein in eine andere Welt und habe schon den ersten Schritt in Richtung Abenteuer gemacht. Und dieser ist der schwerste von allen.

Ein chinesisches Sprichwort sagt: „Jede Reise beginnt mit dem ersten Schritt." Übertragen auf das reale Leben bedeutet das: „Jedes Projekt, unabhängig wie lange und komplex es ist, beginnt mit dem ersten Schritt." Das klingt einfach, oder? Doch wie schaffen wir es wirklich zum ersten Mal, unsere Komfortzone zu verlassen? Eine Aufgabe anzugehen, die große Überwindung kostet? Die Antwort ist so einfach, wie das Sprichwort sagt: indem wir beginnen. Indem wir einfach den allerersten Schritt tun. Wenn Sie zum ersten Mal Sport treiben möchten, dann starten Sie und wenn es nur ein paar Minuten sind.

Doch häufig warten wir auf den perfekten Moment, bevor wir eine Sache beginnen. Wir warten auf die perfekten äußeren Bedingungen, auf den perfekten Tag oder auf den perfekten Partner. „Wenn alles perfekt ist, dann lege ich los“, lautet das Motto von vielen Menschen. Doch wie lange soll man denn warten, bis man eine Aktivität beginnt? Eines meiner Lieblingszitate in diesem Zusammenhang lautet: „Lieber unvollkommen beginnen als perfekt zu zögern.“

Mein ursprüngliches Ziel war es, mich am 1. Januar 2008 selbstständig zu machen. Dieses Datum schob ich immer weiter nach hinten, weil ich meinte, dass ich noch nicht so weit war. Ich war der Überzeugung, dass mein Businessplan noch nicht perfekt war, dass meine Webseite noch nicht fertig war, dass meine Dienstleistungen noch nicht endgültig beschrieben waren und dass ich als Unternehmer noch nicht über die entsprechenden Kontakte verfügte. Monat um Monat verschob ich also meinen Start in die Selbstständigkeit. Ich hätte sicherlich bis zum heutigen Tag Gründe finden können, warum ich noch nicht diesen Schritt wagen sollte. Denn: Den perfekten Augenblick gibt es nicht. Als mir das bewusst wurde, startete ich schließlich am 1. Juli 2008 in meine Selbstständigkeit. Nicht weil ich weiter gewartet habe, sondern weil ich diesen ersten Schritt gegangen bin, haben sich plötzlich alle weiteren ergeben. Das Streben nach Perfektion ist in meinen Augen ein riesengroßer Erfolgsverhinderer. Anstatt sich zu sagen „Okay, diese Bewerbung ist nicht perfekt, aber sehr gut geschrieben. Ich bringe sie nun zur Post“, wird lieber weiter an der Bewerbung und jedem einzelnen Wort „gefeilt“.

Auch im sportlichen Kontext gilt es für mich jedes Mal, die persönliche Komfortzone zu verlassen und den ersten Schritt zu tun. Das ist selbst für einen ambitionierten Läufer nicht immer so einfach. Ich habe für mich eine einfache und effektive Methode entwickelt, die ich anwende, wenn ich Probleme habe, loszulaufen. Ich denke dann jedes Mal an meinen Wettkampf, an mein großes Ziel, und mache mir bewusst, dass jeder Schritt, jeder gelaufene Kilometer und jede einzelne Trainingseinheit mich meinem großen Ziel ein Stück näherbringen. Auch wenn es regnet und schneit, kann ich mich auf diese Weise dazu motivieren, nach draußen zu gehen und loszulaufen. Mit dem ersten Schritt beginnt alles. Er bildet den entscheidenden Unterschied zwischen Zögern und Handeln. Das war auch beim Schreiben dieses Buchs der Fall. Ich habe mir, gerade zu Beginn, sehr schwer mit dem Schreiben getan. Es gab Tage, an denen ich am Schreibtisch vor einem weißen Blatt Papier saß und fast verzweifelt bin. Ich wäre am liebsten aufgestanden und hätte etwas anderes gemacht. Doch ich hatte mir ja heute fest vorgenommen, an meinem Buch zu schreiben. Dann habe ich einfach einmal angefangen und etwas auf mein Blatt geschrieben, was mir in diesem Moment am sinnvollsten erschien. Die ersten Buchstaben, die ersten Wörter und die ersten Zeilen sind dadurch entstanden. Irgendwann hatte ich dann die erste Seite, dann die zweite, dritte ... Und irgendwann hatte ich dann das ganze Buch geschrieben. Was das Wichtigste dabei war? Der Beginn. Der erste Schritt, auf den unzählige weitere danach folgten.

Bei meinen Vorträgen fragen mich die Zuhörer häufig: „Wie kann man denn so etwas Extremes überhaupt machen?" Meine Antwort lautet dann: „Indem man mit dem Normalen beginnt und sich dann Schritt für Schritt steigert." Ich konnte mir bis zum Jahr 1998 nicht vorstellen, jemals einen Marathon zu laufen. Das war für mich ganz weit weg. Marathon ist nur etwas für absolute Leistungssportler und Lauffreaks, dachte ich. Selbst ein Halbmarathon stellte in meinen Augen eine ungeheure Herausforderung dar. Dann habe ich angefangen und bin zum ersten Mal gelaufen. Fünf Kilometer am Stück. Diese Distanz laufen zu können, empfand ich zunächst als große Anstrengung. Als ehemaliger Fußballer tat ich mir mit solch einer „Langdistanz“ schwer. Doch ich schaffte es und machte anschließend den nächsten Schritt: zehn Kilometer. Auch davor hatte ich zunächst einen riesengroßen Respekt. Doch nachdem ich ein paar Mal diese Distanz erfolgreich bewältigt hatte, verlor ich auch davor die Angst. Im Jahr 1998 kam dann zum ersten Mal der konkrete Wunsch auf, am Halbmarathon in Karlsruhe teilzunehmen. Termin: 19. 9. 1999. Das erste läuferische Wettkampfziel in meinem Leben war damit gesteckt. Inspiriert und motiviert durch meinen Vater wollte ich unbedingt diese 21,1 Kilometer schaffen. Doch bisher war meine längste Strecke zehn Kilometer gewesen. Ich fing an zu trainieren und machte so die nächsten Schritte. Zusammen mit meinem Vater lief ich in der Woche drei bis viermal am Abend. Nach und nach steigerte ich mich in kleinen Schritten: 13 Kilometer, 15 Kilometer, 17 Kilometer ... und schließlich den Halbmarathon. Ich weiß noch, wie glücklich und stolz ich war, endlich nach 1 Stunde und 38 Minuten das Ziel erreicht zu haben. Ich war platt und fertig mit der Welt, aber gleichzeitig begeistert, 21,1 Kilometer am Stück geschafft zu haben.

Ich habe also einfach begonnen, den ersten Schritt getan und mich dann in kleinen Schritten gesteigert. Das ist für mich der entscheidende Aspekt dabei: dass man sich einem großen Ziel nur mit kleinen Schritten nähert. Auf diese Weise lief ich ein halbes Jahr später meinen ersten Marathon an der Deutschen Weinstraße. Es war der 2. April 2000. In den vergangenen Monaten bin ich so viel gelaufen wie noch niemals zuvor in meinem Leben. Ich absolvierte mit vier bis fünf Trainingseinheiten in der Woche sechzig bis siebzig Kilometer. Auch vier Trainingsläufe über dreißig Kilometer waren dabei. Ich fühlte mich damit gut gerüstet für meinen ersten Marathon. Doch diesen lief ich, wie zu Beginn meines Buchs schon beschrieben, viel zu schnell. Ich ließ mich am Start von der Euphorie der anderen Läufer mitreißen und das rächte sich. Nach der Hälfte der Strecke schmerzten meine Oberschenkel schon und in meinen Waden bildeten sich die ersten Krämpfe. Ich musste immer wieder ins Gehtempo wechseln und teilweise stehen bleiben. Von den Weinbergen und der herrlichen Landschaft an der Deutschen Weinstraße nahm ich nichts mehr wahr. Jeder Kilometer, jeder Schritt schmerzte und der Lauf wollte kein Ende nehmen. Ich war wie erlöst, als ich nach 4 Stunden und 13 Minuten endlich das Ziel erreichte.

Ein gutes Jahr später wagte ich mich an den nächsten Schritt und lief meinen allerersten Ultramarathon: 100 Kilometer am Stück beim legendären Rennen in Biel. Ich trainierte dafür nicht viel anders als für einen Marathon. Zwei Trainingsläufe über die Marathondistanz stellten die längsten Einheiten dar. Am 8. Juni 2001 um 22:00 Uhr ertönte der Startschuss zu diesem für mich bisher längsten Lauf. Ich habe zuvor noch nie so gelitten wie bei diesem Rennen. Mein Magen rebellierte auf den ersten vierzig Kilometern. Immer wieder musste ich anhalten und verschwand hinter einem Busch. Doch meine Magen-Darm-Probleme wollten kein Ende nehmen. An einem Verpflegungspunkt nahm ich eine ganze Klopapierrolle mit, da meine Taschentücher längst ausgegangen waren. Die Nacht der Nächte, wie dieser Lauf auch genannt wird, hatte es in sich. Hinzu kam, dass es in dieser Nacht permanent regnete, was mich demoralisierte. Als wäre ich mit meinen körperlichen Problemen nicht schon genug bedient gewesen. Für die letzten 17 Kilometer benötigte ich fast fünf Stunden. Jeder einzelne Schritt war eine Qual für mich. Meine Oberschenkelmuskulatur war mittlerweile so hart wie ein Stein. Bei Kilometer 84 überholte mich ein älterer Herr, leichtfüßig wie eine Gazelle.

Ich schätzte ihn auf 65 Jahre. Das darf doch nicht wahr sein, dachte ich mir. Wie kann der jetzt, in seinem Alter, nach über achtzig Kilometern noch so flott laufen? Ich bekam eine Lehrstunde erster Güte. Nach sage und schreibe 17 Stunden und 51 Minuten lief ich über die Ziellinie. Die erste Zeit konnte ich diesen Erfolg überhaupt nicht genießen. Ich war einfach nur froh, dass ich diese 100 Kilometer irgendwie geschafft habe. Erst als ich wieder zu Hause ankam, vergingen nach und nach die Schmerzen und der Stolz stellte sich ein. Mit diesem Lauf habe ich meine Grenze um ein weiteres Mal verschoben. Anschließend begann ich, die Laufdistanzen sukzessive zu verlängern, bis ich im August 2007 schließlich einen weiteren großen Schritt bewältigte: den Ultra-Trail du Mont Blanc, der für mich den endgültigen Durchbruch im Ultralaufbereich bedeutete.

Insgesamt handelte es sich also um einen Prozess über fast zehn Jahre. Zehn Jahre zwischen meiner allerersten Laufeinheit und meinem ersten richtig langen Ultramarathon, der Umrundung des Mont Blanc-Massivs. Wenn Sie mich heute fragen, was denn für mich ausschlaggebend zum erfolgreichen Abschneiden am Mont Blanc war, dann antworte ich Ihnen: der erste Schritt. Vor zehn Jahren den ersten Schritt bei meiner allerersten Laufeinheit getan zu haben, bedeutete für mich den Start ins Läuferleben. Ohne diesen ersten Schritt wäre ich nicht zum regelmäßigen Laufen und schon gar nicht zum wettkampforientierten Laufen gekommen. Der Ultra-Trail Mont Blanc stellte also eine Konsequenz aus Tausenden und Abertausenden von Schritten dar, von denen der allererste der wichtigste war. Ich kann nicht heute mit dem Laufen anfangen und morgen schon 166 Kilometer nonstop um den Mont Blanc laufen. Wir können nicht heute eine Sache beginnen und morgen schon zur Spitze zählen. Gleichgültig, in welchem Lebensbereich. Das funktioniert nicht. Was wir aber tun können, ist, den ersten Schritt zu tun und dann den nächsten, den nächsten, den nächsten, den nächsten, den nächsten und so weiter, bis wir irgendwann an unserem Ziel sind.

Die Macht der Rituale

Stellen Sie sich vor: Es ist ein ungemütlicher Tag im November. Draußen hat es frische fünf Grad Celsius, dichter Nebel umgibt die mit bunten Blättern bedeckten grauen Gehwege, Regen peitscht gegen die Fensterscheibe Ihres Büros und ein stürmischer Wind pfeift. Es ist einfach ein trüber, kalter und regnerischer Herbsttag. Wie gut, dass Sie hier im beheizten und warmen Büro sitzen und von dem kalten Wetter draußen nichts mitbekommen. Sie haben sich jedoch schon wochenlang fest vorgenommen: „Heute Abend nach Feierabend gehe ich dreißig Minuten joggen." Diesen Vorsatz hatten Sie schon lange und heute wollen Sie endlich Taten folgen lassen. Doch Ihr Arbeitstag verläuft, wie gewohnt, stressig und Sie hetzen von einem Meeting in das nächste. Ein Telefonat jagt das andere. Zwischendurch kommt Ihnen immer wieder der Gedanke an Ihren abendlichen Vorsatz in den Sinn. Und je näher der Feierabend rückt, umso unwohler fühlen Sie sich in Ihrer Haut. „Eigentlich habe ich gar keine Lust bei diesem Wetter joggen zu gehen. Und überhaupt: Nach solch einem anstrengenden Arbeitstag habe ich es mir verdient, einen gemütlichen Abend vor dem Fernseher zu verbringen", denken Sie sich. „Auf der anderen Seite würde mir ein wenig Bewegung an der frischen Luft ja auch ganz gut tun." Es ist bereits 18:30 Uhr und stockdunkel, als Sie schließlich nach Hause kommen. Sie legen Ihre Sachen ab und lassen sich erst einmal auf Ihre bequeme Couch fallen. „Was für ein Tag“, sagen Sie sich. Ihr Kopf fängt langsam wieder an zu arbeiten: „Soll ich oder soll ich nicht? Wenn ich jetzt rausgehe und laufe, dann würde ich mir und meinem Körper wirklich etwas Gutes tun“, sagt die eine Stimme in Ihrem Kopf. „Da draußen ist es ja so ungemütlich, trüb und kalt. Hier in der warmen, komfortablen Wohnung ist es doch viel angenehmer.“ Die andere Stimme in Ihnen meint dagegen: „Denk an deine Figur. Joggen macht dich schlank. Los geht's!“ Doch die zweite Stimme antwortet prompt: „Geh doch lieber mit deinem Kumpel Walter ein Bier trinken. Das ist doch viel gemütlicher.“ Nach einigem Hin und Her kommen Sie schließlich zu der Entscheidung: „Heute genehmige ich mir noch einmal eine Ausnahme und lasse das Joggen sein. Nur noch dieses eine Mal, das kann ja nicht so schlimm sein. Einmal ist bekanntlich keinmal. Nächste Woche fange ich definitiv an. Da ist dann bestimmt auch nicht so ein Sauwetter“. Kommt Ihnen diese oder eine ähnliche Situation bekannt vor? Jetzt frage ich Sie: Und wenn es die nächste Woche abends wieder regnet und stürmt? Machen Sie in diesem Fall eine weitere Ausnahme? Und wenn die Woche darauf, wieder genau zu der Zeit, zu der Sie eigentlich joggen wollten, plötzlich die Deutsche Fußballnationalmannschaft spielt? Ausnahme? Aus dem einmaligen Ausfallen kann ganz schnell ein zweites, drittes und so weiter werden. Und eh Sie sich versehen, lassen Sie das Joggen wieder ganz sein und kehren in die bequeme Komfortzone zurück. Was kann man denn tun, damit dies genau nicht passiert? Ich habe es mir beispielsweise angewöhnt, mir keinerlei Ausnahmen zu genehmigen. Wenn ich morgen Abend keine Lust habe, mein geplantes Trainingspensum zu absolvieren, dann fange ich wenigstens einmal an und laufe ganz kurz. Wenn es sein muss, nur ein einziges Mal um den Häuserblock. So tun, als ob. Zum einen wird dadurch mein Gewissen beruhigt, nach dem Motto „Ich hab ja etwas getan". Doch vor allem wird, auch durch diesen zugegebenermaßen unterschwelligen Reiz, die Gewohnheit aufrechterhalten. Und damit sind wir bei einem wesentlichen Erfolgsfaktor: Gewohnheiten und Rituale. Sie können sich eine Gewohnheit wie einen unsichtbaren Faden vorstellen. Mit jedem Training, mit jeder Überwindung des inneren Schweinehundes stärken Sie den Strang und fügen ihm ein weiteres Fädchen hinzu. Das Ganze wird mit der Zeit immer robuster und die Gewohnheit damit gefestigt. Die Zauberworte zum Verlassen der Komfortzone heißen: Gewohnheiten und Rituale entwickeln. Sie müssen die neue oder ungeliebte Tätigkeit regelmäßig machen, am besten ein Ritual daraus schaffen und es in Fleisch und Blut übergehen lassen. Dann hat der innere Schweinehund keine Chance mehr.

Die spannende Frage an dieser Stelle ist doch: Wie schaffe ich es denn überhaupt, ein Ritual zu bilden? Wenn Sie sich beispielsweise angewöhnen wollen, zweimal die Woche für eine Stunde ein Fachbuch zu lesen, um sich weiterzubilden, dann ist es sicherlich zu Beginn eine Herausforderung, dies in Ihren gewohnten Alltagsrhythmus zu integrieren. Sie haben zwar den festen Vorsatz, die neue Tätigkeit auch durchzuführen, merken aber, dass Ihr Alltags- und Berufsleben bereits feste Strukturen aufweisen, die es für die neue Aktivität nicht einfacher macht. Was tun? Aus der neuen Aktivität ein Ritual schaffen. Wie funktioniert das? Legen Sie die neue Tätigkeit ganz einfach zwischen zwei alte. Wenn Sie bisher morgens zunächst immer geduscht und anschließend gefrühstückt haben, können Sie nun die neue Aktivität „Fachbuch lesen" zwischen die Dusche und das Frühstück legen und das Buch in kleinen Einheiten durcharbeiten. Diese Methode garantiert natürlich nicht, dass daraus auch ein Ritual wird. Ein Ritual entsteht nur, wenn Sie diese Methode mindestens 21 Tage lang praktizieren. Dieser Zeitraum ist laut wissenschaftlicher Untersuchungen notwendig, um aus einer Tätigkeit eine feste Gewohnheit zu machen.

Durch diese 21 Tage habe ich es auch geschafft, eine für mich ungeliebte Aktivität zu einem Ritual zu machen: das Krafttraining. Als Ultramarathonläufer spielt für mich nicht nur die Ausdauer eine wichtige Rolle, sondern ist auch der Faktor Kraft ganz entscheidend. Ohne Kraft, ohne eine qualitativ gute Muskulatur ist es nicht möglich, über viele Stunden in anspruchsvollem Gelände zu laufen. Doch das Muskeltraining an sich bereitet mir keine Freude. Ich kann stundenlang durch die Natur laufen, aber in einem Raum Gewichte zu stemmen und Kräftigungsübungen durchzuführen, fällt mir unheimlich schwer. Krafttraining bedeutet für mich wirklich jedes Mal, meine Komfortzone zu verlassen. Doch ich habe es geschafft, diese ungeliebte Tätigkeit zu einem Ritual zu machen. Gleich nach dem Aufstehen führte ich ein kurzes Muskeltraining durch, maximal dreißig Minuten. Immer zur selben Uhrzeit. Das fand ich zu Beginn ungemein schwer, und ich musste mich schon mehrmals richtig überwinden, dass ich die Übungen dann wirklich durchzog. Doch nach ein paar Tagen ging es immer leichter, irgendwann wurde daraus eine Selbstverständlichkeit. Nach ein paar Wochen merkte ich nicht nur, dass ich mich nach meinem Krafttraining sehr vital fühlte, sondern ich erkannte auch, dass mir morgens etwas fehlte, wenn ich es ausfallen ließ. Das ist eben der positive Effekt eines Rituals: Hat man es erst einmal entwickelt, wird es zur Selbstverständlichkeit und man muss nicht mehr daran denken. Man muss sich nicht mehr für oder gegen eine bestimmte Sache entscheiden und sich dazu überwinden. Es geschieht fast schon automatisch. Unser Gehirn hat uns die Entscheidung abgenommen und dieser zugestimmt.

Die Magie von Zielen

Wie aus Wünschen und Träumen Ziele werden

Was ist die Hauptursache für Erfolg? Haben Sie sich das schon einmal gefragt? Die Hauptursache für Erfolg, ob im Extremsport, im Business oder im Privatleben, ist es, ein konkretes Ziel zu haben und dieses mit Ausdauer und Beharrlichkeit zu verfolgen.

Ein solches magisches Ziel stellte für mich im Jahr 2007 die läuferische Umrundung des Mont Blanc-Massivs dar. Als ich zum ersten Mal im Jahr 2005 von diesem Lauf hörte, konnte ich es zunächst gar nicht glauben, dass ein Mensch solch eine exorbitante Distanz von 166 Kilometern und 9.400 Höhenmetern am Stück überhaupt bewältigen kann. Doch die anfängliche Skepsis wich bald einer vollkommenen Faszination und Begeisterung für diesen extremen Berglauf. Ich dachte an nichts anderes mehr als an dieses Ziel. Abends ging ich mit diesem Ziel zu Bett und stand morgens mit diesem Ziel wieder auf. Ich träumte fast jede Nacht von diesem Lauf. Bei meinen Vorträgen werde ich immer wieder gefragt: Wie schaffst du es eigentlich solche sportlichen Höchstleistungen wie am Mont Blanc zu vollbringen? Die Antwort ist ganz einfach: Weil dieser Lauf für mich ein lohnenswertes, faszinierendes und klares Ziel war. Ein Ziel, das mich selbst heute noch total begeistert, wenn ich nur daran denke. Ein Ziel, wofür ich auf jede Party am Wochenende verzichtete und selbst um Mitternacht noch laufen ging. Ein Ziel, das mich selbst bei eisigen Temperaturen und heftigsten Regenschauern in den Wald zog. Ich will an dieser

Stelle nicht über die Sinnhaftigkeit dieses Ziels sprechen. Macht es überhaupt Sinn, 166 Kilometer und 9.400 Höhenmeter um den Mont Blanc zu laufen? Gegenfrage: Ist es sinnvoller, zehn Stunden oder mehr sitzend vor einem Computer zu verbringen? In meinen Augen ist es nur wichtig, dass jeder Mensch Ziele hat. Das ist für mich der alles entscheidende Punkt im Leben. Ohne ein Ziel tut man sich schwer. Ohne ein Ziel verliert sich man sich ganz schnell in der Hektik des Alltags. Ohne ein konkretes Ziel vor Augen kann man sich nur schwer motivieren. Der Ausgangspunkt für alle meine Extremläufe, meine Schindereien, meine langen und einsamen Trainingseinheiten ist immer das jeweilige Ziel. Ein Ziel motiviert mich und hilft mir, auch in schwierigen Situationen weiter am Ball zu bleiben. Glauben Sie, dass ich ohne das Ziel erfolgreich am Ultra-Trail Mont Blanc teilzunehmen, sechs Stunden lang bei Dauerregen und eisigen Temperaturen durch den Wald laufe? Dieses Ziel stellte für mich die Sonne am Horizont dar. Man kann es sich wie einen Fixstern vorstellen, der noch ganz weit weg ist. Er scheint zwar unendlich fern, doch man hat ihn immer vor Augen. So war es auch bei meinem großen Ziel im Jahr 2007. Ich sah den Mont Blanc permanent vor meinem geistigen Auge. Die Basis für jeden Erfolg im Leben sind Ziele. Sie geben die Richtung vor, in die man sich bewegt. In welche Richtung bewegen Sie sich?

Neben meinen Firmenvorträgen und öffentlichen Multivisionsvorträgen bin ich sehr oft auch mit Vorträgen an Schulen unterwegs und motiviere und inspiriere junge Menschen. Ich habe einen eigenen Schulvortrag mit dem Titel „Fit für das Leben“ konzipiert, den ich an deutschen Schulen halte. Meine Erfahrungen an Schüler weiterzugeben, ist auch eines meiner großen Ziele und bereitet mir besonders große Freude. Wenn ich in meinen Schulvorträgen über Ziele spreche, benutze ich gerne das Navigationssystem als Metapher. Was macht man bei einem Navigationssystem als Erstes, bevor man losfährt? Man gibt sein Fahrziel ein. Und welches Ziel man ihm auch immer eingibt, es sucht nach Wegen, um es zu erreichen. Selbst wenn Sie von Ihrem ursprünglichen Weg abgekommen sind, führt Sie Ihr Navigationssystem wieder Richtung Ziel. Und genauso funktioniert das bei uns beziehungsweise unserem Gehirn auch. Welches Ziel wir unserem Gehirn auch immer eingeben, es arbeitet Tag und Nacht, um es zu erreichen.

Jedem Ziel geht zunächst ein Wunsch oder Traum voraus. Wünsche und Träume sind ungemein wichtig im Leben. Leider haben sie in unserer heutigen Gesellschaft einen negativen Beigeschmack. „Hör endlich auf zu träumen" oder „Werde erwachsen" sind Redewendungen, die man als Kind häufig zu hören bekommt. Dabei sind Träume enorm wichtig, um später daraus ein Ziel zu entwickeln. Ein Traum ist immer abstrakt, es ist nichts Konkretes, nichts Messbares. Eben kein Ziel. Ich muss mich irgendwann entscheiden, ob ich meinen Wunsch auch tatsächlich angehen will, also zu einem Ziel mache. Oder ob ich es bei einem Traum belasse und ihn schließlich verwerfe. Alles beginnt mit einem Traum. Jedes Laufabenteuer hatte ich zuerst im Kopf. Ich träume häufig von solch einem Lauf, bevor ich ihn dann realisiere. So war es auch bei meiner Durchquerung der Atacamawüste in Chile im Frühjahr 2010. Schon immer wollte ich nach Chile und in diese Wüste, die für mich eine der faszinierendsten Landschaften der Erde darstellt. Die Atacama gilt als die trockenste und höchstgelegene Wüste der Erde. Diese wollte ich zu Fuß durchqueren. Das war mein ganz großer Lebenstraum. Dafür existierte jedoch noch keinerlei Plan, wie ich dies realisieren werde. Die Idee war einfach nur in meinem Kopf. Ich träumte sehr oft von der Wüste und sah mich in dieser laufen. Die endlose Weite, die Sonne, die mir ins Gesicht brennt, und die majestätischen Anden, die einen atemberaubenden Kontrast zum azurblauen Himmel darstellen. Sand, Staub und unzählige Steine sind ständige Begleiter bei diesem Abenteuer. Der kräftige Wind bläst mir frontal ins Gesicht. Dies existierte alles nur in meinem Kopf. Es war ein Traum, ein Wunsch, aber noch kein Ziel. Erst als ich im Februar 2009 die Entscheidung traf, diesen Traum auch in die Tat umzusetzen und schwarz auf weiß auf meine Zieleliste schrieb „Ich laufe im Mai 2010 600 Kilometer durch die Atacamawüste“, wurde daraus ein Ziel.

Doch nicht jedes Ziel, das man sich steckt, ist fix. Ziele sind nichts Statisches. Ziele sind variabel und können sich mit der Zeit auch verändern. Ich hatte schon konkrete Ziele, die ich eine Zeit lang verfolgte und dann schließlich doch wieder verworfen habe. Zum Beispiel den World Cup Run. Jürgen, ein sehr guter Lauffreund von mir, und ich hatten die Idee, einmal durch den afrikanischen Kontinent zu laufen. Dies wollten wir nicht irgendwann einmal umsetzen, sondern im Rahmen der Fußballweltmeisterschaft 2010 in Südafrika. Unser Ziel war es, im März 2010 in Berlin, wo im Jahr 2006 das letzte WM-Spiel stattfand, diesen Lauf zu beginnen und zunächst durch Europa bis Rom zu laufen. Allein diese Strecke beträgt gut 1.800 Kilometer. In Rom wollten wir einen Flieger nach Kairo nehmen und von dort weiter nach Johannesburg laufen. Am 11. Juni 2010 wollten wir, rechtzeitig zum Eröffnungsspiel der Fußballweltmeisterschaft, in Johannesburg einlaufen. Das war unser großes Ziel. Die Strecke Kairo – Johannesburg bedeutet weitere 10.000 Kilometer. Alles in allem redeten wir von einer Distanz von knapp 12.000 Kilometern. Für die Strecke Berlin – Rom hatten wir acht Tage veranschlagt. Täglich gut 230 Kilometer standen hier auf unserem Plan. Von Kairo nach Johannesburg wollten wir in 74 Tagen laufen. Das Tagespensum betrug auf dem afrikanischen Kontinent zwischen 120 und 150 Kilometer. Und das über 74 Tage. Diesen einzigartigen, außergewöhnlichen Lauf wollten wir nicht alleine, sondern als Staffel mit zehn bis fünfzehn anderen Läufern durchführen. Die Idee sah vor, als Zweierstaffel zwanzig bis dreißig Kilometer zu laufen und dann an die nächste Staffel zu übergeben. Somit konnten wir unser geplantes Tagespensum schaffen und waren am Tag bis zu sechzehn Stunden läuferisch aktiv. Jedes Zweierteam lief am Tag gut dreißig Kilometer. Die Route sollte durch insgesamt neun afrikanische Länder führen: Ägypten, Sudan, Äthiopien, Kenia, Tanzania, Malawi, Sambia, Botswana und Südafrika. Unser Ziel war es, mit diesem Lauf die verschiedenen Nationen und die unterschiedlichen Menschen auf dem Weg von Berlin nach Johannesburg kennenzulernen. Der Faktor Mensch stand im Mittelpunkt unseres Projektes.

Nach kurzer Zeit hatten Jürgen und ich weitere sechs Personen für unser Laufprojekt gewonnen. Darunter waren auch zwei professionelle Fotografen und eine Ärztin. Zudem gab uns ein Filmteam eine Zusage, dass sie diesen Lauf komplett begleiten und dokumentieren wollten. Das motivierte uns für die nächsten Schritte. Jürgen und ich waren so begeistert von dieser Idee, die zu einem konkreten Ziel wurde. Ich ging mit dem Projekt abends zu Bett und hüpfte morgens in aller Früh mit diesem Projekt wieder aus meinem Bett. In dieser Zeit dachte ich an nichts anderes mehr als an den World Cup Run. Ich steckte mein ganzes Herzblut in dieses Abenteuer und investierte sehr viel Zeit und Energie: Markenlogo kreieren, Läufer akquirieren, Sponsoringkonzept erstellen, PR-

Plan erstellen, Organisationsteam koordinieren, unzählige Telefonate führen und so weiter. Ich nahm die Rolle des Projektleiters an. Bereits zu Beginn der Organisation zeichneten sich aber auch Probleme ab. Angefangen bei der Namensfindung für diesen Lauf. Selbst als wir noch eine kleine Gruppe waren, benötigten wir mehrere Wochen, bis wir uns schließlich auf den Namen „World Cup Run" einigten. Eine weitere große Herausforderung stellte die Akquise von Läufern dar. Bisher hatten wir vier feste Zusagen. Das war definitiv zu wenig. Doch wer konnte schon drei Monate am Stück Urlaub nehmen und auch noch einen Betrag von 10.000 Euro investieren? Anscheinend nicht so viele. Das Interesse hielt sich merklich in Grenzen. Weitere Fragen und Herausforderungen waren: Wie sieht es mit den Risiken in den jeweiligen Ländern aus? Gründen wir für dieses Projekt ein eigenes Unternehmen? Wenn ja, in welcher Rechtsform? Wie können eine Zusammenarbeit mit einem Dienstleister in Afrika aussehen? Wie können die Versorgung und die Logistik sichergestellt werden? Wer ist für den jeweiligen Aufgabenbereich verantwortlich? In welcher Form gewinnen wir finanzielle Mittel für dieses Projekt? Beauftragen wir eine eigene Agentur für die Pressearbeit oder machen wir es selbst? Fragen über Fragen. Das Projekt „World Cup Run" wurde immer komplexer und die Anzahl an Personen, die mitredete, immer größer. Jürgen und ich stellten bei einem unserer fast täglichen Telefonate fest, dass uns das Projekt aus den Händen glitt und dass unsere ursprüngliche Idee immer mehr „verwässert" wurde. Beim nächsten Treffen, bei dem zwölf Personen teilnahmen, wurden die Interessenskonflikte immer offensichtlicher. Punkte, die schon vor Wochen und Monaten geklärt waren, wurden wieder neu diskutiert. Dann stand plötzlich wieder der Name „World Cup Run" neu zur Diskussion. Wir saßen an diesem Tag bis spät in den Abend zusammen und kamen nicht weiter. An diesem Tag fällte ich eine klare Entscheidung: „Ich steige aus dem Projekt aus." Das tat im ersten Moment natürlich sehr weh. Ein großer Traum von mir zerplatzte mit einem Mal wie eine Seifenblase. Peng! Ich weiß noch genau, wie ich nach dieser Entscheidung stundenlang geknickt und frustriert durch den Wald lief, über diesen Entschluss nachdachte und gleichzeitig über neue Ziele philosophierte. Plötzlich kam mir mein Traum von der Durchquerung der Atacamawüste wieder in den Sinn. Wenn nicht durch Afrika, warum dann nicht nach Südamerika reisen und durch die Atacamawüste laufen?, dachte ich mir. Wie gesagt, das war im Februar 2009. Nur fünfzehn Monate später realisierte ich meinen Traum. Dies schaffte ich, weil ich ein anderes Ziel verworfen habe und mir ein neues Ziel schuf und dieses dann auch konsequent umsetzte. Was ich aus dieser Erfahrung lernte, war, dass es manchmal besser ist, ein Ziel nicht auf Biegen und Brechen zu verfolgen, wenn es sinnlos erscheint. Stellen Sie sich ruhig Ihrem Ziel kritisch gegenüber, hinterfragen Sie es und wenn es nicht mehr Ihr Ziel ist, verwerfen Sie es. Ziele sind nichts Statisches, sondern können sich mit der Zeit verändern. Die Kunst ist es, zu erkennen, ob ein Ziel, das man sich gesteckt hat, immer noch das eigene ist. Denn: Nur die eigenen Ziele sind richtige Ziele.

Zielklarheit macht den Unterschied

Kennen Sie Ihre Ziele? Blöde Frage, wird mancher Leser an dieser Stelle sagen. Klar kenne ich meine Ziele! Wirklich? Ich bin immer wieder erstaunt, wie manche Menschen Ziele formulieren. Oder was sie überhaupt unter einem Ziel verstehen. Wenn mir jemand sagt, dass er zukünftig mehr Sport treiben möchte, ist das für mich kein Ziel. Das stellt bestenfalls einen Vorsatz, einen Wunsch oder wie Sie es auch immer nennen mögen, dar, aber sicherlich kein Ziel. Ein Ziel ist immer etwas Konkretes und etwas Messbares. Ich stelle mir in Bezug auf Ziele immer nur zwei Fragen:

Was will ich konkret erreichen?
Warum will ich es erreichen?

Ich gehe nicht in eine neue Laufsaison mit der Einstellung: „Ich schaue einmal, wie sich die kommenden Wochen und Monate so entwickeln. Vielleicht laufe ich dann im Sommer einmal einen Ultramarathon." Sicher nicht. Ich nehme mir vor jeder Saison ausreichend Zeit und denke sehr, sehr intensiv über meine nächsten Laufabenteuer nach. Zunächst stelle ich mir nur diese eine Frage: „Was will ich im kommenden Jahr konkret erreichen?" Ich lasse meinen Gedanken freien Lauf und notiere mir jede Idee sofort auf einem Blatt Papier. Im Laufe der Jahre haben sich dadurch sehr viele Ideen über mögliche Laufabenteuer auf meiner Zieleliste angesammelt. Auf einem neuen Blatt notiere ich mir dann die Gründe, warum ich gerade dieses Ziel unbedingt erreichen will. Das ist der schwierigste und wichtigste Teil. Wenn ich die Frage des „Warum" beantworten kann, beantwortet sich das „Wie" von selbst. Je besser mein Warum, umso leichter wird es mir fallen, mein Ziel auch zu erreichen. Warum ist das so? Weil ein Grund für ein Ziel immer stärker ist als das Ziel selbst. Diesen Satz finde ich bemerkenswert. Ich las ihn vor ein paar Jahren einmal in einem Motivationsbuch. Obwohl ich vorsichtig bezüglich der Qualität von solchen Büchern geworden bin, halte ich diesen Satz für absolut richtig. Es ist von großer

Bedeutung, sein Motiv für sein Ziel zu kennen. Auf dem Weg zur Zielerreichung sind meine Beweggründe immer stärker als das eigentliche Ziel. Das Ziel ist wichtig, doch die Beweggründe für dieses Ziel sind viel wichtiger. Als ich mir im Jahr 2006 das große Ziel setzte, im August 2007 um das komplette Mont Blanc-Massiv zu laufen, war die erste Frage nach dem konkreten Ziel damit beantwortet. Über die zweite Frage nach dem Warum dachte ich etwas länger nach. Warum möchte ich unbedingt dieses Ziel erreichen? Warum will ich 166 Kilometer und 9.400 Höhenmeter bei Wind und Wetter im Hochgebirge laufen? Weil ich meine persönlichen Grenzen verschieben will. Weil ich körperlich und mental ausprobieren möchte, wie weit ich gehen kann. „Hmm, das ist aber sehr oberflächlich", sagt an dieser Stelle der eine oder andere Leser. Okay, dann gehe ich ein wenig in die Tiefe. Weil ich leibhaftig spüren wollte, wie es sich anfühlt, nach dreißig Stunden Nonstoplaufen, trotz größter Müdigkeit, weiterzumachen. Weil ich meinen Atem in der kalten Bergluft sehen und spüren wollte und weil ich die wärmenden Sonnenstrahlen auf meiner Haut fühlen wollte. Weil ich die vielen Stirnlampen der Läufer bei Nacht am Col du Bonhomme-Pass mit eigenen Augen sehen wollte, die sich wie Glühwürmchen den Berg hochschlängeln. Weil ich diese Glücksmomente erfahren wollte, nach vielen Tiefs und all den Strapazen von Tausenden von Zuschauern umjubelt durch das Ziel zu laufen. Genau diese Momente sind es, die mich für solch ein Ziel wie am Mont Blanc begeistern.

Das Problem ist doch: Leider kennen nur die wenigsten Menschen ihre wahren Ziele. Und vor allem ihre eigenen Ziele. Ich behaupte einmal, dass sich nur die Minderheit aktiv mit ihren Wünschen und Zielen auseinandersetzt. Das ist ja auch anstrengend und erfordert ein intensives Nachdenken. Und eventuell auch das Eingestehen, dass man bisher nicht nach seinen eigenen Zielen gelebt hat. Viel bequemer ist es doch, einfach wie bisher zu leben und lieber eine gewisse Unzufriedenheit in Kauf zu nehmen. Dann helfen auch schwammige Vorsätze oder, wie ich sie nenne, „Alibi-Ziele“ nicht weiter. Mit Vorsätzen allein kommen Sie nicht weiter. Sie führen nicht zu einem langfristigen, aktiven Handeln. Deshalb ist es entscheidend, seinen Wunsch zu konkretisieren. Also einen abstrakten Vorsatz zu einem konkreten Ziel zu machen. Das kann zum Beispiel folgendermaßen aussehen:

Vorsatz: Ich würde gerne mehr Sport treiben.
Ziel: Ich gehe jeden Montag und jeden Donnerstag dreißig Minuten joggen.

Vorsatz: Ich möchte im neuen Jahr abnehmen.
Ziel: Ich wiege am 31. 12. 2011 75 Kilogramm.

Vorsatz: Ich werde mehr Geld verdienen.
Ziel: Ich verdiene am Ende eines jeden Monats den Betrag von X Euro.

Nur konkrete, messbare und vor allem eigene Ziele, die wir uns ständig bewusst machen, bringen uns weiter. Im Extremsport wie im normalen Berufs- und Alltagsleben. Mir ist bewusst, dass ich mit diesem Thema den wunden Punkt bei vielen Menschen treffe. Genau das ist meine Absicht. Stellen Sie sich dem Thema Ziele, denn Ziele sind die Basis eines jeden Erfolgs.

Der Weg ist das Ziel

Sie kennen sicherlich alle die Aussage „Der Weg ist das Ziel", oder? Haben Sie schon einmal intensiver über diesen Satz nachgedacht? Der entscheidende Aspekt dabei ist: Es geht in unserem Leben nicht darum, ein großes Ziel zu erreichen, um danach glücklich sein zu können. Viel wichtiger ist es, auf dem Weg zu seinem Ziel, also vor dem eigentlichen Ziel, glücklich zu sein. Diese Zeilen schreibe ich nicht einfach so, weil ich es irgendwo gelesen oder gehört habe, sondern weil ich es erst am eigenen Leib erfahren musste.

Im Mai 2007 nehme ich beim Internationalen IsarRun teil, einem Mehrtageslauf von der Quelle bis zur Mündung der Isar. 333 Kilometer in fünf Tagen gilt es dabei zu bewältigen. Man läuft also an fünf aufeinanderfolgenden Tagen im Schnitt einen Ultramarathon von über sechzig Kilometern. Für mich ist es der erste Etappenlauf überhaupt. Bis zu diesem Zeitpunkt habe ich nur acht Läufe, die länger als die Marathondistanz waren, bestritten. Und jetzt soll ich bei diesem Rennen fünf Ultras kurz hintereinander laufen. Insgesamt nehmen nur 53 Athleten am Abenteuer IsarRun teil. Die Strecke führt von Plattling in Niederbayern über Dingolfing, Freising, Wolfratshausen, Fall nach Scharnitz am Fuße des Karwendelgebirges. Bei solch einem langen Lauf über mehrere Tage durchlebt man fast immer mehrere Hochs und Tiefs. So ist es auch bei mir gewesen. Am Ende der zweiten Etappe komme ich nach 75 gelaufenen Kilometern völlig platt ins Ziel und bin einfach nur fertig mit der Welt. Meine Oberschenkelmuskulatur fühlt sich steinhart an und im Kopf bin ich so müde, als ob ich seit einer Woche nicht mehr geschlafen hätte. Meine Waden sind von permanenten Krämpfen geplagt. Jeder Schritt eine einzige Qual. Vor lauter Schmerzen bin ich nur imstande, die Treppen rückwärts hinunterzulaufen. Selbst meine fast 90-jährige Oma wäre in diesem Moment sicherlich schneller die Treppen hinuntergekommen. Wie soll ich morgen bloß wieder über siebzig Kilometer laufen? Und am nächsten Tag wieder sechzig? Und dann wieder sechzig? Nach dem gemeinsamen Abendessen gehe ich zu Bett und falle sofort in einen tiefen, festen Schlaf. An nächsten Morgen fühlen sich meine Muskeln nicht wirklich erholt an. Als ob meine gesamte Muskulatur eingerostet ist, krabble ich aus meinem Bett und brauche ein wenig Zeit, bis ich auf beiden Beinen aufrecht stehen kann. Ich humple mehr als ich laufe zum Start der dritten Etappe. Doch das Entscheidende dabei ist: Mein Kopf ist zu einhundert Prozent fit! Meine Gedanken sind immer nur auf das Gesamtziel dieses Rennens gerichtet. Ich bin mir absolut sicher, *dass* ich durchkomme und das Ziel erreiche. Ich weiß nur noch nicht, *wie*. Als der Startschuss ertönt, gehe ich die ersten hundert Meter und befinde mich schnell auf dem letzten Platz im Läuferfeld. Nach dem ersten Kilometer, nach über zehn Minuten fange ich zum ersten Mal ganz langsam an, in ein gemächliches Lauftempo überzuwechseln. Was für eine Überwindung! Ich habe das Gefühl, dass zehn Schweinehunde gleichzeitig in mir sitzen und schreien: „Bleibe doch in deinem Gehtempo oder höre ganz auf. Das ist viel bequemer." Doch ich fokussiere stattdessen auf das Ziel in Scharnitz und stelle mir meinen Zieleinlauf vor: Wie ich mit ausgestreckten Armen über die Ziellinie laufe. Wie ich meine Medaille überreicht bekomme. Wie ich freudestrahlend bei herrlichem Wetter mein erstes Weißbier nach dem Lauf zu mir nehme. Wieder, wieder und immer wieder gehen mir diese Gedanken durch den Kopf. Und dann passiert etwas Unglaubliches: Ich vergesse meine muskulären Beschwerden und laufe einen Kilometer nach dem anderen. Nach zehn Kilometern überhole ich den ersten Läufer und dann den nächsten. Und ich schaffe es, nicht nur die heutige Etappe über 73 Kilometer erfolgreich zu beenden, sondern auch das gesamte Rennen zu finishen. Nach fast 45 Stunden Gesamtlaufzeit laufe ich bei strahlendem Sonnenschein und blauem Himmel über die Ziellinie in Scharnitz.

Nach all den Strapazen der vergangenen Tage, nach unzähligen Hochs und Tiefs, nach Monaten der Vorbereitung, nach Hunderten Stunden an Training, nach insgesamt 333 Kilometern bin ich nun endlich am Ziel meiner Träume. Die letzten Tage, Wochen und Monate habe ich immer nur auf diesen einen Moment hingearbeitet. Und nun ist er endlich da. Ich habe es tatsächlich geschafft und mein großes Ziel erreicht. Jetzt müsste ich eigentlich unendlich glücklich sein, oder? Doch die Glücksmomente halten nur einige Minuten an. Diesen Moment habe ich mir ganz anders vorgestellt. Viel intensiver, viel euphorischer, viel länger. Das soll schon alles gewesen sein? Ich habe all die Monate vor dem Lauf und auch auf jeder Etappe bei dem Rennen immer nur auf diesen einen Moment fokussiert: den Zieleinlauf. Wie wird es wohl sein, wenn ich endlich im Ziel bin? „Wenn ich erst einmal im Ziel bin, dann wird alles gut", so lautete wohl mein Motto. Dabei habe ich die unzähligen Ereignisse und wunderschönen Erlebnisse auf dem Weg dorthin nur selten bewusst wahrgenommen und genossen. Wenn ich beispielsweise abends nach einer Etappe gemütlich mit den anderen Läufern zusammensaß, interessante Menschen kennenlernte und tolle Gespräche führte, dann dachte ich immer: „Du musst gleich ins Bett, damit du genügend Schlaf für die morgige Etappe hast und das Ziel erreichst." Wenn ich auf einer Etappe an saftig grünen Wiesen und tiefblauen Bergseen vorbeilief und die schneebedeckten Berggipfel des Karwendelgebirges erleben durfte, da war ich in Gedanken schon im

Ziel. Ich hatte für die traumhafte Landschaft um mich herum keine Augen, sondern war nur auf den Moment, der erst sehr viel später eintraf, fokussiert. Auch als ich die schwierige Etappe am dritten Tag über 73 Kilometer mit Bravours meisterte, konnte ich diesen Augenblick nicht so recht genießen. Ich dachte viel mehr: „Hoffentlich hat sich mein Körper bis morgen zur nächsten Etappe wieder regeneriert, damit ich weiterlaufen kann."

Natürlich war und ist es weiterhin meine Intention, jeweils das Ziel bei einem Rennen zu erreichen. Keine Frage. Doch was ich seit dem IsarRun gelernt habe, ist, die Ereignisse auf dem Weg zum großen Ziel ebenfalls zu genießen. Das geht schon Monate oder teilweise Jahre vor dem Ziel, vor dem eigentlichen Lauf los. Schon im Training achte ich auf Kleinigkeiten. Wenn ich an einem trüben und kalten Januartag einen Dauerlauf über 25 Kilometer unternehme und sich plötzlich die Sonne für nur einen kurzen Augeblick zeigt und mir meine kalte, rot angelaufene Nase ein wenig wärmt. Wenn ich früh morgens knirschend durch Neuschnee laufen darf. Wenn ich nach einer langen Vortragsreise abends laufe und alles um mich herum vergesse. Wenn ich bei einem Berglauf nach stundenlangem mühsamen Anstieg endlich den Gipfel erreiche und die prächtige, atemberaubende Bergwelt um mich herum erleben darf. Genau das sind solche Ereignisse. Dann bleibe ich heute für nur einen kurzen Augenblick stehen und sage mir: „Wow, was für ein geiler Moment!" Ich habe gelernt, meine Sinne für solche besonderen kleinen Momente zu schärfen, und warte nicht mehr nur ab, bis ich endlich am großen Ziel bin. Nicht der große Zieleinlauf ist das Entscheidende, sondern die vielen kleinen, unscheinbaren Ereignisse auf dem Weg dorthin.

Meine längste am Stück gelaufene Strecke bisher ist 145 Meilen, also 232 Kilometer, gewesen. Das sind fünf ausgewachsene Marathonläufe plus einen Halbmarathon – am Stück! Diese Distanz lief ich im Mai 2009 beim Grand Union Canal Race in England. Bei diesem Rennen startet man im Zentrum von Birmingham und läuft dann nonstop, innerhalb von 45 Stunden, nach London. Dabei darf man während des Rennens nicht länger als vierzig Minuten an einem Punkt pausieren, sonst wird man disqualifiziert. Von den gestarteten 86 Läufern sollen am Ende nur 34 das Ziel erreichen. Die unglaublich lange Distanz von 232 Kilometern bedeutet für mich eine ungemein große Herausforderung und eine absolute Grenzerfahrung. Vor allem auch vor dem Hintergrund, dass diese Strecke immer nur einen einzigen Weg entlangführt: den Grand Union Canal. Weit über 200 Kilometer ohne große Abwechslung immer nur auf demselben Pfad entlangzulaufen, erfordert vor allem mentale Stärke und eine enorme Willenskraft.

Auf einem breiten Schotterweg geht es, vorbei an verlassenen Weideflächen und weiten Feldern immer den Kanalweg entlang. Einsame Wohnsiedlungen und heruntergekommene Fabrikhallen kann ich in der Ferne ausmachen. Rechts von mir schimmert das trübe Wasser, das den endlos erscheinenden Kanal entlangfließt. So weit ich auch schaue: Ich sehe immer nur diesen Kanal. Ab und an passiere ich imposante und komfortabel eingerichtete Boote, die meist still am Rande des Kanals auf ihre Besitzer warten. Wie tot! Eine gespenstische Stille umgibt mich. Keine Stimmen weit und breit. Keine Menschenseele. Ich befinde mich irgendwo in der Mitte des Läuferfeldes. Nur das sanfte Rauschen des Wassers kann ich ausmachen. Seit Stunden erlebe ich dieses einseitige und trostlose Szenario. Fast roboterhaft spule ich einen Kilometer nach dem anderen ab. Meinen Blick habe ich stur immer nur auf den grauen Schotterbelag gerichtet. Bilder von meinem Lauf am Mont Blanc schießen mir durch den Kopf. Die majestätischen Gipfel der Viertausender, die imposanten Gletscher und die atemberaubenden Farbnuancen, die der eindrucksvolle Sonnenuntergang auf das Gestein zaubert, laufen wie ein Film in mir ab. Was für eine traumhafte und beeindruckende Landschaft. Das genaue Gegenteil von hier. Wie gerne wäre ich jetzt am Mont Blanc, denke ich mir. Plötzlich taucht wie aus dem Nichts ein Verpflegungspunkt auf, einer von neun während des Rennens. „How are you?“, fragt mich einer von den insgesamt sechs Betreuern an diesem Checkpoint. Ich halte kurz an, esse einen großen Teller Pasta, fülle meine Trinkblase auf und laufe dann weiter. Danach geht der breite Wanderweg in einen matschigen Trampelpfad über. Doch das ist auch schon alles, was sich ändert. Hatton, Warwick, Stockton und Braunston, so lauten die nächsten Streckenabschnitte. Dann bricht die Nacht herein, die das ganze Szenario noch unheimlicher erscheinen lässt. Doch so monoton und einsam der Streckenparcours auch ist, so sehr genieße ich es, alleine unterwegs zu sein. Genau diese Einfachheit, diese Monotonie und das „Alleineunterwegssein“ haben mich zur Teilnahme an diesem Lauf motiviert. Auch und besonders in der Nacht. Einfach nur laufen zu können und an nichts anderes denken zu müssen. Keine brutalen Anstiege, die dich aus deinem Laufrhythmus reißen. Keine waghalsigen Bergabpassagen, die allerhöchste Konzentration erfordern. Keine Fokussierung auf Kilometerangaben und Streckenmarkierungen. Nein, einfach nur in der Ebene laufen und das Hirn ausschalten, – das tut gut. „Westend Girls“ von den Pet Shop Boys kommt mir in den Sinn. Im Takt dieses Songs bewege ich mich Schritt für Schritt vorwärts. Alles ganz natürlich. Alles wie selbstverständlich. Dieser immer gleichbleibende Laufrhythmus erzeugt in mir ein Gefühl der Zufriedenheit. Ich bin froh, hier am Kanal entlanglaufen zu dürfen. Dass meine Beine mittlerweile schwer wie Blei geworden sind, nehme ich nicht mehr wahr. Dass meine Füße infolge von Blasen schmerzen, ignoriere ich. Dass ich inzwischen todmüde bin, verdränge ich. Ich summe immer noch die Melodie von „Westend Girls" vor mich hin. Auf diese Weise vergeht Stunde um Stunde.

Nach insgesamt 40 Stunden und 56 Minuten erreiche ich das Ziel in London. Doch so lange und monoton die Strecke auch gewesen ist, man konnte sich eigentlich fast nicht verlaufen, denn es ging ja immer nur einen Weg entlang. Der englische Veranstalter wollte die Streckenführung noch sicherer gestalten und hat die gesamte Strecke von Birmingham bis London sehr genau beschrieben und als einzelne Karten ausgegeben. Eine Karte zeigte immer einen Ausschnitt von fünf Meilen. Das Rennen ging über 145 Meilen, es gab also insgesamt dreißig solcher Karten. Auf jeder Karte war jede Brücke und jeder Verpflegungspunkt einzeln markiert und genau beschrieben. Ich habe für jeden Streckenabschnitt, für jedes Detail eine genaue schriftliche Anleitung auf dem Weg zum Ziel bekommen. Ich musste im Endeffekt nur noch laufen.

Warum erzähle ich Ihnen das alles so genau? Weil nur die wenigsten Menschen solch eine schriftliche Anleitung für ihr eigenes Leben haben. Weil nur die allerwenigsten Menschen eine genaue Lebensplanung und eine konkrete Zieldefinition erstellen. Was bei einem Lauf wie in England eine Selbstverständlichkeit ist, wird für so etwas elementar Wichtiges wie unser Leben häufig vernachlässigt. Statistiken zeigen nämlich, dass nur vier Prozent aller Menschen in den westlichen Industrienationen ihre Ziele tatsächlich notieren. Warum ist das so? Warum halten nur die allerwenigsten Menschen ihre Ziele schriftlich fest? Die meisten glauben, sie hätten schon Ziele. Dabei handelt es sich meistens „nur“ um gute Vorsätze, um fromme Wünsche oder um irgendwelche Träume. Unser Gehirn benötigt jedoch Fakten und Zahlen, um entsprechende Befehle zu senden. Solange unser Gehirn nicht konkret weiß, was es tun muss, wird es überhaupt nichts tun. Unser Gehirn benötigt eine schriftliche Anleitung, um konkret zu wissen, was es als Nächstes zu tun hat. Und diese Anleitung geben wir ihm, wenn wir ihm unsere Ziele schriftlich mitteilen. Was wir nur im Kopf haben, das vergessen wir ganz schnell wieder. Was wir dagegen schriftlich vor uns mit eigenen Augen sehen, können wir uns jeden Tag immer wieder in unser Bewusstsein rufen. So ist das Gehirn andauernd mit unserem Ziel beschäftigt.

Es gibt nur einen Weg, damit Sie Ihre Ziele wirklich angehen und schlussendlich auch erreichen: Sie müssen sie schriftlich fixieren. Das ist ja nichts Neues, wird der eine oder andere jetzt sagen. Wirklich? Können Sie mir Ihre Ziele schwarz auf weiß zeigen?

Wenn Sie Ihre Ziele schriftlich fixieren, sind die Beschreibung und die Wortwahl ganz entscheidend. Bei der Formulierung meiner Ziele achte ich besonders auf die drei folgenden Aspekte:

Ich formuliere meine Ziele stets in der Gegenwartsform, so als hätte ich mein Ziel bereits erreicht. Ich formuliere meine Ziele nur positiv. Ich formuliere meine Ziele in der Ich-Form.

Das Ziel für mein Abenteuer am Mont Blanc lautete beispielsweise: „Ich laufe am 24. August 2007 um den Mont Blanc und erreiche innerhalb der 46 Stunden das Ziel.“ Das ist doch ein konkretes und messbares Ziel, oder?

Wenn ich mir ein schriftliches Ziel setze, gebe ich damit meinem Gehirn konkreten Input zum Arbeiten. Wenn Sie meine Wohnung und insbesondere mein Arbeitszimmer betreten, dann finden Sie überall Hinweise auf meine Ziele. Ziele, die ich in diesem Jahr erreichen will. Ziele, die ich in den nächsten drei Jahren erreichen will. Und Ziele, die ich in den nächsten zehn Jahren erreichen will. Dabei handelt es sich sowohl um berufliche als auch um private und sportliche Ziele. Auf diese Weise werde ich ständig, ob ich will oder nicht, mit meinen Zielen konfrontiert.

Meilensteine erleichtern den Weg zum großen Ziel

Können Sie sich vorstellen, 166 Kilometer und 9.400 Höhenmeter am Stück zu laufen? Als ich zum ersten Mal von diesem Lauf und diesen Zahlen hörte, konnte ich es mir zunächst überhaupt nicht vorstellen, eine Strecke, wie zum Beispiel von Karlsruhe nach Stuttgart und wieder zurück, die ich häufig mit dem Auto fahre, zu Fuß zurückzulegen. Dazu noch eine Höhendifferenz von 9.400 Metern. Das entspricht der Länge von 94 Fußballfeldern, die man in den Himmel aneinanderreiht. 9.400 Höhenmeter – das ist mehr als vom Meeresspiegel bis zum höchsten Punkt auf unserer Erde, dem Gipfel des Mount Everest. Unglaubliche Dimensionen! Doch meine Vorstellungskraft änderte sich, als ich begann, mich diesen gewaltigen Dimensionen Schritt für Schritt, ganz langsam anzunähern. 166 Kilometer sind nur schwer vorstellbar, aber 42,195 Kilometer, einen Marathon, den konnte ich mir noch vorstellen. Und so begann ich die Laufsaison 2007 mit einem Marathon. Ich lief Mitte März den Bienwald Marathon in Kandel, einen der ältesten Marathonläufe in Deutschland im Herzen der Südpfalz. Ohne Probleme lief ich gleichmäßig meinen Rhythmus und kam nach gut vier Stunden ins Ziel. Meine Grundlagenausdauer stimmte. Meilenstein Nummer eins auf dem Weg zum Mont Blanc war damit erreicht. Dann startete ich mit meinem Bergtraining. Zweimal pro Woche fuhr ich an die Hedwigsquelle bei Ettlingen, um dort die kurzen, aber sehr steilen An- und Abstiege auf- und abzulaufen. Auch gestandene Mountainbiker nutzen diese Strecke für ihre Downhilltouren. Sukzessive erhöhte ich auch meinen Kilometerumfang und kam pro Woche im Schnitt auf 120 Kilometer. Im Juni folgte ein erster Wettkampf in den Bergen. Ich lief den LGT Alpin Marathon in Liechtenstein von Bendern nach Malbun. 42,195 abwechslungsreiche Kilometer mit 1.800 Höhenmetern. Nach 5 Stunden und 22 Minuten kam ich gut gelaunt ins Ziel. Mein Training am Berg zeigte Wirkung. Damit war Meilenstein Nummer zwei auf dem Weg zum Mont Blanc erreicht. Ich verfügte nun über die notwendige Grundlagenausdauer und hatte auch eine erste, gesunde Basis an Bergtraining geschafft. In den folgenden Wochen intensivierte ich mein Bergtraining. Die Trainingseinheiten am Berg wurden zum einen kontinuierlich länger, was die Dauer anbelangte. Am Wochenende lief ich schon mal fünf bis sechs Stunden den Berg hinauf und hinunter. Dabei zog es mich auch immer öfter in den Schwarzwald und vor allem zur Teufelsmühle. Die Teufelsmühle ist ein Berg und gleichzeitig wegen der sagenhaften Aussicht ein beliebtes Touristenziel im Nordschwarzwald. Auf exponierten Trailpfaden lief ich immer wieder auf und ab, auf und ab, auf und ab. Mein Ziel war es, meine Muskulatur nicht nur an das Bergauf-, sondern vor allem auch an das Bergablaufen zu gewöhnen. Mittlerweile trainierte ich mit Rucksack, in dem ich die gesamte Ausrüstung, die für den

Lauf am Mont Blanc zwingend vorgeschrieben ist, dabei hatte. Und meine Trekkingstöcke waren ebenfalls immer öfter im Einsatz. Diese stellten sowohl für das Bergauf- als auch für das Bergablaufen eine ungemein große Erleichterung dar. Mit einigen tausend Höhenmetern in den Beinen fuhr ich Mitte Juli nach Ruhpolding, wo ich den Chiemgauer Bergultra, einen technisch anspruchsvollen Ultra-Bergmarathon über 100 Kilometer und 4.500 Höhenmeter laufen wollte. Dieser Lauf hatte es in der Tat in sich, besonders in Bezug auf das enge Zeitlimit. Für die 100 Kilometer mit über 4.500 Höhenmetern hatte man nur 18 Stunden Zeit zur Verfügung. Die ersten dreißig Kilometer verliefen noch relativ moderat auf flachem Terrain. Doch dann ging es richtig in die Berge. Vor allem der brutale Aufstieg zur Hörndlwand hatte es in sich. Auf nur zwei Kilometern ging es über 500 Höhenmeter steil bergauf. Und es kam noch schlimmer. Als ich endlich oben war, führte der schmale Pfad unglaublich steil bergab. 700 Höhenmeter auf nur drei Kilometern bergab! An Laufen war für mich nicht mehr zu denken. „Hauptsache gesund unten ankommen“, lautete mein Motto. Nach gut sechzig gelaufenen Kilometern merkte ich, dass es mit dem Zeitlimit von 18 Stunden für die 100 Kilometer eng werden würde. Ich wollte bei diesem „Trainingslauf“ unter keinen Umständen an mein Limit gehen und entschloss mich, nur die 80-Kilometer-Variante zu laufen. So kam ich nach 13 Stunden und 41 Minuten ins Ziel. Ich fühlte mich körperlich ein wenig müde, doch ich war nicht an mein Limit gegangen und verfügte noch über reichliche Reserven. Meilenstein Nummer drei auf dem Weg zum Mont Blanc war damit erreicht. Nun hatte ich noch gut sechs Wochen bis zum Lauf am Mont Blanc. Ich befand mich in einem sehr guten körperlichen und mentalen Zustand. Jetzt galt es diese Leistungsfähigkeit bis

Ende August zu kompensieren und nur noch in ganz wenigen Bereichen zu steigern. Im Wesentlichen standen in den folgenden Wochen die sehr langen Trainingseinheiten an, die sowohl die Ausdauer, die Kraft als auch die Kraftausdauer trainierten. Und auch dem Laufen bei Nacht kam nun eine wichtige Rolle zu. Da ich beim Lauf um den Mont Blanc durch zwei Nächte laufen würde, wollte ich dies vorab im Training simulieren. Ich lief also wieder an meiner geliebten Teufelsmühle die Anstiege rauf und runter, mit Stirnlampe und kompletter Ausrüstung. Nach fast zwölf Stunden Bergauf und Bergab, 62 Kilometern und über 3.500 Höhenmetern kam ich um drei Uhr morgens wieder zufrieden und glücklich zu Hause an. Ein weiterer, wichtiger Schritt Richtung Mont Blanc war damit getan. Als Generalprobe für meine Mont Blanc-Umrundung nahm ich zwei Wochen vor dem Lauf am Gondo Event in der Schweiz teil. Gondo ist ein 100-Einwohner-Dorf im Schweizer Wallis an der Grenze zu Italien und einmal im Jahr Austragungsort eines spektakulären Rennens. Beim Gondo Event läuft man einen Doppelmarathon, zwei Marathons an einem Wochenende. Jeder mit knapp 2.000 Höhenmetern. Das ganze findet in einer atemberaubenden Berglandschaft statt. Jeden dieser beiden anspruchsvollen Bergmarathons lief ich konzentriert, kontrolliert und kam gesund und munter ins Ziel. Damit war auch Meilenstein Nummer vier auf dem Weg zum Mont Blanc erreicht.

Nachdem ich jeden Meilenstein, jedes dieser Teilziele erreichte, fühlte ich mich nicht nur körperlich gut vorbereitet, sondern war vor allem auch mental sehr positiv auf mein großes Ziel Ultra-Trail Mont Blanc eingestellt. Am Anfang war die Mont Blanc-Umrundung für mich ganz weit weg. Fast nicht vorstellbar. Doch mit jeder Trainingseinheit, mit jedem Wettkampf, mit dem Erreichen jedes

Teilziels und mit jedem Schritt kam ich meinem großen Ziel ein Stück näher. Und nach dem vierten Meilenstein war ich mir ganz sicher, dass ich es schaffen werde. Ich hatte mir also durch die vier Meilensteine und auch durch die vielen Schritte zwischen den Meilensteinen eine Art innere Gewissheit erzeugt. Und der Erfolg am Mont Blanc gab mir schließlich recht.

So sieht es in meiner Welt, in der Welt eines Extremsportlers, aus. Doch auch im normalen Berufs- und Alltagsleben helfen einem Teilziele und Meilensteine weiter. Ein Ziel liegt häufig in weiter Ferne, ist nicht greifbar und momentan noch nicht vorstellbar. Da fällt es einem oft schwer, überhaupt den ersten Schritt Richtung Ziel zu machen. Die Motivation, zu handeln, geht dann fast gegen Null. Wenn wir uns nun ein kleines Teilziel von diesem großen Ziel ableiten und uns dieses als nächstes Ziel vornehmen, macht dies einiges leichter. Dieses neue Ziel, dieses Teilziel, ist greifbarer und wir sind motivierter den ersten Schritt dorthin zu unternehmen. Das hat wiederum die ersten Erfolgserlebnisse zur Folge. Beflügelt davon, werde ich die nächsten Schritte auf dem Weg zum Ziel unternehmen und dann mein Teilziel erreichen. Nach dem ersten Teilziel nehme ich mir die nächsten Schritte Richtung zweites Teilziel vor und so weiter, bis ich eines Tages, nach Tausenden von Schritten und vielen Meilensteinen später endlich am großen Ziel bin.

Was ist Ihr Mont Blanc und was sind Ihre Meilensteine auf dem Weg dorthin?

Die ultimative Herausforderung: Das eigene Ich

Extremsportler, Unternehmer und Familienmensch – wie geht das denn?

„Es ist nicht zu wenig Zeit, die wir haben, sondern es ist viel Zeit, die wir nicht nutzen“, sagte schon Seneca und hat damit vollkommen recht.

Es ist Mittwoch, kurz vor Mitternacht. Nach einem langen Tag und erfolgreichen Vortrag in der Nähe von Heilbronn komme ich endlich zu Hause an. Ich bin todmüde und will nur noch in mein Bett. Morgen geht es weiter zu einer Vortragsveranstaltung nach Luxemburg. Auch das wird wieder ein langer Tag: vier Stunden Anreise mit dem Auto, Briefing, Technikcheck, Vortrag halten, Fragen der Zuhörer beantworten, Technik abbauen, vier Stunden Autofahrt wieder zurück. Am Samstag steht ein intensiver Trainingslauf in den Vogesen auf dem Programm: 54 Kilometer mit 1.600 Höhenmetern. Bevor ich jedoch zum Lauf fahre, genieße ich die Zeit mit meiner Familie. Seit dem 5. März 2010 bin ich Vater einer wunderbaren Tochter: Marla. Sie ist für mich eine absolute Bereicherung. Durch sie hat sich sehr vieles in meinem Leben verändert – zum Positiven. Es gibt mir so viel Kraft, wenn sie mich anlächelt, und es ist einfach fantastisch zu sehen, wie schnell sie sich weiterentwickelt und täglich Dinge dazulernt. Als ich zum Beispiel von einer dreiwöchigen Reise aus Brasilien wieder nach Hause kam, überraschte sie mich, indem sie wie selbstverständlich durch unser Wohnzimmer robbte. Wow, das sind besondere Momente, die ich nie vergessen werde. Absolute Höhepunkte in meinem

Leben. Deshalb ist mir meine Rolle als Familienmensch auch so wichtig. Natürlich gibt es auch schwierige Augenblicke, überhaupt keine Frage. Es ist jeden Tag eine enorme Herausforderung für uns als Familie. Wer kauft diese Woche wann die Lebensmittel ein? Wann gibt es Abendessen? Wer bringt Marla zur Tagesmutter und holt sie wieder ab? Kann ich heute zusammen mit Marla laufen (Babyjogger)? Wer bringt heute Marla zu Bett? Fragen über Fragen. Das erfordert Kompromisse, gegenseitiges Verständnis und großes Vertrauen. Ich bin glücklich, dass ich mit Sabine eine sehr verständnisvolle Frau an meiner Seite habe. Die versteht, was mir mein Sport und meine Abenteuer bedeuten. Die mir immer den Rücken freihält und mich unterstützt. Die an mich glaubt und mich so akzeptiert, wie ich bin. Dafür bin ich wirklich sehr dankbar.

Bei meinen Vorträgen reagieren die Zuhörer teilweise überrascht, wenn sie erfahren, dass ich eine Familie habe. Die Annahme von einigen Menschen ist nach wie vor: Wenn man in der Welt herumreist und sehr viel unterwegs ist, bleibt ja gar keine Zeit für eine Familie. Und für einen Extremsportler, der sehr viel Zeit seinem Sport widmet, sowieso nicht. Meine gelebte Überzeugung ist, dass man es sehr wohl schaffen kann, seinen Job, seine Familie und seine Hobbys unter einen Hut zu bekommen. Es ist nicht immer einfach, doch es ist möglich. Zum Beispiel versuche ich, so oft es geht, Marla mit in mein Lauftraining zu integrieren. Eine der ersten Anschaffungen nach Marlas Geburt war ein Babyjogger. Eine klasse Erfindung! Marla bereitet es jedes Mal große Freude, zusammen mit Papa draußen an der frischen Luft zu sein und die Gegend laufend zu erkunden. Sie freut sich, wenn ich in meinem Laufdress vor ihr stehe, sie auf den Arm nehme und zum Babyjogger trage. Oder meine Frau begleitet mich, zusammen mit Marla, auf dem Rad beim Training. Damit habe ich also Training, Kommunikation und Familienausflug in einem. Alles geht, wenn man es will. Oder ich kombiniere meine Laufabenteuer mit Familienurlaub. Das habe ich zusammen mit meiner Frau schon vor Marlas Geburt häufig praktiziert. Wir flogen zum Beispiel im Oktober 2008 zusammen auf die Insel La Réunion. Dort nahm ich am Grand Raid, an der „Diagonale der Verrückten", teil. Die ersten fünf Tage der Reise war ich ausschließlich mit diesem Lauf beschäftigt. Doch anschließend verbrachten wir zusammen noch einen wunderschönen Urlaub auf der Insel. Auch zu dritt werden wir zukünftig die Welt erkunden. Selbst mit einem Kleinkind ist es möglich, durch die Welt zu reisen. Auch das ist eine Frage der persönlichen Einstellung. Ich kann sagen: „Mit einem Kleinkind ist nun das Reisen vorbei. Vielleicht einmal zwei Stunden mit dem Auto zu den Großeltern, das war es dann auch schon." Oder man sagt: „Okay, mit einem Kleinkind können wir nicht mehr jede Art von Abenteuerurlaub unternehmen, doch wir können sehr wohl in der Welt herumreisen." Die Grenze steckt sich jeder, auch in diesem Kontext, selbst.

Sowohl meine Familie, mein Beruf als Vortragsredner und Motivationstrainer als auch meine sportlichen Aktivitäten verlangen Zeit und Energie. Pro Jahr halte ich bis zu hundert Vorträge und Seminare im gesamten deutschsprachigen Raum, die auch vor- und nachbereitet werden wollen. Dazu kommen noch meine sportlichen Projekte und Abenteuer, für die ich insgesamt zehn Wochen im Jahr weltweit unterwegs bin. Für diese Abenteuer ist natürlich auch ein körperliches und mentales Training erforderlich, woführ ich 20 bis 25 Stunden pro Woche aufwende. Last but not least will ich mit meiner Familie Zeit verbringen. Sie können sich sicherlich vorstellen, dass der Umgang mit meiner Zeit einen enorm hohen Stellenwert hat. Genau darin liegt für mich schon ein erster, ganz entscheidender Impuls: Zeit ist unser kostbarstes Gut und ich versuche sorgfältig und bewusst mit ihr umzugehen.

Was schätzen Sie: Wie viele Stunden hat ein Jahr? 10.000? 50.000? 100.000? Ein Jahr hat 8.760 Stunden. Diese 8.760 Stunden stehen jedem Menschen auf dieser Welt zur Verfügung. Zeit ist das einzige Gut, von dem alle Menschen auf diesem Planeten gleich viel haben. Ob Barack Obama, Dieter Bohlen, Angela Merkel oder Max Mustermann – jedem stehen 8.760 Stunden im Jahr an Zeit zur Verfügung. Die entscheidende Frage lautet: Wie gehe ich mit dieser wertvollen Ressource um? Wie kann ich die begrenzte Zeit sinnvoll nutzen? Will ich in dieser Zeit mehr Geld verdienen, als ich jemals ausgeben kann? Oder will ich meine Arbeitszeit auch anderweitig einsetzen? Möchte ich mehr Zeit für meine Familie haben, ehrenamtlich tätig werden oder mich ausgiebiger meinen Hobbys widmen? Was steht dem entgegen?

Ich höre oft das Argument: „Ich würde das gerne machen, aber dafür habe ich leider keine Zeit." Kennen Sie das auch? „Ich würde liebend gerne an dem Rhetorik-Seminar teilnehmen, aber an diesem Tag hat die beste Freundin meiner Freundin Geburtstag. Sorry, keine Zeit!" „Ich möchte ja sehr gerne Sport treiben, aber ich muss jeden Tag bis 19 Uhr arbeiten. Sorry, keine Zeit." Keine Zeit zu haben, ist schon zu einer Art Statussymbol geworden – manchmal ist es natürlich auch nur eine Ausrede dafür, dass man etwas vermeiden möchte. Die Ökonomen Daniel Hamermesh und Jungmin Lee haben eine weltweite Umfrage durchgeführt und sind zu dem Entschluss gekommen, dass besonders Menschen, die über ein sehr hohes Einkommen verfügen, mit Vorliebe darüber klagen, keine Zeit mehr zu haben. Die beiden erklärten das Problem folgendermaßen: Wenn Menschen mehr

Geld haben, glauben sie, mehr mit ihrer Zeit anfangen zu können. Doch leider sind sie nicht in der Lage, auch mehr Zeit „zu verdienen". Wenn wir mehr Geld verdienen wollen, müssen wir in der Regel auch mehr Zeit in unsere Arbeit investieren. Die Arbeitszeit steigt also, was zur Folge hat, dass unsere Freizeit sinkt. Doch ein Tag hat eben nur 24 Stunden und dieses Zeitbudget können wir, im Gegensatz zu unserem Einkommen, nicht erhöhen.

Vor Kurzem besuchte ich den Vortrag des Extremkletterers Thomas Huber, eines der beiden „Huberbuam", in Karlsruhe. Die atemberaubenden Bergbilder und sagenhaften Natureindrücke, kombiniert mit seiner leidenschaftlichen und humorvollen Erzählweise beeindruckten mich. Was mir bei seinem Vortrag besonders gut gefiel, war seine Botschaft: „Nutzt eure kostbare Zeit". Als Symbol zeigte er am Anfang und Ende seiner Präsentation eine Sanduhr, in der der Sand beständig nach unten strömte. Ein sehr eindrucksvolles Bild, das stärker als eine Armbanduhr das Gefühl vermittelt, dass die Zeit buchstäblich verrinnt. „Wir alle haben nur ein gewisses Zeitbudget in unserem Leben zur Verfügung und die Zeit schreitet unaufhaltsam voran. Verlorene Zeit ist nie wieder gutzumachen, deshalb gilt es, sein kostbarstes Gut jeden Tag für sich selbst optimal zu nutzen." Das waren seine Worte. Wie recht er damit hat. Thomas Huber nutzt seine Zeit hauptsächlich für seine große Leidenschaft – das Klettern. Ich will Sie nicht zu extremen sportlichen Aktivitäten motivieren. Ganz im Gegenteil, meine Botschaft lautet: Lebe dein Leben und nimm dir die Zeit dafür. Achten Sie dabei einmal bewusst darauf, wie Sie zum Thema Zeit nach außen kommunizieren. Denn es ist ein himmelweiter Unterschied, ob jemand zu mir sagt „Ich *habe* dafür keine Zeit" oder „Ich *nehme* mir dafür keine Zeit". Was sagen Sie sich?

Doch wie schaffen wir es, mehr Zeit für die wichtigen Dinge in unserem Leben zu haben? In meinen Augen liegt der Schlüssel dafür im Loslassen. Loslassen können und Prioritäten setzen. Zeit spielt gerade in meinem Metier eine große Rolle. Ich entscheide mich nicht mal so eben, dass ich zum Beispiel 222 Kilometer durch den Amazonas Regenwald beim Jungle Marathon laufe. Ich wähle meine zeitintensiven Vorhaben sorgfältig aus und überlege mir genau, welcher neuen Herausforderung ich mich stellen möchte. Schließlich werde ich sehr viel Zeit mit der Vorbereitung, physisch wie mental, mit der Planung und mit der Finanzierung beschäftigt sein. Dazu ist es notwendig, dass ich mich einem neuen Ziel mit allen Kräften widme. Nur so kann ich gewährleisten, dass ich wirklich alles gebe. Wenn ich mich für ein neues Abenteuer entschieden habe, gehe ich mit aller Konsequenz daran, den Plan Wirklichkeit werden zu lassen. Dazu gehört ein strenger Zeit- und Trainingsplan. Ich frage mich in der Vorbereitungszeit auf ein Laufabenteuer beispielsweise immer: „Was ist für dich wirklich wichtig? Willst du an diesem Tag lieber ins Kino gehen, dich mit Freunden treffen, eine Fernsehdokumentation anschauen oder trainierst du?“ Für Extremläufe wie den Ultra-Trail Mont Blanc oder den Jungle Marathon reicht es nicht aus, rasch eine Stunde laufen zu gehen und anschließend noch drei andere Hobbys zu betreiben. Ich musste mich voll und ganz mit dem Lauf auseinandersetzen, mich mit ihm identifizieren. Dazu gehörte zum Beispiel ein wettkampfspezifisches, körperliches Training. Für den Jungle Marathon bin ich in der Vorbereitung mit meinem vollgepackten Rucksack von zwölf Kilogramm bis zu sechs Stunden am Stück durch dichten Wald gelaufen. Über Berg und Tal. Oder ich nahm als Trainingslauf an Marathonwettkämpfen teil, ebenfalls mit meinem schweren Rucksack, was zur Verwunderung der Zuschauer und anderen Läufern geführt hat. Darüber hinaus habe ich mir Strecken herausgesucht, wo ich durch Flüsse und Bäche laufen konnte, weil genau dies beim Jungle Marathon zur Tagesordnung gehörte. Mit nassen Füßen mehrere Stunden bergauf- und bergabzulaufen, in sehr anspruchvollem Terrain – dies stellte einen ganz wesentlichen Teil meines Trainings dar. Ich musste mich also schon vorab, vor dem eigentlichen Training, fragen: Welche Gebiete kommen denn überhaupt für ein solches Training infrage? Ich kann also nicht immer direkt vor meiner Haustür das Training starten, sondern muss zunächst eine Wegstrecke bis zum Training zurücklegen. Für den Jungle Marathon habe ich mich auch sehr intensiv mit meiner Ausrüstung auseinandergesetzt, weil diese für das Rennen ungemein wichtig ist: Welche Nahrung nimmst du zu dir: vor, während und nach dem Lauf? Wie viele Kalorien und welches Gewicht hat das jeweilige Produkt? Lässt sich dieses gut verpacken und leicht zubereiten? Welche Socken sind besonders für nasse Füße geeignet? Welches Langarmshirt und welche lange Hose kann ich auch bei vierzig Grad Celsius und hundert Prozent Luftfeuchtigkeit anziehen? Auf welche Weise kann ich einen ausreichenden Flüssigkeitshaushalt im Dschungel gewährleisten? Welche Elektrolytprodukte verwende ich? Wie viele Salztabletten in welchem Zeitabstand kann mein Körper aufnehmen? Welche Medikamente benötige ich im Einzelnen? Gegen Hautinfektionen? Gegen Malaria? Gegen Blasen? Gegen Schlangenbisse? Wie verhalte ich mich überhaupt bei einem Schlangenbiss? Auf welche Art und Weise kann ich meine Hängematte (beim Jungle Marathon schläft man in Hängematten) am effektivsten auf- und abbauen? Welche Impfungen benötige ich? Wie und wo verpacke ich die ganzen Gegenstände in meinem Rucksack? Fragen über Fragen, mit denen ich mich über Monate beschäftigte. Und dafür benötigte ich Zeit. Also hatte ich eine Entscheidung zu treffen: Will ich diesen sehr anspruchsvollen Lauf gesund und erfolgreich beenden? Oder ist es mein primäres Ziel, in diesem Jahr so viele Vorträge wie möglich zu halten? Oder will ich lieber einen Großteil meiner Zeit in eine neue Weiterbildung investieren? Ich entschied mich im Jahr 2010 für den Lauf. Für mich hatte der Jungle Marathon in Brasilien die Priorität eins. Dieser Lauf war für mich enorm wichtig, entsprechend gestaltete ich meine Vorbereitung. Meine anderen Lebensbereiche kamen dadurch, speziell in den letzten Monaten vor dem Lauf, zu kurz. Gemeinsame Aktivitäten mit dem Partner oder mit Freunden waren in dieser Zeit nur sehr selten möglich. Oft lag ich sogar am Samstagabend bereits um 22:00 Uhr im Bett, damit ich am nächsten Tag um sechs Uhr fit für meinen langen Dauerlauf war.

Man muss eine Sache wirklich wollen, die Begeisterung dafür haben und vor allem auch auf andere Dinge verzichten können. Diesen Aspekt des Verzichtübens halte ich für sehr bedeutsam, weil wir unsere Zeit nicht managen können. Das ist ein riesengroßer Irrglaube, wenn wir über das Thema Zeitmanagement reden. Ein Tag hat nur 24 Stunden. Punkt. An dieser Tatsache können wir nichts ändern. Was wir aber tun können, ist, uns über diese 24 Stunden Prioritäten zu setzen. Und Prioritäten setzen bedeutet auch, dass wir auf andere Dinge verzichten. Wir leben doch heute in einer Überflussgesellschaft und sind häufig schon gewohnt, alles zu bekommen. Wenn wir einen neuen Fernseher brauchen, kaufen wir uns einen. Wenn wir das Bedürfnis nach Tanz und lauter Musik verspüren, gehen wir in eine Diskothek. Wenn wir einen Marathon laufen wollen, gehen wir eben trainieren. Die Beispiele wären sicherlich endlos. Doch wenn wir in unserem Leben wirklich etwas erreichen wollen, wenn wir uns einem Lebensbereich sehr intensiv widmen wollen, dann müssen wir auch bereit sein, auf etwas anderes zu verzichten. Und genau hier liegt in meinen Augen der kritische Punkt bei vielen Menschen. Sie wollen am liebsten alles gleich gut zur gleichen Zeit machen. Auf acht Hochzeiten gleichzeitig tanzen. Doch ich kann nicht Vorstandsvorsitzender eines großen Unternehmens sein, in meiner Freizeit täglich stundenlang Klavier spielen, mich ehrenamtlich bei der Feuerwehr engagieren, mich gleichzeitig noch intensiv um meine drei Kinder kümmern, ein guter Ehemann sein und nebenbei noch einen Marathon in 2 Stunden 40 Minuten laufen. Das geht nicht. Doch genau das wollen scheinbar viele Menschen. Mein Motto in diesem Zusammenhang lautet: weniger ist mehr. Lieber konzentriere ich mich auf nur zwei oder drei Bereiche in meinem Leben, in denen ich über einen gewissen Zeitraum etwas bewegen möchte. Und diesen zwei bis drei Zielen schenke ich dann meine volle Aufmerksamkeit. Es gilt also herauszufinden, was man wirklich will und auf welche Dinge man gleichzeitig auch verzichten könnte. Auf was können Sie verzichten? In welchen Lebensbereichen können Sie sich einschränken, um für andere wieder mehr Zeit zu haben? Was ist Ihnen wirklich wichtig? Wo setzen Sie Prioritäten?

Bei mir hat das Laufen nicht das ganze Jahr über die Priorität eins. Je nach Jahreszeit und Saison verschieben sich die Wertigkeiten bei mir ganz erheblich. Im Frühjahr und Sommer verbringe ich sehr viel Zeit mit meinem Training und dem Sport. Dagegen nimmt der sportliche Bereich im Herbst und Winter deutlich ab. Dann verbringe ich wieder mehr Zeit mit meiner Familie und meinen Freunden. Dies gestalte ich ganz bewusst so, weil für mich eben verschiedene Lebensbereiche wichtig sind. Dazu auch später mehr im Kapitel „Erfolgsfaktor Balance". Nochmals: Wir können nicht alles auf einmal machen. Es können nicht sechs Ziele gleichzeitig die Priorität eins haben. Ich kann auch nicht jeden Tag meine Zeit immer gleich auf Sport, Beruf und Familie aufteilen. Das ist utopisch und im Alltag nicht umsetzbar. Was ich aber tun kann, ist, meine Prioritäten zu verschieben und über einen bestimmten Zeitraum unterschiedlich zu gewichten. Wenn mein Sport und meine Abenteuer beispielsweise in den Monaten Juli, August und September eines Jahres die Priorität eins haben, dann nehmen diese in den Monaten Oktober, November und Dezember die Priorität drei oder vier ein. Genau in diesem Zeitraum kommt wieder meiner Familie und meinen Vorträgen ein höherer Stellenwert zu. Die Hauptarbeit an diesem Buch legte ich mir zum Beispiel bewusst in eine wettkampffreie Zeit. Mit dem Verschieben und der unterschiedlichen Gewichtung meiner Prioritäten, was im Endeffekt nichts anderes als einen Zyklus darstellt, stelle ich sicher, dass ich weder auf meine Familie und meinen Sport noch auf meine Berufung als Redner verzichten muss.

Der Musiker und Extremsportler Joey Kelly, den ich persönlich gut kenne, verriet mir einmal ein sehr gutes Erfolgsgeheimnis. Er sagte mir: „Jede Stunde, die ich in das Training investiere, bekomme ich im Beruf und Alltag doppelt und dreifach zurück." Dies bedeutet, dass sich Sport, Job und Privatleben nicht ausschließen, sondern vielmehr ergänzen können, sofern wir dieses Nebeneinander richtig gestalten. Von einigen Topmanagern und Führungskräften ist bekannt, dass sie neben ihrem Fulltimejob Sport treiben und auch Familie haben. Auch Joey Kelly ist ein viel beschäftigter Mann. Er ist zweifacher Familienvater, Unternehmer, Musiker, gibt sehr viele Konzerte im Jahr und tritt häufig im Fernsehen und anderen Medien auf. Wie nebenbei findet er noch die Zeit, an den härtesten Ultraläufen der Welt teilzunehmen. Ein weiteres Paradebeispiel ist unser ehemaliger Außenminister Joschka Fischer. Wenn Sie sich noch erinnern können, war Joschka Fischer zeitweise richtig durchtrainiert. Er zählte nicht nur zu den beliebtesten deutschen Politikern, sondern sah darüber hinaus auch noch topfit aus – weil er es schaffte, trotz seines gut gefüllten Terminkalenders laufen zu gehen. Selbst wenn er erst um 23:00 Uhr Feierabend hatte, ging er anschließend noch laufen. Leider haben sich seine Prioritäten wieder etwas verschoben, wie man gut erkennen kann. Was ich damit sagen will: Wenn es ein vielbeschäftigter Mensch wie Joschka Fischer geschafft hat, ein zusätzliches Zeitfenster für eine neue Aktivität zu finden, dann kann dies fast jeder andere auch.

Jetzt denkt vielleicht manch einer: Das ist ja alles schön und gut. Ich bin halt kein Joey Kelly und auch kein Joschka Fischer. Was die Promis machen, interessiert mich nicht. Ich bin ein einfacher Angestellter, habe beruflich viel um die Ohren, bin verantwortlich für zwei Kinder und einen Hund. Ich schaffe es beim besten Willen nicht, noch Sport zu treiben oder ein Musikinstrument zu spielen oder ein Buch zu schreiben. Dann war der Sport oder eine andere Tätigkeit, für Sie, bisher zumindest, nicht wichtig genug. Sie haben einfach andere Tätigkeiten priorisiert. Wenn eine Tätigkeit für Sie wirklich wichtig ist, dann ist auch Zeit dafür da. Gleichgültig, ob Sie Hausfrau, Manager, Rentner, Student, Extremsportler oder Handwerker sind. Für Vorsorgeuntersuchungen beim Arzt nehmen sich beispielsweise nur die wenigsten Menschen Zeit. Wenn man aber plötzlich krank wird oder einen schweren Unfall hat, dann ist plötzlich Zeit dafür vorhanden und andere Dinge werden auf einmal unwichtig. Wenn es also sein muss, dann ist blitzartig Zeit da. Es ist eben immer eine Frage der persönlichen Prioritäten.

Analysieren Sie doch bitte einmal Ihren Tagesablauf. Was machen Sie als Erstes nach dem Aufstehen? Um wie viel Uhr stehen Sie überhaupt auf? Wie viel Zeit verbringen Sie mit unwichtigen Dingen wie Fernsehen? Der Fernseher ist einer der größten Zeitfresser in unserer Gesellschaft. Wenn Sie nur jeden Tag zwanzig Minuten weniger Fernsehen, ist zum Beispiel ein neues Zeitfenster für sportliche Aktivitäten da. Wenn jetzt einer sagt: Fernsehen ist mir aber sehr wichtig, darauf will ich unter keinen Umständen verzichten, dann kaufen Sie sich ein Laufband, ein Ergometer oder ein Thera-Band und verbinden Sie damit das Fernsehen mit dem Sport. Oder wählen Sie eine einzige Sendung aus, die Sie auslassen könnten. Vielleicht werden Sie feststellen, dass Ihnen dabei gar nicht so viel verloren geht, wenn Sie die Zeit dafür mit etwas anderem verbringen. Ich halte wieder fest: Der entscheidende Punkt ist, ob man eine Sache wirklich will. Auch hier ist es eine reine Frage des Willens: Wenn ich eine Sache wirklich will, ist diese für mich wichtig. Und dann ist auch Zeit dafür da.

So wichtig Prioritäten und ein bewusster Umgang mit unserer Zeit sind, so wichtig ist es auch, eine Balance zwischen den unterschiedlichen Lebensbereichen zu finden. Es wäre doch schade, wenn Sie vor lauter Job, so wichtig er auch für Sie sein mag, Ihr eigenes Kind nicht aufwachsen sehen. Oder wenn Sie nur noch Ihren Sport im Kopf haben und dabei Ihre sozialen Kontakte völlig vernachlässigen.

Erfolgsfaktor Balance

Nach meinen Vorträgen werde ich häufig gefragt, ob es denn für mich überhaupt noch etwas anderes als Laufen gebe. Meine Antwort lautet jedes Mal ganz klar: *Ja!* Auch wenn ich den Extremsport zu meinem Beruf gemacht habe und dieser einen ganz wesentlichen Teil meines Lebens bedeutet, erachte ich es als gefährlich, wenn ich ausschließlich auf diesen fokussieren würde und es für mich nichts anderes mehr geben würde als den Sport. Um im Leben zufrieden und erfolgreich zu sein, reicht es für mich nicht aus, nur meinem Sport nachzugehen und in der Welt herumzureisen. Verstehen Sie mich jetzt nicht falsch: Natürlich sind mir mein Sport und meine Abenteuer sehr wichtig. Das ist meine große Leidenschaft, die ich auch sehr intensiv auslebe, aber sie sind sicherlich nicht alles in meinem Leben, zumal ich dies mit meiner zweiten großen Leidenschaft, meinem Job als Vortragsredner, auch nicht immer vereinbaren könnte. Wenn ich jedes Jahr zehn Monate nur läuferisch in der Welt unterwegs sein würde, hätte ich keine Zeit Vorträge zu halten und damit meinen Lebensunterhalt zu bestreiten. Wenn ich wiederum rund um die Uhr nur Vorträge halten würde, hätte ich keine Zeit laufen zu gehen und mit meinen Abenteuern neuen Input für meine Vorträge zu bekommen. Und schließlich, was bringt es mir, wenn ich körperlich topfit und beruflich sehr erfolgreich bin, wenn ich meine Familie und sozialen Kontakte komplett vernachlässige?

Die Lösung heißt: ganzheitliches Lebenskonzept. Der Begriff Work-Life-Balance ist in aller Munde und nicht umsonst nach wie vor eines der Topthemen im Seminarbereich. In meinen Augen spielt ein ganzheitliches Lebenskonzept eine zentrale Rolle, wenn es um den persönlichen Erfolg geht. Diese Einstellung hatte ich zugegebenermaßen nicht immer. Mit Mitte Zwanzig gab es für mich nur den Sport und das Reisen. Ich konnte es mir einfach nicht vorstellen, meinen Laufsport sehr intensiv zu betreiben und gleichzeitig eine Familie zu haben. Es waren für mich zwei komplett unterschiedliche Welten, die sich nicht miteinander vereinbaren ließen. Ich hatte in diesen Jahren nie eine längere Beziehung, mein Sport und meine Abenteuer in der ganzen Welt standen einfach über allem. Diese Haltung veränderte sich in den letzten Jahren, weil ich in meinem Inneren einen gewissen Mangel verspürte. Mir fehlte etwas. Das ständige Unterwegssein, das viele Reisen, die Abenteuer in der ganzen Welt – das sind für mich einzigartige Erlebnisse und Erfahrungen. Doch ich habe auch erkannt, dass ich damit ein relativ einseitiges Leben führte und mehr wollte. „Mehr" nicht im Kontext von höher, schneller und weiter, sondern in Form eines breiteren, ausgefüllteren Lebens. In meinem Kopf hielt der Gedanke „eigene Familie" nach und nach Einzug. Gerade meine Familie gibt mir heute den nötigen Rückhalt bei meinen Abenteuern. Sie unterstützt mich in schwierigen Situationen, bei ihr kann ich mir Rat holen und sie vermittelt mir die nötige Geborgenheit. Meine Familie stellt auch sicher, dass ich, trotz meines etwas außergewöhnlichen Lebens, nie die Bodenhaftung verliere. Deshalb ist mir meine Familie ungemein wichtig.

Die Kunst ist es, meine verschiedenen Lebensbereiche in ein ganzheitliches Lebenskonzept zu bringen und zwischen ihnen eine gewisse Ausgewogenheit sicherzustellen. Wenn ich von Lebensbereichen spreche, dann meine ich meine berufliche Leistung, mein soziales Leben, meine geistige Beschäftigung und meine körperliche Fitness. Diese Lebensbereiche beziehen sich nicht nur auf einen Extremsportler, sondern gelten für alle Menschen.

Ich bin selbst ein leistungsorientierter Mensch und gehe voll und ganz in meinem Job auf. Dazu stehe ich. Mein Beruf als Extremläufer und Redner stiftet mir persönlich sehr viel Sinn und Zufriedenheit, doch eine rein einseitige Orientierung im beruflichen Bereich kann auch kontraproduktiv sein. Dies erlebe ich immer wieder in meinen

Seminaren. Dort habe ich manchmal mit Menschen zu tun, die beruflich alles erreicht haben. Sie sind in ihrem Job ungemein erfolgreich, finanziell unabhängig und widmen den Großteil ihrer Zeit der Arbeit. Sie sind stolz auf ihre Leistungen, haben gleichzeitig aber alle anderen Lebensbereiche stark vernachlässigt. Die sozialen Kontakte außerhalb des Jobs sind mit der Zeit immer mehr in die Brüche gegangen, ihr Körpergewicht ist zur gleichen Zeit extrem gestiegen und nach zwei Stockwerken Treppensteigen sind sie schon völlig außer Atem. Stimmen Sie mir zu, wenn ich behaupte, dass sich solche Menschen im Ungleichgewicht befinden? Es ist eine Gratwanderung und gleichzeitig eine enorme Herausforderung, das richtige Maß für seinen Job zu finden. Ich schaffe es auch nicht immer, die Balance zwischen meinem Beruf und den übrigen Lebensbereichen hinzubekommen. Da bin ich ganz offen und ehrlich zu Ihnen. Es gibt Tage, in denen ich von einem Vortrag zum nächsten fahre und mehr Zeit im Auto, Zug oder Flieger sitze, als ich zu Hause bin. Doch ich merke nach einer gewissen Zeit ganz deutlich, an meinem gesunkenen Energieniveau und meinem Zufriedenheitsgrad, dass mir das Laufen, meine Familie und gewisse andere Dinge fehlen.

Besonders dem sozialen Leben kommt ein hoher Stellenwert zu. Dazu gehören für mich der Partner, die Familie und die Freunde. Gerade bei Extremsportlern wird häufig von Einzelkämpfern, Egoisten und totalen Individualisten gesprochen. Dies trifft sicherlich stellenweise zu. Trotzdem ist mir als Extremsportler das soziale Umfeld wichtig. Wie bedeutsam mir meine Familie ist, habe ich schon weiter oben beschrieben. Auch beim Laufen suche ich bewusst diese soziale Komponente und das Gemeinschaftsgefühl. Der Laufsport, so wie ich ihn betreibe, ist sicherlich kein Mannschaftssport. Doch ich laufe nicht immer alleine durch den Wald, wie es häufig angenommen wird. Sie können sich sicherlich vorstellen, dass sich in meinem Freundes- und Bekanntenkreis viele Läufer befinden. Deshalb versuche ich, so gut es geht, meine sozialen Kontakte mit meinem Sport zu verbinden. Bei einem Wettkampf freue ich mich beispielsweise genauso darüber, Freunde und Bekannte wiederzusehen, wie auf den Lauf selbst. Insbesondere bei Mehrtagesläufen sind für mich die sozialen Kontakte ein wesentlicher Motivationsfaktor für die Teilnahme an solchen Rennen. Es ist immer einer der Höhepunkte bei diesen Läufen, Menschen aus der ganzen Welt kennenzulernen. Nach ein paar Tagen ist man wie eine große Familie.

Doch was wäre ein Mensch ohne die persönliche Weiterbildung, ohne Lebenssinn und ohne eine gewisse Spiritualität, die zum geistigen Bereich zählen. Ich nehme mir beispielsweise bewusst in jeder Woche ein paar Stunden Zeit, um Bücher zu lesen oder mich auf eine andere Art weiterzubilden. Diese Tätigkeiten genießen bei mir eine hohe Priorität. Doch auch hier gibt es Grenzen. Ein Bekannter von mir ist Philosoph und denkt viel über den Sinn des Lebens nach. Er widmet sich den überwiegenden Teil seiner Zeit seinen Büchern, die er geradezu „verschlingt". Ein Körperbewusstsein ist praktisch nicht mehr vorhanden und auch die Anzahl an seinen Freunden und Bekannten ist merklich zurückgegangen. Seine Einstellung gegenüber der Leistung ist sehr schwach ausgeprägt, da er seine Arbeit eher als brotlose Kunst betrachtet. Auch bei ihm kann man sicherlich nicht von einem ausgewogenen Leben sprechen, oder?

Was bringt uns all der berufliche Erfolg, materieller Wohlstand und ein ausgefülltes soziales Leben, wenn wir es nicht genießen können, weil uns die fehlende Gesundheit einen Strich durch die Rechnung macht? Deshalb kommen dem körperlichen Bereich und unserem Fitnesszustand eine entscheidende Rolle zu. Und zwar nicht nur für einen Extrem- oder Leistungssportler, sondern für Jedermann. Wirklich für *jeden* Menschen. Wie fit und vital fühlen Sie sich zurzeit? Wie oft sind Sie erkältet? Kommen Sie beim Treppensteigen schnell außer Atem? Klagen Sie häufiger über Rückenschmerzen? Allein über das Thema Fitness und Gesundheit könnte ich ein ganzes Buch schreiben. Ich beschränke mich deshalb an dieser Stelle auf die Kernaussage zu diesem Thema: Entwickeln Sie (wieder) ein gesundes Körperbewusstsein und schenken Sie Ihrem Körper mehr Zeit und Beachtung, trotz Ihres stressigen Alltags. Denn häufig wird in diesem Lebensbereich als Erstes „gespart", weil der Job, die Familie und andere Dinge eine höhere Priorität genießen. Doch ohne einen gesunden Körper sind alle anderen Lebensbereiche wertlos. Unsere Gesundheit ist wie das berühmte Salz in der Suppe. Man bemerkt sie erst, wenn sie fehlt.

Wenn Sie alle vier Lebensbereiche betrachten, wie gewichten Sie dann Ihre Prioritäten und wie bewerten Sie persönlichen Erfolg? Ich komme also wieder zur Frage zurück, die ich Ihnen schon zu Beginn dieses Buchs gestellt habe: Was ist für Sie Erfolg? Was bedeutet für Sie in Anbetracht der vier Lebensbereiche persönlicher Erfolg? War Elvis Presley wirklich erfolgreich? In Bezug auf seine Leistung als Musiker und Entertainer definitiv, aber wenn es um die sozialen Kontakte und um seinen Körper geht, habe ich so meine Zweifel. Sind Profisportler wie Boris Becker wirklich erfolgreich gewesen? Wenn man seine berufliche Leistung als Tennisspieler heranzieht, auf jeden Fall. Doch wie er seinen Körper über all die Jahre belastet hat, war sicherlich aus gesundheitlicher Perspektive nicht förderlich. Das gibt er übrigens selbst zu. Ist ein Workaholic erfolgreich? Leistungsmäßig auf jeden Fall. Schwieriger zu beantworten ist die Frage, wenn man die übrigen drei Lebensbereiche heranzieht.

Ein ganzheitliches und ausgewogenes Lebenskonzept, unter Berücksichtigung der vier Lebensbereiche berufliche Leistung, soziales Leben, geistige Beschäftigung und körperliche Fitness, spielt eine zentrale Rolle, wenn es um den persönlichen Erfolg geht. Mir ist bewusst, dass wir nicht jeden Tag und jede Woche jedem der vier Lebensbereiche gleich viel Beachtung und Zeit widmen können. Das ist in unserem hektischen Alltagsleben nur schwer möglich. Darauf kommt es auch gar nicht an. Viel wichtiger ist es, dass wir uns Prioritäten in jedem der vier Lebensbereiche setzen und diese über einen bestimmten Zeitraum unterschiedlich gewichten. Durch eine ausgewogene Balance und der Wechselwirkung aller vier Lebensbereiche können wir es schaffen, ein erfolgreiches und zufriedenes Leben zu führen.

Selbstdisziplin als Schlüssel zum Erfolg

Er ist eine lebende Legende und ohne Frage einer der weltbesten Skifahrer aller Zeiten. Er ist zweifacher Olympiasieger, dreifacher Weltmeister und gewann insgesamt viermal den Gesamtweltcup. Die Rede ist von Hermann Maier, dem „Herminator“. In seiner unglaublichen Erfolgsgeschichte erlitt er aber auch einen herben Rückschlag: Während einer abendlichen Fahrt mit seinem Motorrad wurde Hermann Maier am 24. August 2001 in einen schweren Unfall verwickelt. Maier überholte ein Auto und wurde dabei von einem falsch abbiegenden Wagen erfasst. Er zog sich einen offenen Unterschenkelbruch im rechten Bein und zahlreiche weitere schwere Verletzungen zu. Maier wurde im Unfallkrankenhaus Salzburg sieben Stunden operiert. Zunächst war nicht klar, ob er überhaupt wieder skifahren können würde, angesichts seiner schweren Verletzungen. Sogar eine Beinamputation wurde in Betracht gezogen. Hermann Maier musste dadurch die gesamte Saison 2001/2002 sowie die Olympischen Winterspiele 2002 in Salt Lake City streichen. Für einen ehrgeizigen Sportler wie Maier war das natürlich eine herbe Enttäuschung. Viele Menschen hätten an seiner Stelle ihre Karriere beendet und ihre Skier für immer in den Schrank gestellt. Nicht jedoch Hermann Maier, der ein paar Monate nach seinem Unfall schon wieder anfing, zu trainieren. Trotz größter Schmerzen und erneuter Rückschläge stemmte er Gewichte und absolvierte ein leichtes Ausdauertraining. Ein Spitzensportler wie er musste wieder bei Null anfangen. Das musste doch ungemein frustrierend sein, doch er zog sein Training konsequent durch und steigerte sich in kleinen Schritten. Tag für Tag. Im Winter 2002/2003 zog er zum ersten Mal seine Skier wieder an. Und im Januar 2003, nur siebzehn Monate nach seinem schlimmen Unfall, gelang Maier in Kitzbühel das schier Unmögliche: ein Weltcupsieg. Sechs Tage später wurde er bei der Weltmeisterschaft 2003 in Sankt Moritz Vizeweltmeister im Super-G. Was für ein sensationelles Comeback des Österreichers, das in die Geschichtsbücher einging. Doch es ging noch weiter. In der darauffolgenden Saison 2003/2004 konnte Maier bereits zum vierten Mal den Gesamtweltcup gewinnen. Für seine fulminante Rückkehr in den Skizirkus wurde Maier im Jahr 2004 der Laureus World Sports Award in der Kategorie „Comeback of the Year“ verliehen. Wie er das alles geschafft hat? Ganz einfach: nur mit einem eisernen Willen und knallharter Selbstdisziplin.

Mein geschätzter Rednerkollege und Freund Christian

Bischoff hat mir einmal eine sehr passende Definition von Selbstdisziplin genannt: „Das zu tun, was Sie tun müssen, in dem Moment, in dem Sie es tun müssen."

Nicht nur für Extrem- oder Spitzensportler ist Selbstdisziplin ein zentraler Erfolgsbaustein, sondern für jeden Menschen, der sich weiterentwickeln möchte. Sie können Ihre Selbstdisziplin täglich testen, gleich nach dem Aufwachen. Schaffen Sie es, pünktlich aufzustehen, so wie Sie es sich vorgenommen haben? Oder tendieren Sie dazu, lieber liegen zu bleiben und zu sagen „Noch ein paar Minuten"? An dieser Stelle wird der eine oder andere sagen: „Auf ein paar Minuten mehr oder weniger kommt es nicht an." Und ob! Schon in solchen kleinen, alltäglichen Dingen wie dem Aufstehen äußert sich die Selbstdisziplin eines Menschen. Unterschätzen Sie nicht, wie Sie genau solche kleinen, unscheinbaren Dinge weiterbringen können. Wenn Sie beispielsweise nur jeden Tag zehn Minuten Sport treiben, dann merken Sie das Resultat nicht direkt im Anschluss oder am nächsten Tag. Aber wie sieht es schon nach drei Monaten, nach einem Jahr oder nach drei Jahren aus? Sie sind fit, vital und fühlen sich gut, weil Sie jeden Tag die Disziplin aufgebracht haben und sich eine kurze Zeit lang überwunden haben. Und Sie werden dafür auch noch mit körperlicher Fitness belohnt. Ich will die Tugend Disziplin nicht nur am Beispiel des Sports verdeutlichen. Selbstdisziplin ist auch in anderen Bereichen unseres Lebens notwendig, um erfolgreich zu sein. Welchem Schüler oder Studenten fällt es immer leicht, für eine Prüfung zu lernen? Da gibt es Tausende andere Dinge, die man stattdessen tun kann: Party machen, ins Kino gehen, Freunde treffen und so weiter. Sich aber trotzdem an seinen Schreibtisch zu setzen, seine Bücher in die Hand zu nehmen und mit dem Lernen anzufangen, erfordert ein hohes Maß an Selbstdisziplin. Oder denken Sie an einen

Mitarbeiter im Vertrieb, der eine Liste mit Problemkunden abtelefonieren darf. Diese Tätigkeit bereitet sicherlich nicht die größte Freude, ganz im Gegenteil. Doch nur, wenn man zum Hörer greift und die Kunden anruft, kann man auch erfolgreich sein. Neben dem Umgang mit Kunden und den fachlichen Kenntnissen spielt dabei vor allem die Selbstdisziplin eine überragende Rolle. Eben das zu tun, was man tun muss, in dem Moment, in dem man es tun muss.

Bei der Selbstdisziplin müssen Sie sich immer zwischen zwei Zuständen entscheiden: dem Disziplinschmerz oder dem Schmerz des Bedauerns. Der Disziplinschmerz ist die Überwindung, die Sie aufbringen müssen, um etwas zu tun, obwohl es Ihnen in diesem Moment sehr schwer fällt. Diese Art von Schmerz hörte ich zu Beginn meines morgendlichen Krafttrainings auch häufiger. „Bleib doch lieber im Bett liegen. Draußen ist es ja so ungemütlich." Der Schmerz des Bedauerns ist hingegen derjenige, den ich in zehn Jahren zu ertragen hätte, wenn ich nicht mehr laufen kann, nur weil ich kein Muskeltraining gemacht habe. Der Disziplinschmerz wiegt nur ein paar Gramm, der Schmerz des Bedauerns jedoch mehrere Tonnen. Welchen Schmerz wollen Sie lieber ertragen?

Wir wissen doch alle, dass wir uns mehr bewegen sollten. Wir wissen, dass wir uns gesünder ernähren sollten. Wir wissen, dass wir mehr Wasser trinken sollten. Doch nur die allerwenigsten tun es auch. Warum ist das so? Weil viele Menschen eben faul sind und nicht die nötige Disziplin aufbringen wollen. Ohne den nötigen Willen und ohne Disziplin führt kein Weg zum Erfolg. In der oben genannten Definition von Selbstdisziplin taucht ein Wort bewusst mehrmals auf: Tun. Nur durch Tun, durch proaktives Handeln, kommen wir zum Erfolg. Wissen allein bringt überhaupt nichts. Sie können das gesamte Wissen auf der Welt besitzen, solange Sie nicht ins Handeln kommen, passiert gar nichts.

Selbstdisziplin ist in meinen Augen viel wichtiger als Talent. Nehmen wir dazu ein bekanntes Beispiel aus dem Radsport. Sie alle kennen sicherlich unseren ehemaligen deutschen Radhelden, der 1997 die Tour de France gewann und in den Folgejahren häufig den zweiten Platz erreichte. Ohne Frage, eine beachtliche und höchst respektable Leistung. Dann war da noch der amerikanische Radsportler, der siebenmal dieses Rennen gewann. Dabei schlug er seinen deutschen Konkurrenten immer wieder. Was war die primäre Ursache seines phänomenalen Erfolgs? Doping, höre ich an dieser Stelle einige Leser sagen. Das mag sein, doch darauf will ich nicht hinaus. Ein wesentlicher Faktor unterschied diese beiden Radprofis: Selbstdisziplin. Während der Amerikaner im Winter bei Eis und Schnee schon die Pässe in Frankreich abfuhr, trainierte der Deutsche sein Übergewicht auf Mallorca ab. Während der amerikanische Profi diszipliniert auf seine Ernährung achtete, nahm der deutsche Radsportler auch gerne einmal für seine sportlichen Zielsetzungen völlig inakzeptable Kost zu sich. Dass beide ein hohes Maß an Talent für ihren Sport mitbrachten, ist wohl unbestritten, der Deutsche sogar noch etwas mehr als sein amerikanischer Kontrahent. Was aber Letzteren auszeichnete, war definitiv seine Selbstdisziplin. Eben das zu tun, was man tun muss, in dem Moment, in dem man es tun muss.

Flexibilität eröffnet neue Möglichkeiten

Mein Herz rutscht mir fast in die Hose, so aufgeregt bin ich. Die letzten Tage habe ich nicht mehr ruhig schlafen können, zu viele Gedanken sind mir durch den Kopf gegangen. Wie wird es wohl dieses Mal laufen? Komme ich gut durch? Hält mein Magen? Gleich starte ich zu einem meiner bisher längsten Läufe: 100 Kilometer am Stück. Ich laufe aber nicht irgendeinen 100-Kilometer-Lauf, sondern den legendären Bieler Hunderter in der Schweiz. Die Nacht der Nächte, so wie dieses Rennen auch genannt wird, ist bereits angebrochen. Es ist der 17. Juni 2005 und ich laufe zum dritten Mal in meinem Leben einen Ultramarathon. Eine Strecke jenseits der Marathondistanz. Bereits vor vier Jahren bin ich bei meiner Ultramarathon-Premiere in Biel gelaufen. Und bei diesem Rennen habe ich mich gequält wie noch nie zuvor: Magenprobleme, muskuläre Beschwerden und mentale Krisen ließen mich leiden. Fast achtzehn Stunden bis ins Ziel habe ich benötigt. Dieses Mal will ich es besser machen. Zusammen mit über 600 anderen Läufern stehe ich am Start dieses Kult-Ultramarathons an der Bieler Eishalle. Meine Uhr zeigt 21:58 Uhr an. Noch zwei Minuten. Nervös springe ich von einem Bein auf das andere. Ich lasse noch einmal die letzten Tage und Wochen durch meinen Kopf gehen. In der Vorbereitung habe ich einiges anders gemacht als bei meinem Lauf in 2001. Ich absolvierte mehr lange Läufe über fünf Stunden, auch in der Nacht. Meine Augen sollten sich schon vorab an die Bedingungen gewöhnen. Dazu lief ich einige Marathonwettkämpfe als Training, in einem sehr verhaltenen Tempo. Insgesamt bereitete ich mich sechs Monate gezielt auf diesen Lauf vor. Das gibt mir jetzt, so kurz vor dem Start, etwas Sicherheit. „Ich kann es und ich will es“, sage ich mir. Bereits am Nachmittag bin ich schon, zusammen mit meinem Freund Rudolf, in Biel angekommen. Rudolf wird mich bei diesem Lauf auf seinem Rad begleiten, was für mich eine enorm wichtige Unterstützung darstellt.

Peng! Pünktlich um 22:00 Uhr ertönt der Startschuss

und ich laufe frohen Mutes los. Die ersten Kilometer gehen sehr schnell vorüber. Ich genieße es, die einmalige Atmosphäre bei diesem Rennen wieder erleben zu dürfen. Du läufst durch die dunkle Nacht, durch finstere Wälder und an einsamen Feldern vorbei. Da hörst du nur die Schritte der Läufer und siehst die vielen Stirnlampen, die auf- und abblinken. Ansonsten ist es ruhig. Und dann kommst du immer wieder an Ortschaften vorbei, wo das ganze Dorf noch auf den Beinen ist und uns Läufer anfeuert. Es wird gegrillt, getanzt und gelacht – und das die ganze Nacht durch. Unzählige Teelichter und Kerzen säumen die Strecke und bilden einen tollen Kontrast zu der dunklen Nacht, in die wir dann wieder eintauchen. Dann kommt Kilometer 22, der Punkt, ab dem die Biker die Läufer begleiten dürfen. Ich freue mich riesig, Rudolf zu sehen und mit seiner Unterstützung weiter durch die Nacht zu laufen. Sämtliche Ausrüstungsgegenstände wie Wechselklamotten und meine persönliche Verpflegung hat Rudolf für mich dabei. Die Kilometer bis zum nächsten größeren Verpflegungsposten bei Kilometer 38 verfliegen geradezu. Ich fühle mich ausgezeichnet und will mich an diesem Punkt nur kurz aufhalten und gleich wieder weiterlaufen. Da Rudolf noch ein kleines Bedürfnis zu erledigen hat, laufe ich schon einmal los mit dem Gedanken, dass er mich sowieso gleich wieder einholen würde. Ich laufe einen Kilometer, ich laufe zwei Kilometer … ich laufe fünf Kilometer, doch er kommt und kommt nicht. Minute um Minute vergeht und von Rudolf keine Spur. Hat er mich schon in der Dunkelheit wieder überholt, ohne dass ich es bemerkt habe? Oder ist ihm etwas zugestoßen, sodass er nicht mehr weiterfahren kann? Mein Kopf arbeitet ununterbrochen und es macht sich ein flaues Gefühl in meiner Magengegend breit. Ein beunruhigendes Kribbeln durchzieht meinen ganzen Körper. Ich bleibe immer wieder stehen und schaue mich um, ob Rudolf kommt. Bei jedem Radfahrer, der von hinten an mich heranfährt, hoffe ich, dass er es ist. Doch Fehlanzeige. Im Ultramarathon-Bereich verfüge ich bis zu diesem Zeitpunkt noch nicht über so viel Erfahrung. Deshalb ist mir eine moralische Unterstützung bei diesem Rennen auch so wichtig gewesen. Darauf habe ich mich all die Tage und Wochen vor dem Lauf auch mental eingestellt. Diese moralische Stütze ist nun weg. Jetzt bin ich auf mich alleine gestellt. Ich muss mit der neuen Situation zurechtkommen. Und ich passe mich der neuen Situation relativ schnell an, weil ich ständig an das Ziel denke. Ich will unter allen Umständen das Ziel erreichen und schneller als im Jahr 2001 sein. Dieser Gedanke beflügelt mich und ich laufe weiter, als hätte es nie eine Begleitung für mich gegeben. Ohne Magenprobleme, ohne große mentale Tiefs und ohne Einbruch laufe ich Stunde um Stunde. Doch das Unglaubliche an dieser Geschichte kommt noch: Rudolf und ich treffen uns schließlich bei Kilometer 95, fünf Kilometer vor dem Ziel, wieder. Damit haben wir noch die Möglichkeit, zusammen durch das Ziel zu laufen beziehungsweise zu fahren. Nach 11 Stunden und 56 Minuten überqueren wir beide glücklich die Ziellinie. Eine Frage bleibt noch offen: Warum haben wir uns erst kurz vor dem Ziel wiedergefunden? Keine Ahnung, wir konnten nicht mehr nachvollziehen, wie wir uns verpasst hatten. Das wird wohl immer ein Geheimnis bleiben.

Bei diesem Lauf habe ich sehr viel für meine folgenden Rennen gelernt. Ich lernte, dass nicht immer alles nach Plan läuft. Ich lernte, dass man in der Vorbereitung auch unvorhersehbare Ereignisse in Erwägung ziehen muss. Ich lernte, wie ich auf neue Situationen reagieren kann, indem ich mich einfach flexibel verhalte.

Flexibilität ist eine besonders wichtige Eigenschaft – im Sport wie im Leben. Es ist die Fähigkeit, sich an veränderte Situationen anzupassen. Oder anders ausgedrückt: Flexibilität ist die Bereitschaft, mit Veränderungen umzugehen. Dieser Fertigkeit kommt in der heutigen Zeit, insbesondere im Berufsleben, ein immer höherer Stellenwert zu. In fast jeder Stellenausschreibung ist zu lesen, dass ein Mitarbeiter „Flexibilität mitbringen" muss. Im Prinzip eine Selbstverständlichkeit, oder? Wie will man denn bitte einen Kunden individuell betreuen, wenn man als Verkäufer nicht flexibel auf dessen Bedürfnisse reagieren kann? Wie kann die Geschäftsleitung ein Unternehmen erfolgreich führen, wenn sie nicht in der Lage ist, auf die Entwicklungen des Marktes flexibel zu reagieren? Wie kann man Kinder erziehen, wenn man nicht ganz flexibel mit ihren Bedürfnissen umgeht?

Warum verhalten sich dennoch so viele Menschen unflexibel und starr wie ein Betonklotz und beharren lieber auf ihrem Status quo? Weil Flexibilität immer mit Veränderungen einhergeht. Und genau hier liegt für mich der entscheidende Punkt. Denn wie viele Menschen sind gerne bereit, gerne Veränderungen in Kauf zu nehmen? Die allerwenigsten, oder? Warum soll man denn bitte eine neue Stelle annehmen, wenn man einen sicheren Job hat? Wieso soll man in ein fremdes, unbekanntes Land ziehen, wenn man es daheim in den eigenen vier Wänden so bequem hat? Das Bedürfnis nach Sicherheit ist, gerade in Deutschland, sehr ausgeprägt und steht dem Wunsch nach Veränderung entgegen.

Ein weiterer Faktor, der gegen eine Veränderung spricht, ist die Angst. Ängste und Zweifel sind riesengroße Erfolgsverhinderer. Warum hat man überhaupt Angst? Angst entsteht nur durch mangelndes Wissen oder fehlende Erfahrung. Das bedeutet im Umkehrschluss: Wir müssen uns „nur" das entsprechende Wissen oder die entsprechende Erfahrung aneignen, damit die Angst verschwindet. Richtig? Jeder Mensch hat Angst vor irgendetwas. Das ist doch normal. Was glauben Sie, wie viel Angst ich vor dem Jungle Marathon hatte? Normalerweise besitze ich immer eine große Portion Respekt, wenn ich vor einem großen Laufprojekt stehe, aber beim Jungle Marathon waren es teilweise wirklich Ängste. Nicht wegen der Anzahl der Kilometer oder der anspruchsvollen Strecke, sondern wegen der Umgebung. Bei diesem Lauf kann dir wirklich etwas zustoßen, ohne dass du direkten Einfluss darauf hast. Wenn du mitten im Dschungel auf einen Jaguar triffst oder dich eine Schlange beißt, dann ist der Ausgang dieser Situation nicht mehr von dir alleine abhängig. Das Abschneiden bei diesem Rennen hing also nicht mehr nur von meinen läuferischen, körperlichen und mentalen Fähigkeiten ab, sondern auch von solchen, die ich nicht unmittelbar beeinflussen konnte. Und das machte mir Angst.

Entscheidend ist aber nicht, ob wir Angst haben, sondern wie wir mit unserer Angst umgehen. Wir haben dabei nur zwei Möglichkeiten: Wir können der Angst ausweichen, was zur Folge hat, dass diese immer größer wird. Oder wir können uns der Angst stellen und dadurch persönlich wachsen und uns weiterentwickeln. Auch wenn damit das Risiko verknüpft ist, dass wir Fehler machen und Rückschläge überwinden müssen. Tun Sie genau das, wovor Sie die größte Angst haben, und Sie werden dadurch am meisten profitieren. Wenn Sie beispielsweise Angst haben, vor einer Gruppe zu sprechen, dann tun Sie genau das. Machen Sie es einmal, zweimal, dreimal … Je häufiger Sie sich dieser Angst stellen, umso kleiner wird sie. Oder wenn Sie Angst haben, auf andere Menschen zuzugehen, dann sprechen Sie so oft wie möglich einen für Sie fremden Menschen an. Oder wenn Sie Angst haben, alleine in ein fremdes Land zu reisen, dann tun Sie genau das. Da spreche ich wieder aus eigener Erfahrung. Im Jahr 2001 beschloss ich zum ersten Mal, im Rahmen eines Auslandssemesters alleine für längere Zeit ins Ausland zu gehen. Ich war Anfang zwanzig, hatte gerade mein Abitur gemacht und stand am Beginn meines Studiums. Bis zu diesem Zeitpunkt hatte ich noch nie in einem Flugzeug gesessen. Außer auf Kurzreisen innerhalb Europas hatte ich noch nichts von der Welt gesehen. Länger als zwei Wochen am Stück war ich bis dato noch nie von zu Hause weg gewesen. Mein Englisch befand sich in einem katastrophalen Zustand, doch ich wollte unbedingt für drei Monate nach Toronto, an die Ostküste Kanadas. Als ich die Reise buchte, freute ich mich richtig darauf, doch je näher der Abflug nach Kanada kam, umso aufgeregter und nervöser wurde ich. Um ehrlich zu sein: Ich hatte richtig Schiss! In mir machte sich enorme Angst breit, als ich mich von meinen Eltern am Flughafen verabschiedete und alleine in den Flieger stieg. Doch als ich nach drei Monaten wieder nach Hause kam, war ich wie ausgewechselt. Ich traute mir auf einmal Dinge zu, die ich zuvor niemals getan hätte. Durch die neuen Lebenserfahrungen in Kanada war ich einfach selbstbewusster und selbstsicherer geworden. Diese drei Monate gehörten sicherlich zu den wichtigsten Erfahrungen, die ich in meinem Leben bisher machen durfte. Immer, wenn ich ins kalte Wasser gesprungen bin, immer, wenn ich neue Erfahrungen erleben durfte, immer, wenn ich Veränderungen in Kauf nahm, habe ich mich in meinem Leben am stärksten weiterentwickelt und am meisten dazugelernt.

Lassen auch Sie sich auf Veränderungen ein, probieren Sie neue Dinge aus und setzen Sie sich bewusst unbekannten Situationen aus. Das müssen keine extremen sportlichen Abenteuer oder langen Reisen sein. Häufig sind es schon die alltäglichen Dinge, bei denen wir anfangen können. Lassen Sie morgen einmal Ihr Auto in der Garage und nehmen stattdessen das Fahrrad oder den Bus. Verbringen Sie jeden zweiten Tag mit einem Kollegen die Pause, den Sie noch nicht kennen. Machen Sie einen Ausflug, ohne vorher genau zu wissen, wohin. Solche Erfahrungen machen das Leben einfach lebenswerter.

Sei verrückt, denn Normalsein ist doch langweilig

Ist Individualität für Sie etwas Positives? Oder doch eher negativ behaftet? Wie sieht es mit dem Begriff „verrückt" aus – positiv oder negativ? Ein gesundes Maß an Individualität halte ich für vollkommen in Ordnung. Darunter verstehe ich, ein wenig anders als die meisten Menschen zu sein und sein eigenes Leben zu leben, anstatt sich an äußeren Erwartungen zu orientieren und anderen Menschen anzupassen. Auch und gerade wenn man ein wenig aus dem Rahmen fällt. Denn ich glaube, dass man nicht erfolgreich werden kann, wenn man immer nur „ganz normal" ist und mit dem Mainstream mitschwimmt. Das soll jetzt kein Aufruf zur absoluten Selbstdarstellung werden und ich möchte auch nicht Individualität um jeden Preis propagieren. Mir geht es darum, einfach ich selbst sein zu können, auch wenn man dadurch nicht immer in ein gängiges Gesellschaftsraster passt. Extremsportler ist sicherlich kein Beruf, den man im Katalog beim Arbeitsamt findet. Doch leider werden wir schon von Kindesbeinen an zum Schwimmen im gleichförmigen „Gesellschaftsstrom" getrimmt. Bloß nicht anders sein und auffallen! „Lerne doch etwas Normales und Solides", sagt die Mutter zu ihrem Sohn. Doch ist das „Normale" immer auch das Beste für einen? Wie viele Menschen haben fantastische Fähigkeiten und außergewöhnliche Interessen, die nicht in ein gängiges Berufsprofil passen? Ein Freund von mir interessiert sich schon von Kindesbeinen an für Haie. Er findet diese Tiere ungemein faszinierend und wollte damit irgendwie seinen Lebensunterhalt bestreiten. Er eignete sich mit der Zeit enormes Wissen über Haie an. Doch hier in Deutschland gibt es nicht so viele Möglichkeiten, mit Haien in freier Wildbahn zu arbeiten. Was machte mein Kumpel? Er wanderte vor ein paar Jahren nach Südafrika aus, wo er nun an einer Forschungsstation für Haie arbeitet. Doch mir geht es nicht nur um den beruflichen Bereich. Wie viele Menschen haben außergewöhnliche Träume und verrückte Wünsche? Vielleicht möchte der eine oder andere Leser einmal mit dem Rad um die Welt fahren. Der nächste will einmal nackig mit dem Cabrio durch Berlin fahren. Ein anderer wollte schon immer einmal mit dem Pferd durch die Mongolei reiten. Als ich am vergangenen Wochenende beim Radiosender RPR1 in Koblenz für ein Interview war, lernte ich eine Familie kennen, die im letzten Jahr mit einem Oldtimer von Deutschland aus nach Jordanien gefahren ist. Über 7.000 Kilometer in elf Tagen – mit einem Oldtimer! Wie abgefahren ist das denn! Welche verrückten Träume haben Sie? Welche ausgefallenen Dinge wollten Sie in Ihrem Leben schon immer einmal tun?

Individuell und auch ein wenig verrückt zu leben, bedeutet für mich auch, dass ich mich nicht mehr darum kümmere, was andere über mich denken. Ich lebe mein Leben, so wie ich es für richtig halte. Punkt. Dazu stehe ich. Jetzt wird der eine oder andere vielleicht sagen: „Was für eine egoistische Einstellung! Hat der denn keine soziale Ader?“ Meine einzige Voraussetzung ist, dass ich mit meinem Verhalten anderen Menschen nicht schade oder sie nicht verletze. Bei meinen Vorträgen erlebe ich immer wieder die unterschiedlichsten Reaktionen in Bezug auf meinen Lebensweg und meinen Beruf als Extremsportler. Die einen sprechen mir offen ihre Bewunderung aus, andere wiederum reagieren mit Aussagen wie: „Der ist doch verrückt! Das ist doch nicht mehr normal, was der so alles treibt.“ Soll ich Ihnen etwas verraten? Solche Aussagen bestätigen mich umso mehr, dass ich auf dem richtigen Weg bin. Das Schlimmste, was mir einer sagen kann, ist: „Du bist ein toller Durchschnittstyp!“ Es gibt zwei Punkte, die man im Leben niemals miteinander vereinbaren kann: Persönlichen Erfolg zu haben und es jedem recht machen zu wollen. Das ist unmöglich. Es gibt Menschen, die wollen es jedem recht machen und von jedem geliebt werden. Sie passen sich lieber der Gesellschaft und den vorherrschenden Normen an, als ihren eigenen Weg zu gehen. Auch wenn sie aus tiefstem Herzen ganz anders sein wollen. Damit werden sie keinen Erfolg haben.

Während meiner sechswöchigen Neuseeland-Reise im Jahr 2004 lernte ich Nick aus Portland kennen. Ich kam gerade in Wellington, der Hauptstadt Neuseelands, an, betrat die Jugendherberge und da stand er an der Rezeption. Es entwickelte sich gleich ein interessantes Gespräch. Ich fand ihn auf Anhieb sympathisch und wir reisten die kommenden Wochen zusammen. Nick war Manager bei einem großen namhaften Computerkonzern in den USA gewesen. Über Jahre, tagein und tagaus, übte er diesen gut bezahlten Job aus, um den ihn viele Menschen beneiden würden. Er erzählte mir, wie er durch die halbe Welt reiste, wenn es ihm sein Chef befohlen hatte. Im korrekten Businessoutfit, ganz brav mit Anzug und Krawatte trat er bei den Kunden auf und führte seine Projekte zu größter Zufriedenheit des Unternehmens aus. Er war überall beliebt und genoss großes Ansehen. Es schien nur noch eine Frage der Zeit, bis er noch eine weitere Stufe in der Karriereleiter nach oben stieg. Doch er selbst fühlte sich immer unwohler in seiner Haut. Er spürte, dass er einen Weg eingeschlagen hatte, der für ihn immer mehr in eine Sackgasse mündete. Wie ein Gefangener im Gefängnis „Gesellschaft" fühlte er sich. All die Jahre ist ihm etwas ganz Wesentliches immer mehr abhanden gekommen: seine Individualität, seine Freiheit und seine Selbstbestimmung. Dann traf er eine Entscheidung, die sein ganzes Leben auf den Kopf stellte: Er kündigte den Job, verkaufte sein Haus und seine gesamten Güter, die er besaß, und reiste durch die Welt. Dieses Mal als freier Mann. Er stieg in ein Flugzeug und flog dorthin, wo es ihm gefiel. Er lebte mehrere Monate in Brasilien. Dann zog es ihn weiter nach Australien. Es folgten Aufenthalte in Indonesien, Malaysia, Thailand, bis er schließlich nach Neuseeland flog. Er besaß keine konkreten Pläne für seine Zukunft. Dort, wo es ihm gefiel, blieb er. Wenn es ihm irgendwo nicht mehr zusagte, dann reiste er einfach weiter. Einige Leser höre ich an dieser Stelle sagen: „Der ist doch verrückt. Wie kann er bloß? Was soll aus dem einmal im Alter werden?" Ich nenne das ein selbstbestimmtes und individuelles Leben. Nick ist für mich ein absolut positiv Verrückter. Er hat es geschafft, auf seine innere Stimme zu hören und sein eigenes Leben zu leben. Ich behaupte: Genau diese Andersartigkeit und dieses „Nicht-Mitschwimmen-im-Gesellschaftsstrom" sind es, was die Menschen an solchen Typen fasziniert. Mal ehrlich: Wen würden Sie eher kennenlernen wollen? Einen „verrückten", weltoffenen Menschen, der monatelang um die Welt reist, sich mit Gelegenheitsjobs über Wasser hält, interessante Menschen aus der ganzen Welt kennenlernt und Landschaften gesehen hat, von denen Sie nicht einmal zu träumen wagen? Oder einen „normalen" Menschen, der immer ganz brav von 9 Uhr bis 17 Uhr seinen Job erledigt, nach Hause fährt, sein Abendbrot zu sich nimmt und dann den Abend vor den Fernseher verbringt? Typ „Verrückt“ oder Typ „Normal“?

Ich finde es ehrlich gesagt auch langweilig, wenn man ganz normal ist und jedem gefallen möchte. Wo liegt das Problem, wenn man ein bisschen verrückt und individuell ist? Vielleicht entdecken Sie ja auch in sich selbst eine kleine verrückte Seele? Solange man anderen Menschen dabei keinen Schaden oder irgendwelche Schmerzen zufügt, ist es doch schön, ein paar verrückte Eigenschaften in sich selbst zu entdecken. Viele erfolgreiche Menschen haben doch gewöhnlich einen Tick. Einen Tick im positiven Sinn.

Ein Paradebeispiel dafür ist für mich Rüdiger Nehberg, „Mister Survival“. Ich hatte die Ehre, ihn schon ein paar Mal live in einem Vortrag erleben zu dürfen. Sein Werdegang, von einem Bäcker zu einem der bekanntesten Abenteurer unserer Zeit, beeindruckt mich ungemein. Und vor allem seine Erlebnisse sind außergewöhnlich: Er marschierte beispielsweise wochenlang zu Fuß alleine durch den Amazonas-Regenwald und ernährte sich dabei ausschließlich von Pflanzen und Tieren des Urwaldes. Oder er durchquerte afrikanische Wüsten oder fuhr mit einem selbstgebauten Floß über den Atlantik. Einige Menschen würden ihn sicherlich als verrückt abstempeln. Für mich ist er ein ungemein intelligenter, humorvoller, sozial eingestellter Mensch, der einfach seine Abenteuer und Träume auslebt. Er lebt sein Leben und kann dies auch sehr authentisch vermitteln. Rüdiger Nehberg ist einfach ein Mensch mit Ecken und Kanten. Und genau darauf kommt es an: sich nicht immer anzupassen, sondern auch einmal anzuecken. Nicht jeder muss gleich ein Extremsportler sein oder ein zweiter Rüdiger Nehberg werden. Man muss auch nicht um jeden Preis anders sein. Doch manchmal kann ein wenig „Verrücktsein“ nicht schaden.

Deshalb: Leben Sie ruhig Ihre Träume, auch wenn diese aus dem Rahmen fallen. Nicht was die Gesellschaft, andere oder Ihre Freunde von Ihnen erwarten, ist entscheidend. Entscheidend ist, einfach man selbst zu sein und sein eigenes Leben nach seinen Vorstellungen zu leben, auch wenn es für Außenstehende ein wenig verrückt erscheint. Nur darauf kommt es an. Das ist manchmal nicht einfach, gerade wenn es um alltägliche Dinge geht. Das musste ich schon am eigenen Leib erfahren. Wenn ich beispielsweise nach meinem Beruf gefragt werde, dann antworte ich gewöhnlich: Extremläufer und Vortragsredner. Im Rahmen von Vorträgen und Interviews ist das nicht weiter tragisch, denn dort verstehen es gewöhnlich die Menschen. Aber wenn ich ab und an mit Behörden zu tun habe, kann man schon einmal auf Unverständnis stoßen und in Erklärungsnot kommen. Manche Menschen können sich einfach nicht vorstellen, dass man als Extremsportler und Redner seine Brötchen verdient. Wäre ich stattdessen Maurer, Bankkaufmann oder Elektriker von Beruf, wäre es manchmal sicherlich einfacher. Aber diesen Preis bezahle ich gerne.

Vom Einzelkämpfer zum Teamplayer

Wodurch zeichnet sich ein Abenteuer aus? Sicherlich durch den Faktor „Unbekannt". Wohl auch durch das Risiko, das man eingeht. Und ganz sicher durch das Verlassen des gewohnten Umfeldes und der persönlichen Komfortzone. Genau das reizte mich, einmal ein selbstorganisiertes Laufabenteuer durchzuführen. Nachdem ich mit der Zeit einige der anspruchsvollsten (organisierten) Ultraläufe in der ganzen Welt erfolgreich bestritten habe, wollte ich etwas Neues ausprobieren: eben einen selbstorganisierten Lauf. Dabei wollte ich nicht irgendwo laufen, sondern in einer der für mich landschaftlich reizvollsten Umgebungen der Erde: der Atacamawüste. Diese Wüste im Norden Chiles übt wegen ihres einzigartigen Klimas, ihrer vielseitigen Landschaft, ihrer hohen Lage und ihrer extremen Temperaturschwankungen eine große Faszination auf mich aus. Sand, Staub, Stein und Wind sind hier ständige Begleiter. Vierzig Grad ohne Schatten, null Prozent Luftfeuchtigkeit und hundert Prozent Stille. Diese extremen Bedingungen haben mich für ein außergewöhnliches Laufabenteuer motiviert: die Atacama Challenge. Von diesem Abenteuer träumte ich schon lange. Im Februar 2009 wurde daraus schließlich ein konkretes Ziel. Ich wollte 600 Kilometer in vierzehn Tagen durch diese Wüste laufen. Das bedeutet vierzehn Marathondistanzen an vierzehn aufeinanderfolgenden Tagen. Ich bin zuvor noch nie so weit gelaufen. Meine Erfahrungen in Bezug auf Etappenrennen beschränkten sich auf den IsarRun und den 100-Meilen-Lauf im Himalaya, wo ich jeweils fünf Tage am Stück gelaufen bin. Dies wird also eine ganz neue Erfahrung für mich, körperlich wie mental. Doch ich brauche solche Herausforderungen und Abenteuer, sie bedeuten für mich Wachstum und Weiterentwicklung. Sie sind für mich die Essenz des Lebens.

Schon die Anreise nach Chile ist ein Abenteuer für sich gewesen. Kaum haben wir uns am Frankfurter Flughafen eingefunden, wird uns mitgeteilt, dass unser Flug wegen der Aschewolke über Island ausfällt. Sch…, das darf doch wohl nicht wahr sein. Mein Herz ist mir fast in die Hose gerutscht. Selbst die beste organisatorische Vorbereitung kann solch einen Zwischenfall nicht verhindern. Glücklicherweise erhalten wir einen Ersatzflug über Sao Paulo nach Santiago, sodass wir nur mit knapp sechs Stunden

Verspätung in Chile ankommen. Wenn ich von „wir" rede, dann meine ich meine beiden Freunde Christian Frumolt und Benjamin Opferkuch, die mich bei diesem Abenteuer begleiten und eine ganz wesentliche Rolle spielen. Von ihnen wird noch häufiger die Rede sein.

Ein paar Tage später befinden wir uns in eine der trockensten Städte der Welt: Calama, im hohen Norden Chiles. Eine abgelegene Schotterpiste, ein paar Kilometer südlich von Calama, stellt den Startpunkt des Laufs dar. Ich bin froh, hier sein zu dürfen. Es herrscht eine entspannte Atmosphäre: keine anderen Läufer, keine Zuschauer, kein Gedränge, keine Hektik, keine Musik. Nicht die übliche Startprozedur wie bei großen Laufveranstaltungen. Nein, ganz entspannt stehe ich hier am Rande der Wüste und freue mich, dass ich gleich loslaufen darf. Und zwar ganz alleine. Ein Gefühl der Freiheit macht sich in mir breit. Christian und Benjamin zählen von zehn rückwärts und dann geht es endlich los: 600 Kilometer, über 6.000 Höhenmeter, vierzehn Tagesetappen durch eine der trockensten und beeindruckendsten Landschaften der Erde liegen vor mir. Nach einigen Minuten bin ich schon völlig alleine. Außer der endlosen Weite der Atacamawüste gibt es nichts um mich herum. Sand und Schotter, so weit das Auge reicht. In der Ferne kann ich die prächtigen, mit Schnee bedeckten Gipfel der Anden ausmachen. Eine Kulisse, wie gemalt. Ich genieße die Ruhe um mich. Es herrscht eine Stille, wie ich sie zuvor noch nie erlebt habe. Nur das Auftreten meiner Laufschuhe auf der staubigen Piste nehme ich wahr. Zwei Elemente bestimmen die heutige und auch die folgenden Etappen: die Weite der Wüste und das tiefe Blau des Himmels. Keine einzige Wolke bedeckt ihn. Ein Szenario, wie ich es mir zigfach während meiner mentalen Vorbereitung ausgemalt habe. Da wir Mitte Mai haben, also fast schon chilenischen Winter, sind die Temperaturen nicht ganz so heiß. Angenehme 27 Grad zeigt das Thermometer an. Dass sich das Wetter und die Temperaturen hier sehr schnell verändern können, sollen wir noch des Öfteren am eigenen Leib erfahren. Ich genieße die ersten Stunden des Laufens und des Alleinseins. In einem sehr verhaltenen Tempo, sechs Minuten pro Kilometer, bin ich unterwegs. Ökonomisch und kräfteschonend, lautet meine Devise, denn nach dem heutigen Tag liegen noch weitere dreizehn Etappen vor mir. Mein Atem geht ruhig und gleichmäßig und trotz der warmen Temperaturen schwitze ich überhaupt nicht. Keinen einzigen Tropfen Schweiß kann ich auf meiner trockenen Haut ausmachen. Trotzdem nehme ich alle paar Minuten ein paar Schlucke aus meiner Trinkblase, die gut verpackt in meinem kleinen Laufrucksack liegt. Doch auch die ersten technischen Mängel offenbaren sich gleich zu Beginn dieses Abenteuers: Unsere Funkgeräte funktionieren nicht und dies stellt uns vor ein ernsthaftes Problem. Wie sollen wir uns in der Wüste verständigen beziehungsweise nach außen kommunizieren können? Christian und Benjamin befinden sich immer in überschaubaren Abständen vor oder hinter mir, sie können jedoch nicht permanent neben mir herfahren. Deshalb beschließen wir, die Intervalle, an denen wir uns treffen, zu verkürzen. In Abständen von sieben bis zehn Kilometern wartet mein Team auf mich. Dann kann ich nicht nur meinen Flüssigkeits- und Energievorrat wieder auffüllen, sondern auch die weitere Route und Taktik besprechen. Diese gemeinsamen Momente sind enorm wichtig, denn schließlich laufe ich die meiste Zeit völlig alleine. Unser Geländewagen ist voll beladen: Kleidung für jedes Wetter, über hundert Litern Wasser, sechs Ersatzkanister mit insgesamt 120 Liter Benzin, Reserveräder, GPS-Gerät, Kartenmaterial sowie Dutzende Energieriegel, Konserven und Essensvorräte stellen nur einen kleinen Teil unserer Ausrüstung dar. Auf der breiten Schotterpiste komme ich gut voran. Gleichmäßig spule ich Kilometer für Kilometer ab – wie ein Schweizer Uhrwerk. Ich freue mich jedes Mal riesig, wenn ich in der Ferne den großen Toyota meines Teams sehe. Dort werden mich wieder aufmunternde und motivierende Worte erwarten. Christian kommt mir schon entgegengelaufen, mit seiner großen Kamera bewaffnet. Er ist professioneller Fotograf und seine Aufgabe in diesem Projekt ist es, dieses zu dokumentieren und in Bild und Ton festzuhalten. Vor sieben Jahren haben wir uns auf einer Weinplantage in Australien kennengelernt. Er zählt zu meinen besten Freunden und begleitet mich bei vielen meiner Abenteuer. „Alles okay bei dir?“, fragt er mich. „Aber hallo“, gebe ich ihm gutgelaunt zurück. Wir laufen die letzten Meter bis zum Auto zusammen. Dort begrüßt mich Benni, der mir seine Hand zum Abklatschen hinhält. Ihn kenne ich über Christian. Benjamin ist angehender Unternehmer und während dieses Abenteuers primär für das Auto und die Navigation verantwortlich. Er spricht fließend spanisch, was für uns hier einen unbezahlbaren Vorteil darstellt. „Willst du etwas trinken oder gleich etwas essen?“, fragt mich Benjamin. Zuvor hat er schon mein Zelt aufgeschlagen und mir meine Wechselklamotten hergerichtet. Solche Gesten sind für mich ungemein hilfreich, denn wenn du nach einem Marathon oder mehr in solch einer Region ins Ziel kommst, bist über jeden Handgriff froh, den du nicht selber machen musst. Am Ende von Tag eins zeigt meine Laufuhr 44 Kilometer an. Dies ist ein sehr guter Start für mich und mein Team in dieses Rennen.

Ein Höhepunkt bei diesem Abenteuer ist es, jeden Abend die Lageratmosphäre inmitten dieser sagenhaften Kulisse zu genießen. Einfach nur da zu sein, in der Wüste zu sitzen, die Umgebung bewusst wahrzunehmen und jedes Detail in sich aufzusaugen: die beeindruckende Andenkette mit ihren schneebedeckten Gipfeln, die wechselnden Farbnuancen am Himmel oder den eindrucksvollen Sternenhimmel. Es stellt für mich ein Stück Freiheit dar, hier in einer der reizvollsten Landschaften der Erde sein zu dürfen. Kein Geld der Welt kann solch einen Moment ersetzen. Die Nudeln mit Thunfisch und Gurken sowie die Aprikosen aus der Dose schmecken wie ein Fünf-Gänge-Menü in einem Nobelrestaurant. Genau diese Einfachheit empfinde ich als absolutes Privileg. Man braucht im Leben nicht viel, um glücklich zu sein. Kein Handy, keinen Computer, keinen Fernseher, keine materiellen Dinge und keine Luxusgüter. Das wird mir bei diesem Abenteuer wieder auf das Neue bewusst. Wir sitzen einfach nur auf unseren Klappstühlen, weit weg von jeglicher Zivilisation, unterhalten uns und genießen die traumhafte Umgebung, in der wir uns befinden. Das bedeutet für mich Glück.

Eines bekommen wir auch sehr schnell zu spüren. Sobald es dunkel ist, sinken die Temperaturen drastisch. Einstellige Minusgrade begleiten uns in den Nächten. Das bedeutet, dass wir ab 18:00 Uhr unsere Winterkleidung anziehen und relativ schnell in unseren warmen Schlafsack schlüpfen. Über mein Zelt spanne ich bewusst kein Dach, um die unzähligen Sterne am Himmel begutachten zu können. Es scheint am ganzen Himmel zu funkeln. Ein wahnsinniger Anblick, der mich beruhigt in meine Träume sinken lässt.

Auf dem ersten Teilstück der Atacama Challenge ist es unser Ziel, von Calama über die Wüstenoasen Chiu Chiu und Caspana nach El Tatio zu laufen. Dort wollen wir einen Abstecher zu den gleichnamigen Geysiren machen und anschließend weiter nach San Pedro de Atacama laufen. Für diese knapp 200 Kilometer lange Strecke haben wir fünf Tage veranschlagt. Fünf Tage, vor allem wegen der zu überwindenden Höhe. Wir starteten auf knapp 2.200 Metern in Calama und werden bereits am dritten Tag auf fast 4.500 Metern sein, sofern alles nach Plan läuft. Doch zuvor heißt unser Ziel auf der zweiten Etappe: Caspana. Fast 1.000 Höhenmeter gilt es bis dorthin zu bewältigen. Nach 32 Kilometern erreichen wir diesen reizvollen und total abgeschiedenen Ort inmitten der Wüste. Ich traue zunächst meinen Augen nicht. Das ist ja wie im Paradies, schießt es mir durch den Kopf. Kontrastreicher hätten die Landschaften nicht sein können. Von der öden, monotonen und trockenen Sand- und Schotterpiste laufe ich in ein Tal, das sich durch saftig grüne Wiesen, eine reiche Vegetation und einen rauschenden Bach auszeichnet. Caspana, ein idyllisches 400-Einwohner-Dorf, erscheint wahrhaftig aus dem Nichts. Hier scheint die Zeit still gestanden zu sein. Den Ortskern bilden einzelne Lehmhütten. Sogar ein archäologisches Museum beinhaltet das kleine Andendorf. Wie Außerirdische werden wir von den wenigen Einwohnern betrachtet. Die Menschen sehen zufrieden aus. Ein schüchternes Lächeln huscht den meisten über das Gesicht. Hektik, Stress und Verkehr scheinen sie nicht zu kennen. Ein leckeres Abendessen mit den gastfreundlichen Hausherren rundet diesen ereignisreichen Tag ab. Wir genießen den Luxus, seit Tagen wieder die erste Dusche zu bekommen und in einem einfachen, aber komfortablen Bett schlafen zu dürfen.

Mein Lauftempo wird immer langsamer und die Kraftanstrengung immer größer. Ich laufe schon auf einer Höhe von 3.200 Metern. Doch es geht noch höher. Das Etappenziel heißt El Tatio bei den weltbekannten Geysiren, die auf knapp 4.300 Metern Höhe liegen. Eine lange, leicht ansteigende Sandpiste bildet den Untergrund. Und diese Piste scheint kein Ende zu haben. Der sanfte Wind bläst mir den feinen Staub direkt ins Gesicht und meine Zunge fühlt sich an, als läge sie in einem riesigen Sandkasten. Selbst in dieser unglaublichen Weite bekommst du einen Tunnelblick und siehst nur einen winzigen Ausschnitt aus dieser gewaltigen Wüste. Mein Fokus richtet sich immer nur auf den jeweils nächsten Schritt. Ich bin nur im Hier und Jetzt. Alles andere ist in diesem Moment ausgeblendet. Meter für Meter komme ich höher und die Luft wird immer dünner und kälter. Eine gewisse Monotonie macht sich in mir breit. Nichts als endlose Sand- und Schotterebenen umgeben mich. Ab und an tauchen trostlos erscheinende Büsche auf. An welchem Punkt warten wohl Christian und Benjamin auf mich? Plötzlich bewegt sich aus der Ferne etwas auf mich zu. Immer schneller und schneller. Was ist das denn bitte? Als es näherkommt, erkenne ich, dass ein schwarzer, gefährlich aussehender Hund auf mich zustürmt. Wo kommt der denn her? Hier wohnt doch niemand? Und vor allem: Was will der von mir? Glücklicherweise stellt sich der Vierbeiner als brav heraus und weicht vorerst nicht mehr von meiner Seite. Ich bin dankbar über diese gesellige Abwechslung. Er scheint mich beschützen zu wollen und läuft immer ein paar Meter voraus, um danach voller Begeisterung wieder zu mir zurückzukommen. Mir kommt es vor, als hätte er nur selten Kontakt zu Menschen. Umso mehr freut er sich, als er mich auf meinem Weg ein Stück begleiten kann. Doch so schnell der Hund aufgetaucht ist, genauso schnell verschwindet er wieder.

Die Anstiege nehmen immer mehr zu. An ein Lauftempo ist nicht mehr zu denken – Gehpassagen dominieren meinen Rhythmus. Ich komme immer schneller außer Atem und muss kurze Pausen einlegen. Mittlerweile habe ich die 4.000-Meter-Grenze überschritten. Die Luft wird immer dünner und merklich kälter. Die extremen Temperaturschwankungen stellen eines der größten Hindernisse bei diesem Abenteuer dar. In der Nacht fällt das Thermometer häufig unter Null Grad, während am Tag Temperaturen bis dreißig Grad das Laufen extrem erschweren. Mir kommt es manchmal vor, als befände ich mich nicht in der Wüste, sondern beim Yukon Arctic Ultra im eiskalten Kanada. Mit zwei Paar Handschuhen, einer warmen Wollmütze und einer Daunenjacke bewege ich mich Schritt für Schritt vorwärts. Wie das kleine, dicke Michelinmännchen komme ich mir in Anbetracht meiner drei Kleidungsschichten vor. Links und rechts des Weges liegen vereinzelt noch Schneereste. Spätestens jetzt hat der alpine Teil der Atacama Challenge begonnen. Der Wind wird immer stärker und bläst mir jetzt frontal ins Gesicht. Meine Lippen sind seit der zweiten Etappe aufgesprungen und meine Nase läuft ständig. Das trockene Klima und der viele Staub hinterlassen ihre Spuren. Wie weit ist es wohl noch?, geht es mir ständig durch den Kopf. Durch den starken Wind bemerke ich nicht einmal mehr das Begleitfahrzeug meines Teams, das von hinten an mich heranfährt. „Komm weiter. Das schaut sehr locker aus“, motivieren mich meine beiden Freunde. Dabei hätten sie genauso eine Aufheiterung gebrauchen können, denn stundenlang nur im Auto zu sitzen und bei diesen extremen Bedingungen die Zeit totzuschlagen, ist sicherlich alles andere als angenehm. Doch mir fehlt schlichtweg die Kraft dazu. Jeder Schritt ist ein Kampf gegen den Wind. Als würde ich mit angezogener Handbremse laufen, so kommt es mir vor. Ich muss mich zum Trinken immer wieder disziplinieren, denn auf 4.500 Metern benötigt mein Körper mehr Flüssigkeit. Dann endlich sehe ich die Kreuzung und das Schild mit der Aufschrift El Tatio. Das heutige Etappenziel ist damit erreicht. Ich habe exakt einen Marathon und über 1.800 Höhenmeter zurückgelegt. Dies stellt sicherlich einer meiner anspruchsvollsten Marathonläufe dar, die ich bisher bewältigt habe. Für diese Nacht finden wir glücklicherweise eine kleine Hütte, die uns vor dem orkanartigen Wind und der eisigen Kälte etwas Schutz bietet.

Doch wenn ich dachte, dass es von den äußeren Bedingungen her nicht mehr extremer werden kann, werde ich am nächsten Tag eines Besseren belehrt. Der Wind steigert sich zu einem gewaltigen Sandsturm. Außer Sand sehe ich stellenweise überhaupt nichts mehr. Ich muss immer wieder stehen bleiben, weil an Laufen einfach nicht mehr zu denken ist. Wie Tausende von Nadeln schlagen die zahllosen Sandkörner gegen mich. Mit meiner dicken Daunenjacke, meiner Winterhose, meiner Mütze und meinen Handschuhen habe ich jeden Körperteil bedeckt und schütze damit meine Haut gegen diese harten Sandkörner. Es heult und pfeift um meine Ohren. Wie lange wird der Sturm wohl andauern? Wann wird er sich wieder abschwächen? Mit zwei Kilometern an zurückgelegter Distanz in der letzten Stunde komme ich nur sehr langsam voran. Dann wird es für mich unerträglich und ich steige in das parkende Auto meines Teams. Auch Christians und Benjamins Gesichter wirken angestrengt und frustriert angesichts des starken Sandsturmes. „Willst du weiterlaufen?“, fragt mich Benjamin. „Natürlich will ich weiterlaufen“, gebe ich ihm zu verstehen. Ehrlich gesagt weiß ich in diesem Moment nur, dass ich weiterlaufen *will*. Mir ist aber unklar, wie und wann. Körperlich fühle ich mich weiterhin ausgezeichnet und wäre sofort weitergelaufen, wenn ich denn könnte. Die Wüste zeigt mir in diesem Augenblick sehr deutlich meine Grenzen auf. Mir wird schlagartig bewusst, wie klein wir Menschen gegenüber der mächtigen Natur sind. Da kannst du alle Willenskraft der Welt auf einmal aufbringen, wenn die Natur aber einen Riegel in Form eines Sturmes, Orkans, Erdrutsches oder Tsunamis davorschiebt, bist du machtlos. Ich kann vielleicht gegen mich und meinen inneren Schweinehund ankämpfen, aber nicht gegen Mutter Natur. Doch die Natur hat nur wenig später ein Einsehen und der Sturm schwächt ab, sodass ich meinen Weg fortsetzen kann.

„Was ist das denn bitte dort drüben?“, frage ich mich. Tausende und Abertausende futuristisch wirkende Gesteinsformationen liegen zu meiner rechten Seite. Sind das wirklich Steine? Bei genauerer Betrachtung erkenne ich, dass es sich um Salzkristalle handelt, die aus dem trockenen Wüstenboden ragen. Wie Tausende spitzer Dolche sehen sie aus. Der gewaltige Salar de Atacama tritt in Erscheinung. Dieser ist Chiles größter Salzsee, gut fünfmal so groß wie der Bodensee. Die Landschaft hat sich ein weiteres Mal verändert. Nachdem ich in den letzten Tagen noch alpine Verhältnisse, Canyons und Sanddünen erlebte, durchlaufe ich jetzt weites, flaches Buschland, das mich ein wenig an Australien erinnert. Nur ganz wenige, blätterlose Bäume säumen den Weg. Eine staubige Schotterpiste dient weiter als Laufuntergrund. Doch der Weg zieht sich gewaltig, ohne eine einzige Kurve verläuft er immer kerzengerade. In dieser monotonen Einöde liegt auch eine Lagune. Die Lagune Chaxa ist wahrhaft eine Oase inmitten des gewaltigen Salzsees. Unzählige Flamingos tummeln sich hier. Die Sonne verschwindet langsam, aber sicher hinter dem Horizont. Eine atemberaubende Farbenpracht am Himmel lässt mein Herz höher schlagen. Selten zuvor habe ich solch einen wunderschönen Sonnenuntergang gesehen.

Mein Wecker klingelt, wie schon gewohnt, um 5:30 Uhr. Als ich meine Stirnlampe anschalte, sehe ich ganz deutlich den Hauch meines Atems vor mir. Verdammt, ist das kalt hier! Als ich nach meiner Trinkflasche greife, stelle ich fest, dass diese gefroren ist. Mit vor Kälte zitterndem Körper steige ich mühsam aus meinem Schlafsack, um mein Frühstück einzunehmen. Fünf Brote mit Marmelade. Ich benötige jede Kalorie für diesen Lauf. Draußen wird es nur ganz langsam hell. Selten zuvor in meinem Leben habe ich mich so auf die Sonne gefreut. Ich schreie förmlich nach ihr. Für mich ist es jeden Morgen eine enorme Überwindung, in der Kälte aus meinem Schlafsack zu steigen, mein Zelt abzubauen, meine Laufutensilien zu richten, meine Laufkleidung anzuziehen, bis ich endlich startklar bin. Wie gut, dass Christian und Benjamin hier sind und mich bei diesen Aufgaben unterstützen. So kann ich mich voll und ganz auf die jeweilige Etappe konzentrieren. Als die Sonne endlich am Horizont erscheint, zittere ich immer noch am ganzen Leib und bin froh, dass ich endlich loslaufen kann. Benni und Christian bauen noch unser Lager ab und fahren dann voraus.

Ich werde immer wieder gefragt, was mir denn durch den Kopf geht, wenn ich täglich so lange laufe. Ich genieße es, die Zeit zu haben, um über viele Dinge nachdenken zu können. Dabei sind mir schon die besten Ideen gekommen. Ich denke teilweise über mein gesamtes bisheriges Leben nach, an meine Schulzeit, mein Studium, meine Familie und Freunde, an mein Unternehmen und auch an meine Zukunft. In einem anderen Moment bin ich mit meinen Gedanken wieder völlig im Hier und Jetzt. Dann nehme ich die Umgebung, die Landschaft, in der ich mich befinde, voll wahr. Sechs bis acht Stunden am Tag zu laufen, hört sich zunächst unglaublich viel an, gerade wenn man diese Leistung über zwei Wochen täglich erbringt. Doch die Zeit vergeht jeden Tag fast wie im Flug.

Ich laufe um die Kurve und sehe plötzlich das Ortsschild vor mir: Antofagasta. Daneben stehen Benni und Christian und feuern mich an. Wir haben es fast geschafft.

Wir sind fast im Ziel. Christian, Benjamin und ich fallen uns in die Arme und gratulieren uns gegenseitig zu einer tollen Leistung. Noch zwei Kilometer liegen vor uns. Als ich schließlich das Ortsschild hinter mir lasse, verschlägt es mir fast den Atem: Ich sehe das Meer! Vor mir erstreckt sich der tiefblaue Pazifische Ozean. Größer können die Kontraste gar nicht sein. Eben noch in der sandigen, staubigen Wüste und nur wenig später am marinblauen Pazifik. Überglücklich laufe ich die letzten Meter bis zum Hafen. Ich habe es tatsächlich geschafft! 600 Kilometer in vierzehn Etappen durch die Atacamawüste. Ein Traum geht damit für mich in Erfüllung. Christian, Benjamin und ich sind sprachlos, sitzen am Meer und genießen diesen wunderschönen Moment. Die warme Sonne und das Rauschen des Meeres erfüllen uns in diesem Augenblick mit einer sehr selten empfundenen Ergriffenheit.

Beim Lauf durch die Atacamawüste bemerkte ich zum ersten Mal die Bedeutung eines gut eingespielten Teams. Ohne ein gut funktionierendes Team hätte ich diesen Wüstenlauf nicht erfolgreich bewältigen können. Teamwork spielt eine entscheidende Rolle, wenn es um Projekte wie in der Atacamawüste geht. Es fing schon bei der Vorbereitung für dieses Projekt Monate im Voraus an. Unzählige Aufgaben waren zu erledigen, wie eine Webseite zu erstellen, Vorberichte zu verfassen, Pressemitteilungen zu schreiben, Flüge und Fahrzeuge zu buchen, Abstimmung mit den Sponsoren, Equipment zusammenzustellen. Dieses Projekt hatte ganz andere Dimensionen und beanspruchte viel mehr Zeit und Energie in der Vorbereitung als ein organisierter Lauf. Bei einem organisierten Etappenlauf bekommst du meistens Verpflegung, Übernachtung und den Gepäcktransport vom Veranstalter gestellt. Des Weiteren ist die Strecke markiert und genau beschrieben. Als Athlet kannst du dich voll und ganz auf dich und das Rennen konzentrieren und musst im Prinzip nur noch laufen. Bei der Atacama Challenge war dies anders. Dort existierte keine präparierte Strecke, es gab keine festen Versorgungsstationen und es kamen nur selten Übernachtungsmöglichkeiten. Der Faktor „Unbekannt“ war hier um einiges größer. Deshalb war beim Wüstenlauf eine lange Planungsphase erforderlich, die eine Person alleine gar nicht hätte bewältigen können. Wie sieht die genaue Route aus? Wo gibt es Wasser und Benzin auf der Strecke? Auf welcher Höhenlage bewegen wir uns jeweils? In welchem Zustand sind die Schotterpisten? Auf welche Weise stellen wir in der Wüste die Kommunikation sicher? Wie hoch sind die Temperaturen im Mai bei Nacht und am Tag? Was sind die Anforderungen an das Begleitfahrzeug? Benötigen wir Genehmigungen? Welche Mindestreserve an Wasser und Benzin müssen wir zu jeder Zeit dabei haben? Ist ein Training in der Höhenkammer erforderlich? Fragen über Fragen. Die Beantwortung dieser Fragen setzte Teamwork voraus.

In der Wüste wäre ich ohne eine adäquate Versorgung, den Transport der Ausrüstung und all die aufmunternden und motivierenden Worte nicht weit gekommen. Eigene Ansprüche der Teammitglieder wurden zurückgestellt und man konzentrierte sich auf die gemeinsamen Interessen und den erfolgreichen Ausgang des Projekts. Das bedeutete, dass Christian und Benjamin oft stundenlang geduldig an einem Standort ausharrten, bis ich zu ihnen in meinem Lauftempo aufschloss. Sie hätten in dieser Zeit auch die Landschaft auf eigene Faust erkunden oder sich einfach nur entspannen können. Das bedeutete auch, dass mein Team häufig Aufgaben wie Zeltabbauen oder Lageraufbauen übernahm, die auch in meinen Bereich fielen, von mir aber wegen Erschöpfung nicht mehr ausgeführt werden konnten. Benni und Christian waren in der Wüste für mich Freunde, Motivatoren, Seelentröster, Zuhörer, Logistiker, Fahrer und Köche in einer Person.

Ein wichtiger Punkt bei solchen Projekten ist natürlich jedes Mal die Dokumentation. Für die Auswertung des Projektes in den Medien und für meine Vorträge benötige ich qualitativ hochwertiges Bild- und Videomaterial, durch das ich meinen Lebensunterhalt bestreite. Da ist es für mich entscheidend, mit Christian einen Partner an meiner Seite zu wissen, der intuitiv meine Bedürfnisse erkennt und die jeweiligen Situationen und Ereignisse wie selbstverständlich foto- und filmtechnisch festhält.

Natürlich waren nicht die gesamten zwei Wochen über nur Friede, Freude, Eierkuchen. Das funktioniert nicht, wenn man 24 Stunden lang in der Wüste bei extremen Bedingungen ununterbrochen zusammen ist. Dann treten auch Meinungsverschiedenheiten auf. Das ist ganz normal und gut so. Wenn man zu allem Ja und Amen sagt, kann man in meinen Augen nicht von Teamspirit sprechen. Ich erinnere mich noch gut an den Abend in San Pedro de Atacama. Wir hatten gerade die fünfte Etappe absolviert und einen Stopp in diesem reizvollen Wüstendorf eingelegt. Christian und Benjamin hatten Bedenken wegen der weiteren Streckenführung. Unsere Funkgeräte hatten schon nach den ersten Etappen ihren Geist aufgegeben und damit standen wir vor einem ernsthaften Problem. Zudem befand sich auf unserem GPS-Gerät nicht die Karte, die wir für den weiteren Streckenverlauf dringend benötigten. Ihrer Meinung nach war die geplante Route ohne dieses Equipment zu gefährlich. Ohne Frage, wir befanden uns in einer kritischen Situation. Wir hatten eine enorm wichtige Entscheidung zu fällen, die den weiteren Verlauf dieses Projekts erheblich beeinflusste. Den ganzen Abend besprachen wir sehr intensiv die möglichen Alternativen. Zum ersten Mal während des Laufs saßen wir über mehrere Stunden zusammen und diskutierten miteinander. Dabei kamen auch Themen zur Sprache, die sich in den ersten Tagen des Laufs angestaut hatten. Dieses Gespräch in San Pedro de Atacama stellte sicherlich den wichtigsten Tag während des gesamten Projekts dar. An diesem Abend wurde mir klar, dass wir ein gutes Team sind, dass wir menschlich zueinander passten, dass wir offen und ehrlich auch über unangenehme Dinge sprechen konnten, faire Diskussionen führten und auch bei wichtigen strategischen Entscheidungen weiter an einem Strang zogen. Nach sorgfältiger Recherche vor Ort kamen wir auf eine neue Route, die von der Distanz fast identisch mit der alten war, jedoch um einiges berechenbarer erschien als die ursprüngliche Strecke. Gemeinsam kommunizieren, gemeinsam diskutieren und gemeinsam Kompromisse finden, das waren die entscheidenden Attribute an diesem Abend in San Pedro wie auch während des gesamten weiteren Laufprojektes.

Was ich bei diesem Abenteuer gelernt habe, war, dass man alleine langfristig nicht zum Erfolg kommt. In mir wohnen zwei Typen: der Einzelkämpfer und der Teamplayer, die unterschiedlich ausgeprägt sind. Ich würde mich als individualistischen Teamplayer bezeichnen. Individualistischer Teamplayer – können Sie sich mit diesem Begriff anfreunden? Individualität finde ich nach wie vor ungemein wichtig und erfolgsentscheidend. Und wenn man seine Individualität und Andersartigkeit in ein Team miteinbringt, damit jeder davon profitieren kann, ist das doch viel effektiver, als wenn alle Teammitglieder gleichgeschaltet sind, sich immer anpassen und bei jeder wichtigen Entscheidung nur auf den kleinsten gemeinsamen Nenner kommen. Ein Team ist umso erfolgreicher, je unterschiedlicher die Gruppe zusammengesetzt ist und je verschiedener die Meinungen und Ansätze der Gruppenmitglieder sind. Gegensätze ziehen sich bekanntermaßen an und diese Regel gilt auch bedingt für ein gut funktionierendes Team. Wenn selbst bei einer Individualsportart wie Laufen Teamspirit erfolgsentscheidend sein kann, wie sieht es dann erst im Berufsleben, im Studium oder in der Schule aus? Wie viele Aktivitäten vollbringen wir gemeinsam mit anderen Menschen? Bei wie vielen Situationen agieren wir nicht alleine, sondern im Team? Beim gemeinsamen Lernen auf eine Klassenarbeit. Teamwork. Beim erfolgreichen Abschluss einer großen Vertragsunterzeichnung. Teamwork. Wenn Mama und Tochter gemeinsam die Einkäufe erledigen. Teamwork. Wenn bei einem wichtigen Fußballspiel alle Spieler an einem Strang ziehen. Teamwork.

Ein mongolisches Sprichwort sagt: „Mit einer Hand lässt sich kein Knoten knüpfen." Das gilt im Sport wie auch im Berufs- und Alltagsleben.

Selbstmarketing oder wie man sich ins rechte Licht rückt

„Selbstmarketing, das ist doch etwas für Leute, die im Rampenlicht stehen wollen. Menschen wie Dieter Bohlen, Reinhold Messner oder Franz Beckenbauer. Für mich als Arbeiter oder Angestellter spielt dieses Thema keine Rolle", so hört man oft. Wirklich? Wie soll denn bitte Ihr Chef, Ihr Arbeitgeber, Ihr Traumpartner auf Sie aufmerksam werden, wenn keiner von Ihnen und Ihren Qualitäten weiß? Wenn Sie Ihr Licht unter den Scheffel stellen? Wenn Sie nur im stillen Kämmerlein sitzen und keiner mitbekommt, was für eine tolle Frau oder was für ein toller Kerl Sie sind? Sie können das beste Produkt auf der Welt haben, wenn kein Mensch von dessen Existenz weiß, wird es auch keiner kaufen. So einfach ist das. Ein bisschen Marketing in eigener Sache kann niemandem schaden. Einfach nur gut zu sein, genügt heutzutage nicht. Der Leistungssport dient dafür wieder als Paradebeispiel. Es gibt Tausende von hochbegabten Fußballspielern, die sich auf einem ähnlichen Leistungslevel befinden. Doch wie viele schaffen es tatsächlich, ganz nach oben zu kommen? Jeder Fußballfan kennt Beckham, Zidane, Figo oder Ballack, aber wie viele Spieler gibt es, die fast genauso gut das runde Leder bedienen können und die niemand groß beachtet? In anderen Bereichen bewerben sich mehr als hundert hochqualifizierte Absolventen um eine Stelle. Wer macht das Rennen?

Einfach nur Leistung zu bringen, reicht heutzutage nicht mehr aus. Es ist entscheidend, diese auch zu zeigen und zu kommunizieren, um erfolgreich sein zu können. Studien haben bewiesen, dass die Leistung nur zu zehn Prozent darüber entscheidet, ob jemand befördert wird. Die Selbstdarstellung macht hingegen ganze dreißig Prozent aus (Kontakte und Beziehungen sind übrigens zu sechzig Prozent am Erfolg beteiligt). Sie können noch so weit laufen, das größte Talent aller Zeiten sein, an der besten Universität studieren und die beste Leistung erbringen: Wenn Sie sich und Ihre Leistung nicht vermarkten, bleibt der große Erfolg aus.

Das wurde mir nach den ersten Jahren in meiner Laufkarriere bewusst. Ich hatte gerade meine ersten Ultramarathons absolviert. Niemand hat sich für mich und meine sportlichen Leistungen interessiert. Okay, meine Familie und meine Freunde. Selbst als ich an den anspruchsvollsten Laufveranstaltungen der Welt teilnahm, nahm die Öffentlichkeit keinerlei Notiz davon. Warum auch? Wer soll es denn bitte wissen, wenn es nirgends steht und keiner darüber berichtet, wenn ich mich und meine sportliche Leistung nicht aktiv vermarkte. Ich benötigte aber eine Berichterstattung und eine Medienpräsenz, weil ich in dieser Zeit schon sukzessive an meiner Selbstständigkeit arbeitete und von meinem Extremsport leben wollte. Deshalb fing ich an, von meinen Laufabenteuern zu erzählen. Ich kontaktierte zunächst die lokale Presse und schrieb das Gemeindeblatt in meinem Heimatort an. Nach kurzer Zeit erschien ein erster Bericht über mich. Ich hätte nicht gedacht, dass dies so einfach geht. Beflügelt von diesem Erfolgserlebnis kontaktierte ich die nächste Zeitung in der Region. Auch diese fand meine Abenteuer interessant und veröffentlichte einen Artikel. Und so machte ich weiter und weiter. Ich fing ganz klein, auf lokaler Ebene, mit meiner Medienarbeit an. Mein gesamtes Selbstmarketing basierte nur auf Eigeninitiative. Ich hatte keine Berater und keine PR-Agentur, die mich unterstützten. Mit der Zeit erweiterte ich den Radius und fragte auch bei überregionalen Medien an. Manchmal erhielt ich Absagen und Anfragen blieben einfach unbeantwortet, doch das Entscheidende war, dass ich mich ins Gespräch brachte.

Was meinen Sie, wie viele großartige Sportler Vorträge halten? Berühmtheiten wie Franz Beckenbauer, Andreas Brehme oder Reinhold Messner. Wirklich große Namen, die einen „Promi-Bonus“ innehaben. Ich bin also bei Weitem nicht der einzige Sportler, der seine Erfahrungen auf diese Art und Weise weitergibt. Doch warum sollte man ausgerechnet mich buchen? Weil ich weiter laufe als die meisten Menschen? Weil ich immer ein buntes Kopftuch aufhabe und ganz passabel sprechen kann? Kein Journalist und kein Unternehmen werden auf mich aufmerksam, wenn ich „nur“ fleißig trainiere und stundenlang alleine durch den Wald laufe. Kein Medium wird über mich berichten, wenn ich als einer von 1.000 Läufern bei einem renommierten Ultramarathon teilnehme. Wie schafft man es trotzdem, medial beachtet zu werden? Indem man etwas dafür tut. Die drei magischen Buchstaben lauten auch hier wieder: T. U. N. Ein sehr gutes Beispiel dafür ist mein Freund und Kollege Joey Kelly. Joey hat sich in erster Linie einen Namen als Musiker und Entertainer mit der Kelly Family gemacht. Er nimmt darüber hinaus an den anspruchsvollsten Läufen teil, die es auf diesem Planeten gibt: Badwater Ultra im Tal des Todes, Gobi March, Atacama Crossing, Marathon des Sables oder dem 100-Meilen-Lauf im eiskalten Yukon. Das Bemerkenswerte daran ist, dass Joey keines dieser Rennen gewonnen hat. Er belegte meistens einen Platz im vorderen Drittel des Feldes. Joey ist ohne Zweifel ein überdurchschnittlicher Läufer, aber eben kein Spitzenläufer. Trotzdem liest und hört man von seinen Laufabenteuern, weil er sich und seine sportlichen Abenteuer aktiv verkauft. Er veröffentlicht regelmäßig Artikel in den Laufzeitschriften, er hält Vorträge, tritt häufig im Fernsehen auf und gestaltet medienwirksame Events wie den gemeinsamen Lauf mit Reiner Calmund. Natürlich kann man an dieser Stelle den Einwand bringen: Der hat es ja auch einfach. Er wird immer von einem Team betreut und hat zahlreiche Sponsoren, die ihm all diese werbewirksamen Auftritte ermöglichen. Mir geht es aber um ein wichtiges Prinzip und das lautet: Jeder kann es genauso machen. Eigeninitiative und Tun – das ist alles, worauf es ankommt.

Es reicht also bei Weitem nicht aus, alleine durch den Wald zu laufen und darauf zu hoffen, dass jemand Sie entdeckt und über Sie berichtet. Wenn Sie Aufmerksamkeit möchten, müssen Sie etwas dafür tun. Und genau das machte ich und mache ich immer noch. Ich achte beispielsweise darauf, dass ich in den Medien regelmäßig präsent bin, verfasse Fachartikel für Magazine, optimiere meine Webseite, halte Vorträge und last but not least: Ich habe ein Buch geschrieben. Dieses Buch, das Sie gerade lesen, ist ein wesentlicher Teil meiner Selbstmarketing-Strategie. Es gibt kaum ein wirkungsvolleres Instrument in Sachen Eigenmarketing als ein eigenes Buch.

Doch sich selbst zu vermarkten bedeutet vor allem eines: Arbeit, Arbeit und nochmals Arbeit. Immer wieder werden einem Hindernisse und Hürden in den Weg gelegt. Eine davon ist, dass es sich bei dem Sport, den ich betreibe, um eine Randsportart handelt. Sportarten wie Fußball, Tennis oder Golf genießen ein ganz anderes Medieninteresse. Selbst in einer Regionalzeitung kann man mehr über das Spielgeschehen der Kreisliga A lesen als über eine Wüstendurchquerung eines lokalen Extremsportlers. Ich will mich darüber auch nicht beklagen. Fußball hat eben mehr Fans und zieht mehr Kunden an als ein Ultramarathon. Wie schaffe ich es trotzdem, dass man über mich schreibt oder mich interviewt? Indem ich mich „anders“ verkaufe. Ich verkaufe mich nicht als den schnellsten und besten Ultraläufer, den es auf dieser Welt gibt. Das bin ich nicht und das will ich auch gar nicht sein. Dafür besitze ich eine ganz andere Kompetenz, die mich auszeichnet und durch die ich mich von den allermeisten Wettbewerbern abhebe. Meine Stärke ist es, dass ich meine Erfahrungen aus dem Sport mit meinem betriebswirtschaftlichen Hintergrund kombiniere und dieses Wissen kompetent und leidenschaftlich vermitteln und somit einen Mehrwert für den Kunden bieten kann.

Auf meiner Visitenkarte steht „Extremläufer und Vortragsredner“. Als weitere Berufsbezeichnung müsste „Ich-AG“ oder „Selbstvermarkter“ darunterstehen, denn ich bestreite meinen Lebensunterhalt durch die Vermarktung meiner Laufabenteuer. Ich benötige das Selbstmarketing für meinen Job als Vortragsredner und für meine Sponsoring-Engagements. Vom Sport alleine kann ich nicht existieren, aber mit Vorträgen, Seminaren und Büchern kann ich meinen Traum leben. Und damit das so bleibt, muss mich eben ein potenzieller Kunde von außen wahrnehmen können.

Warum erzähle ich Ihnen das alles so genau? Nun, ich bin kein Experte zum Thema Selbstmarketing. Ich kann nur aus eigener Erfahrung sprechen. Man muss nicht der Superhero sein, der jede Woche einen neuen Weltrekord aufstellt, um beachtet zu werden und in die Presse zu kommen. Es geht auch nicht darum, ständig in der Zeitung oder in den Medien zu sein. Es kommt einfach darauf an, sich selbst ein wenig besser zu verkaufen. Alles, was Sie dazu benötigen, ist eine Portion Eigeninitiative. Deshalb: Analysieren Sie doch einmal Ihre eigene Situation. Bekommen Sie die Aufmerksamkeit, die Ihnen zusteht? Ist Ihre diesbezügliche Bilanz ausgeglichen? Falls ja, dann ist es wunderbar. Falls nein: Werden auch Sie aktiv. Seien Sie präsent und sprechen Sie über Ihre Leistungen und Erfolge. Damit meine ich nicht, dass Sie angeben sollen und ständig damit prahlen, was für eine tolle Frau oder was für ein toller Kerl Sie sind. Zeigen Sie Ihrem Chef, was Sie konkret in einem Projekt für das Unternehmen getan haben. Melden Sie sich in wichtigen Meetings zu Wort, gehen Sie auf Veranstaltungen und seien Sie kommunikativ. Schon kleine Dinge können große Wirkung erzielen. Entwickeln Sie ein gesundes Bewusstsein für Ihre Leistungen und Erfolge und stellen Sie sich in einem angemessenen Verhältnis nach außen dar.

Alles nur Kopfsache

Die Beine können, solange der Kopf will

Das ist das Paradies. Seit über zwei Wochen bin ich schon hier auf diesem traumhaften Fleck Erde. Meine Sinne erfahren fast täglich eine regelrechte Reizüberflutung. Nebelverhangene Regenwälder, weite Lavawüsten, raue Küstenabschnitte und dichter Dschungel – es herrscht hier eine atemberaubende Vielfalt an Landschafts- und Vegetationszonen. Natur pur. Ich bin fast 10.000 Kilometer von meiner Heimat entfernt und befinde mich immer noch in Europa, genauer gesagt in Frankreich. Mitten im Indischen Ozean steigt ein gigantischer Kegel aus dem Meer mit dem Namen „La Réunion", eine landschaftlich wunderschöne Vulkaninsel. Einmal im Jahr wird die Insel Schauplatz eines der härtesten Ultra-Cross-Rennen der Welt: des „Grand Raid de la Réunion", besser bekannt als „Diagonale der Verrückten". Bei diesem Lauf gilt es, 150 Kilometer und über 9.000 Höhenmeter einmal quer über die Insel zurückzulegen. Nonstop.

Der Untergrund ist schlammig, glitschige Wurzeln und Baumstämme liegen überall im Weg. Ich muss meine Hände zuhilfe nehmen, um überhaupt voranzukommen. An Ästen und Bäumen ziehe ich mich den Hang hoch. Es geht steil, sehr steil durch den Regenwald. Als ich zu Hause zum ersten Mal das Höhenprofil dieses Rennens gesehen habe, bin ich schier aus den Latschen gekippt. Doch was ich jetzt hier im Dschungel erlebe, kann ich einfach nicht glauben. Es geht fast senkrecht den Berg hoch! Gleich nach dem Start wartet ein Mörderanstieg auf die Läufer. Auf einer Strecke von 21 Kilometern sind 2.500 Höhenmeter nonstop zu bewältigen. Und die Finsternis lässt die Situation noch brutaler erscheinen. Vor drei Stunden, um punkt Mitternacht, erfolgte der Startschuss zu diesem Rennen. Und jetzt stehe ich hier und schnappe nach Luft wie ein Gaul bei einem Galopprennen. Ich gehe Schritt für Schritt, ganz langsam, den Berg hoch. An Laufen ist nicht zu denken. Mein Sichtfeld ist auf den schmalen Schein meiner Stirnlampe begrenzt. Vor und hinter mir sind unzählige Läufer; über 2.000 nehmen an diesem extremen Cross-Lauf teil. In Frankreich erfreut sich das Trail-Running einer ungemein großen Beliebtheit. Je höher wir kommen, umso lichter wird die Vegetation. Dann stehe ich auf dem Gipfel. Was für eine eindrucksvolle Kulisse! Ich bleibe für einen kurzen Augenblick stehen, schaue mich um und erfreue mich an dieser beeindruckenden Landschaft. Die Morgensonne blinzelt mir ins Gesicht und lässt die weiten Sandebenen und die wilden Gesteinsformationen in einem goldenen Licht erstrahlen. Vor mir liegt der gewaltige Vulkan Piton de la Fournaise, den wir im Laufschritt passieren. Dieser zählt zu den aktivsten der Welt. Im Schnitt bricht er alle achtzehn Monate aus. Während andere Vulkane auf der Insel nicht mehr aktiv sind, hat es der Piton de la Fournaise im 20. Jahrhundert auf 125 Ausbrüche gebracht. Die Umgebung hier oben präsentiert sich fast ohne Vegetation als wahre Mondlandschaft. Vorbei an scharfkantigen Lavaplatten und durch knirschenden Lavasand passiere ich die Plaine des Sables, eine riesige Sandwüste. Der Boden ist so porös, dass Regenwasser sofort versickert und erst weit entfernt im Canyon des Riviere de l'Est wieder austritt.

Trotz der gewaltigen Natureindrücke habe ich ständig meine Uhr im Auge, denn bei diesem Rennen gibt es ein Zeitlimit von 63 Stunden. Und auf der Strecke kommen in regelmäßigen Abständen Checkpoints, bei denen peinlichst genau die Zeit der Läufer kontrolliert wird. Meine Uhr zeigt 7 Stunden 41 Minuten an. Das bedeutet: fast zwei Stunden Puffer auf das Zeitlimit. Was ist das denn da vorne? Warum halten die Läufer an? Vor mir hat sich ein „Stau“ gebildet. Nach einigen Minuten ungeduldigen Wartens erkenne ich auch, warum. Es geht senkrecht den Berg hinunter! Vor mir führt ein schmaler, exponierter Pfad über Steigleitern in die Tiefe. Als ich endlich an der Reihe bin, setze ich mich zunächst auf den Boden, um dann ganz langsam Sprosse für Sprosse die Leiter hinunterzusteigen. Du musst bei diesem Rennen definitiv schwindelfrei sein. Über spitze, rutschige Felsen bewege ich mich weiter Schritt für Schritt den Berg hinunter. Mir ist spätestens in diesem Moment klar, warum der Veranstalter explizit den Einsatz von Trekkingstöcken verboten hat. Man benötigt schlichtweg seine Hände! Ich stütze mich mit beiden Händen an Büschen und Ästen ab, um sicher und ohne Verletzung diese sehr steile Bergabpassage zu bewältigen. Vereinzelt läufst du über Steine, die nass und glitschig sind und damit eine tückische Verletzungsgefahr darstellen. Ruckzuck knickst du mit deinem Fuß um und landest im Sanitätszelt. Deshalb ist jeder einzelne Schritt ungemein wichtig und bestimmt über deine Gesundheit. Mach einen falschen und das Rennen kann vorbei sein. Du musst bei jedem Schritt genau wissen, wo du deinen Fuß als Nächstes hinsetzt. Einhundert Prozent Aufmerksamkeit sind hier angesagt. „Konzentriere dich!“, sage ich mir immer wieder. Konzentration ist eine absolute Voraussetzung zum erfolgreichen Abschneiden beim Grand Raid.

Nach siebzig gelaufenen Kilometern ist distanzmäßig fast Halbzeit des Rennens. Ich erreiche die Ortschaft Cilaos, eine Insel auf der Insel in 1.200 Meter Höhe. Die ersten Gäste mussten noch zu Fuß nach Cilaos laufen, denn erst seit 1932 existiert eine Straße in das unwegsame Gelände hinein. Für die 35 Kilometer lange, abenteuerliche Fahrt nach Cilaos, durch enge Schluchten, einspurige Tunnel und insgesamt 420 Kurven, benötigt man über eine Stunde – mit dem Auto. Ich begebe mich in die beheizte Halle. Draußen regnet es mittlerweile in Strömen. Mein Magen knurrt ununterbrochen und sehnt sich nach einem Energieschub. Angeblich entspricht der Energieverbrauch bei der „Diagonale der Verrückten" dem von acht Marathonläufen zusammen. Deshalb esse ich gleich zwei große Teller Reis mit Hühnerfleisch. „Mhmm, das tut gut!" Mit jedem Bissen merke ich, wie mein Energieniveau wieder steigt. „Du musst weiter", sage ich mir. Doch draußen ist es bereits stockdunkel geworden und es regnet weiterhin am laufenden Band. Mein innerer Schweinehund wird immer größer, doch meine Willenskraft behält schließlich doch die Oberhand und ich ziehe weiter. In diesem Moment kommt mir der Rat meines Lauffreundes Eberhard in den Sinn, der schon einmal zuvor dieses Rennen erfolgreich beendet hat: „Bis Cilaos ist zeitmäßig erst ein Drittel des Rennes vorbei. Für die zweite Hälfte benötigst du gut zwei Drittel an Zeit." Was wird da wohl noch kommen? Mit diesem Gedanken im Kopf nehme ich die nächsten steilen Kurven bergab in Angriff. Ich bin ganz alleine, außer dem Lichtstrahl meiner Stirnlampe ist es stockdunkel um mich herum. Eine beängstigende Stille umgibt mich – keine Stimmen, keine Musik, nur das sanfte Rauschen des Windes nehme ich wahr. Bin ich überhaupt noch auf dem richtigen Weg?

Mittlerweile bin ich schon seit über dreißig Stunden nonstop unterwegs und habe den Cirque de Mafate, einen der drei großen Bergkessel der Insel, betreten. Keine einzige Straße führt hier hinein. Die wenigen Einwohner des Cirque werden aus der Luft mit dem Hubschrauber versorgt. Ein bizarres System aus Schluchten, Plateaus und Steilwänden durchzieht diese wilde Landschaft. Die Mafate ist von tiefen Gräben zerfurcht und im Zentrum weitestgehend unzugänglich. An Stahlseilen abgestützt, die fest in der Felswand montiert sind, gehe ich langsam den Steilhang hinunter. Die Pfade sind vom Regen völlig aufgeweicht. Wie auf Schmierseife bewege ich mich vorwärts. Das Fortbewegen hat jetzt nichts mehr mit Laufen zu tun. Schlittern und Rutschen sind angesagt. Alle paar Meter finde ich mich auf dem schlammigen Boden wieder. Für zwei Kilometer benötige ich sage und schreibe eine Stunde! Auf einmal werde ich hundemüde. Meine Augen fallen mir fast während des Laufens zu. Mein ganzer Körper sehnt sich nach einem Bett, doch meine Willenskraft treibt mich voran. „Beim nächsten Checkpoint bekommst du deine wohlverdiente Schlafpause", motiviere ich mich und marschiere weiter. Doch ich muss höllisch aufpassen, denn ein falscher Tritt kann hier fatale Folgen haben. Vor ein paar Jahren sind beim Grand Raid sogar zwei Läufer tödlich verunglückt, weil sie vor lauter Müdigkeit einen Abhang hinuntergestürzt sind. Deshalb: Augen auf und Fokus auf den Boden! Dank meines Willens erreiche ich wenig später den nächsten Verpflegungspunkt in Deux Bras. Hier belohne ich mich mit dem versprochenen Kurzschlaf: eine Stunde im Militärzelt auf einem Feldbett mit Decke. Was für ein Luxus! Wenn du über 35 Stunden durch extrem anspruchsvolles Gelände bei Tag und Nacht ohne Schlafpausen unterwegs bist, kommt dir solch eine Unterkunft wie ein Zimmer im Sieben-Sterne-Hotel in Dubai vor. Ich schlafe sofort ein. Wie abgesprochen, weckt mich exakt eine Stunde später einer der Soldaten, die für die Betreuung der Läufer und des Lagers verantwortlich sind. Im ersten Moment fühle ich mich wie in einem schlechten Kriegsfilm. Szenen vom Film „Der Soldat James Ryan“ flimmern vor meinem inneren Auge. Ich sehe verletzte Soldaten und zerbombte Militärcamps. Wo bin ich hier? Erst nach und nach wird mir bewusst, dass ich mich beim Grand Raid auf La Réunion befinde. Ich will weiter. Genauer gesagt, mein Kopf will weiter. Meine Beinmuskeln sind hart wie Stein und würden sich am liebsten hier am Checkpoint weiter erholen. Es kostet mich enorme Überwindung, bis ich schließlich von meiner Schlafposition wieder auf beiden Füßen stehe. Die zurückgelegten 121 Kilometer sind nicht spurlos an mir vorüber gegangen.

Fast geschafft! Nur noch fünf Kilometer trennen mich jetzt noch vom Ziel. Bei manch anderen Läufen bedeuten diese letzten Kilometer ein lockeres Auslaufen. Nicht jedoch beim Grand Raid. Es geht noch einmal 600 Meter sehr steil bergab. Bilder von meinem Zieleinlauf gehen mir durch den Kopf. Ich reiße meine Arme in die Luft und freue mich wie ein kleines Kind. Dieser Gedanke, bei strahlend blauem Himmel über die Ziellinie zu laufen, löst in mir einen wahren Endorphinschub aus. Meine Emotionen gehen mit mir durch und ich bin voller Euphorie. Doch mein Verstand meldet sich sofort und signalisiert mir: „Du bist noch nicht im Ziel. Bis jetzt hast du noch gar nichts erreicht. Bleib weiter konzentriert!“ Knapp neunzig Minuten später laufe ich im Stadion de la Redoute in Saint-Denis ein. Meine Uhr stoppe ich bei 56 Stunden und 42 Minuten. Ich bin noch nie so lange am Stück bei einem Rennen unterwegs gewesen. Es ist schwer in Worte zu fassen, was einem durch den Kopf geht. Ich bin einfach nur müde. Es sollten noch ein paar Tage vergehen, bis ich diesen Erfolg richtig genießen kann. „Ich habe überlebt“, lautet die Aufschrift auf meinem Finisher-Shirt. Und das habe ich vor allem dank meiner Willenskraft und meiner mentalen Stärke geschafft.

Dass solche Höchstleistungen wie bei der „Diagonale der Verrückten" mit körperlichem Training möglich sind, ist für viele verständlich. Doch unser Gehirn ist ebenso trainierbar. Der am besten trainierte Körper hilft nicht weiter, wenn wir ihn nicht richtig einsetzen können. Trainieren kann jeder, aber seine Leistung im richtigen Augenblick zu erbringen, ist Kopfsache. Und unseren Kopf, unsere Gedanken und damit unser Handeln können wir aktiv steuern. Mentales Training hilft dabei und es gibt verschiedene Methoden, mit denen wir unser Denken und letztendlich unser gesamtes Leben beeinflussen können.

Wir nutzen nur einen sehr kleinen Teil unseres geistigen Potenzials. Angeblich rufen wir im Schnitt nicht einmal zehn Prozent unserer geistigen Leistungsfähigkeit ab. Das bedeutet im Umkehrschluss: Es ist noch ein ungemein großes Potenzial vorhanden, das wir „anzapfen" können. Was im „normalen" Berufsleben noch in den Kinderschuhen steckt, ist im Leistungssport bereits eine Selbstverständlichkeit. Dort spielt das mentale Training die alles entscheidende Rolle. Die körperliche Grenze der Athleten ist fast erreicht, die Trainingsprogramme sind nahezu identisch und die Methoden sind optimiert und ausgereizt. Nehmen wir dazu ein Beispiel aus dem Tennis. Die ersten fünfzig der Weltrangliste verfügen alle über optimale und nahezu identische Trainingsbedingungen. Neben dem grundlegenden Talent für den Sport haben die Spieler das beste Equipment, werden von den besten Trainern betreut und werden auch außerhalb des Platzes bestens umsorgt. Die meisten haben schon als Kind mit dem Tennissport angefangen und haben über die Jahre ihr Training optimiert. Tagtäglich „feilen" sie an einzelnen Schlägen, um sie perfekt zu beherrschen. Alle betreiben Ausdauertraining, stehen stundenlang im Kraftraum und arbeiten auch an ihrer Koordination, Schnelligkeit und Beweglichkeit. Alle Komponenten der Trainingslehre werden berücksichtigt und wurden mit der Zeit perfektioniert. Was macht also den Unterschied zwischen Sieg und Niederlage aus? Welcher Faktor bildet den Unterschied, wenn es im fünften und entscheidenden Satz in den Tie Break geht? Antwort: allein die mentale Stärke. Um beim Tennis zu bleiben – schon Boris Becker erkannte: „Das Match wird zwischen den Ohren entschieden."

Wie wichtig die mentale Stärke bei langen Läufen ist, wurde mir schon nach den ersten Ultramarathons bewusst. Im Jahr 2007 nahm ich zum ersten Mal beim Ultra-Trail Mont Blanc teil. Vor dem Start erzählte mir mein Lauffreund Pascal von seinen Erfahrungen aus dem Vorjahr. Pascal ist ein sehr erfahrener, ehrgeiziger und schneller Läufer. Er hat schon zahlreiche Rennen in der ganzen Welt bestritten. Pascal bereitet sich jedes Mal professionell auf einen Wettkampf vor. Lange Läufe, Laufeinheiten am Berg, Intervalltraining und Krafttraining gehören zum festen Bestandteil seines Trainingsplans. Top vorbereitet kam er also nach Chamonix zum Lauf um den Mont Blanc. In der ersten Hälfte des Rennens lief für ihn alles nach Plan. Er war sogar noch unter seiner geplanten Zielzeit. Beim nächsten größeren Verpflegungspunkt in Champex gab er dann völlig überraschend auf. Was war geschehen? Pascal hatte im weiteren Rennverlauf ein wenig an Tempo verloren, fühlte sich eigentlich aber körperlich noch relativ fit, und das nach 122 gelaufenen Kilometern. Dennoch sagte der Kopf an diesem Punkt des Rennens „Nein", weil er nicht mehr innerhalb seiner ambitionierten gewünschten Zielzeit lag. Dabei hatte er noch viele Stunden Puffer auf das Zeitlimit. Er hätte sogar locker die verbleibenden Kilometer wandern können, um das Ziel zu erreichen. Stattdessen stieg er aus dem Rennen, weil sein Kopf an diesem Punkt des Rennens den Schalter auf „Nein“ legte. Er glaubte ganz einfach nicht mehr daran, sein Ziel zu erreichen. Über dieses Erlebnis meines Lauffreundes dachte ich lange nach. Was waren seine Gründe für die Aufgabe? Er berücksichtigte fast alle Faktoren in seiner Vorbereitung, nur nicht seinen Kopf. Und der hatte ihn bei Kilometer 122 im Stich gelassen. Meiner Meinung nach spielen sich bei einem Extremlauf gut achtzig Prozent des Rennens nur im Kopf ab. Der Grenzgänger Reinhold Messner formulierte es in meinen Augen sehr treffend. Er sagte vor vielen Jahren einmal: „Die Beine können, solange der Kopf will.“ Daraus folgt, dass die physische Komponente nicht primär erfolgsentscheidend ist. Das körperliche Training ist sicherlich wichtig, überhaupt keine Frage. Es ist sogar eine zwingende Voraussetzung für einen Extremlauf wie am Mont Blanc. Unsere körperliche Verfassung entscheidet jedoch nicht über Ankommen oder Aufgeben, über ersten oder zweiten Platz. Das bestimmt nur unser Kopf. Dieser ist immer stärker als unser Körper. Warum ist das so? Weil unser Gehirn die zentrale Schaltstelle für alle Stoffwechselvorgänge, für alle Bewegungen und für alle körperlichen Funktionen ist. Der Körper führt im Endeffekt nur noch die Befehle aus, die ihm das Gehirn sendet. Wenn der Kopf sagt „Lauf weiter“, dann kann der Körper nichts dagegen tun, auch wenn man physisch müde oder verletzt ist. Und genau deshalb kommt der mentalen Stärke auch so eine große Bedeutung zu. Was versteht man überhaupt unter mentaler Stärke? Mental bedeutet nichts anderes als „den Geist betreffend“. Insofern kann man mentale Stärke als „geistige Stärke“ übersetzen. Der Sportpsychologe Dr. James E. Loehr definiert mentale Stärke als die Fähigkeit, sich ungeachtet der Wettkampfbedingungen an seiner oberen Leistungsgrenze zu bewegen. Und das schafft man nur, wenn man seinen Kopf einsetzt.

Die mentale Stärke ist nicht nur im Extrem- und Spitzensport entscheidend. Vielmehr spielt sie auch im Alltags- und Berufsleben eine zentrale Rolle. Nehmen wir an, Ihr Chef beauftragt Sie, in der kommenden Woche die entscheidende Verkaufspräsentation bei einem wichtigen Kunden zu halten. Sie bereiten sich darauf vor, konzipieren Ihre Rede, erstellen Ihre Präsentation und üben diese immer wieder, bis Sie sie schließlich sicher und kompetent beherrschen. Der wichtige Kundentermin rückt immer näher. Ein leichtes Kribbeln macht sich schon in Ihrer Magengegend bemerkbar. Und dann, am Tag X, in der Präsentation, haben Sie plötzlich einen vollkommenen Blackout und müssen gewaltig improvisieren, um Ihre Präsentation einigermaßen über die Bühne zu bringen. Von Ihrem geplanten und gut einstudierten Konzept präsentieren Sie nur einen winzig kleinen Teil. Haben Sie das schon einmal erlebt? Ich gebe Ihnen noch ein anderes Beispiel. Eine Studentin befindet sich gerade in der mündlichen Diplomprüfung. Sie hat ihre Kurzpräsentation souverän gehalten und muss sich nun den Fragen der Prüfer stellen. Inhaltlich überzeugt sie zunächst. Doch die vertiefenden und weiterführenden Fragen bringen sie etwas aus dem Konzept. Die Studentin fühlt sich nicht mehr wohl in ihrer Haut, ihr Puls steigt, sie verspürt eine zunehmende Wärme in sich aufsteigen und ihr Gehirn blockiert irgendwann. Mit gemischten Gefühlen verlässt sie den Prüfungsraum. Auf die Frage, wie es für sie gelaufen ist, antwortet sie nur: „Ganz okay. Ich hätte mich nicht besser vorbereiten können, was das Lernen anbelangt. Nur etwas anders.“

Ob Extremlauf, Kundenpräsentation oder Abschlussprüfung – was kann man denn tun, um eine wichtige und kritische Situation zu meistern? Es gibt verschiedene Techniken, die dabei helfen, diese mentale Kraft, die in uns allen schlummert, zu wecken und ganz zielgerichtet zu stärken.

Einer meiner Leitsprüche lautet: „Die Grenze ist dort, wo die menschliche Vorstellungskraft endet." Dieses Motto begleitet mich bei allem, was ich tue.

Haben Sie schon einmal von Roger Bannister gehört? Jahrzehntelang war man der felsenfesten Überzeugung, dass kein Mensch es je schaffen würde, eine Meile unter vier Minuten zu laufen. Im Jahr 1954 durchbrach Roger Bannister als erster Mensch diese unvorstellbare Grenze. Das Interessante daran ist, wie er dies geschafft hatte. Ihm gelang „das Unmögliche" nicht durch hartes körperliches Training oder weil er ein außergewöhnlich talentierter Läufer war. Er schaffte diese, zur damaligen Zeit, unglaubliche Leistung, indem er seine Vorstellungskraft einsetzte. Roger Bannister hatte zuvor die vier Minuten in Gedanken so häufig unterschritten, dass diese imaginäre Erfahrung sein Gehirn automatisch veranlasste, das angestrebte Ergebnis zu erzielen. Er stellte sich jeden Tag bildhaft vor, wie er die Ziellinie unter vier Minuten erreichte. Wieder, wieder und immer wieder. Bannister entwickelte mithilfe seiner Vorstellungskraft das Gefühl der Gewissheit, dass er es schaffen würde. Er ließ vor seinem inneren Auge immer wieder das Bild ablaufen, wie er den Rekord brach. Er hörte, sah und fühlte, wie er diese Hürde nahm. Bald verfügte er über so viele Referenzerlebnisse, dass er sich seines Erfolgs sicher schien. Und eines Tages setzte er diese Referenzspeicherung in die Tat um. Dieser Rekord ist für sich genommen schon einzigartig. Doch es kommt noch besser: Noch im selben Jahr erbrachten 37 Läufer die gleiche Leistung. Bannisters Erfahrung bot ihnen genügend Referenzerlebnisse, aus denen sie die Gewissheit schöpften, dass auch sie das Unmögliche erreichen konnten. Und im darauffolgenden Jahr stieg die Zahl der Rekordbrecher sogar auf 300.

Als ich zum ersten Mal Bilder von der „Diagonale der Verrückten“ auf La Réunion sah, konnte ich es zunächst gar nicht glauben, dass man auf dieser Insel überhaupt laufen kann. Ich dachte mir: „Das sind ja alles nur Verrückte, die da mitmachen. In Deutschland dürfte man solch einen Lauf sicherlich nicht austragen.“ Ein guter Lauffreund von mir hatte den Grand Raid schon dreimal zuvor absolviert. Und er benötigte jedes Mal über sechzig Stunden für diesen Lauf. Ich dachte mir: „Sechzig Stunden am Stück laufen, das geht doch gar nicht.“ Dann wollte ich es auch wissen und meldete mich für diesen Lauf an. Einige Lauffreunde gaben mir ihre Erfahrungen von diesem Lauf weiter. Allen gemeinsam war, dass sie den technischen Anspruch des Laufs betonten. Und genau dieser technische Faktor ist es auch, der dieses Rennen vom Ultra-Trail Mont Blanc unterscheidet. Ich trainierte körperlich nicht anders als für die Mont Blanc-Umrundung. In einem Punkt unterschied sich jedoch mein Training ganz erheblich: Ich setzte in der Vorbereitungsphase verstärkt meine Vorstellungskraft ein. Erst kurz zuvor hatte ich wiederholt von der enormen Wirkung des mentalen Trainings gelesen und wollte sie nun in meine Vorbereitung auf den Grand Raid integrieren. Ich besorgte mir Bilder von der Insel, vom Lauf, von der Strecke und besonders vom Ziel. Ich entwickelte für mich ein tägliches Ritual: Jeden Morgen nach dem Aufwachen und jeden Abend vor dem Einschlafen nahm ich mir nur zehn Minuten Zeit und stellte mir diesen Lauf in allen Einzelheiten vor. Ich stellte mir zum Beispiel einzelne Streckenabschnitte vor. Oder ich dachte mir kritische Situationen aus, die ich überwinde. Und ich malte mir auch immer wieder aus, wie ich mit Tränen in den Augen über die Ziellinie laufe. In meiner Fantasie verkündete der Stadionsprecher meinen Namen. Ich sah vor mir, wie meine Angehörigen mich im

Ziel empfangen und mir gratulieren würden. Diese Dinge stellte ich mir wieder und immer wieder vor. Ich machte also nichts anderes, als mein großes Ziel zu visualisieren. Dabei entwickelte ich mithilfe meiner Vorstellungskraft das Gefühl der Gewissheit, dass ich es schaffen werde. Ich ließ in meinem Kopf immer wieder das Bild ablaufen, wie ich bei diesem Rennen über die Ziellinie laufen werde. Und bald verfügte ich über so viele positiv gespeicherte Erlebnisse in meinem Kopf, dass ich mir meines Erfolges sicher war. Ich hatte ja diesen Lauf zuvor noch nie gemacht, verfügte also noch nicht über die entsprechende Erfahrung. Deshalb konstruierte ich mir diese Erfahrung mithilfe meiner Vorstellungskraft selbst.

Warum betrieb ich dieses Ritual gerade beim Aufwachen und vor dem Einschlafen? Weil zu diesen Zeiten unser Unterbewusstsein am aufnahmefähigsten ist und wir es gut mit Gedanken beeinflussen können. Nicht selten träume ich dann auch im Schlaf von diesen Bildern und vom Lauf. Das Entscheidende dabei ist, dass unser Gehirn nicht unterscheiden kann zwischen einer Situation, die wir uns nur in aller Deutlichkeit vorstellen, und einer Situation, die wir tatsächlich erleben. Und genau diese Erkenntnis können wir uns zunutze machen. Unsere Fähigkeit zur Vorstellung ist die eigentliche Grenze im Leben. Mit der Kraft positiver Bilder können wir sie verschieben, mit negativen Bildern engen wir sie ein. Und dieser Punkt gilt im Extremsport genauso wie im Business und auch im Privatleben. Was ich mir vorstellen kann, werde ich auch erreichen. Diese Technik ist eins zu eins auch auf das Berufs- und Alltagsleben übertragbar. Auf das Beispiel mit der Kundenpräsentation übertragen, bedeutet dies, dass Sie sich nicht nur „körperlich" auf diese Situation vorbereiten können, also das Konzept erstellen und die Präsentation üben, sondern dass Sie sich auch mental mit dieser auseinandersetzen. Indem Sie zum Beispiel die Präsentation gedanklich vorwegnehmen. Wie Sie souverän und sicher auftreten. Wie Sie mit Ihren Argumenten die Teilnehmer überzeugen. Wie Sie nach der Präsentation den Beifall bekommen und von Ihrem Chef beglückwünscht werden. Sie können sich auch die Räumlichkeiten und die einzelnen Teilnehmer vorstellen. Wo werden die Teilnehmer sitzen? Wie groß ist der Raum? Welche technischen Hilfsmittel stehen Ihnen zur Verfügung? Organisieren Sie sich vorab Bilder vom Raum und von den Teilnehmern, wenn möglich. Stellen Sie sich die Bedingungen, die Sie vor Ort erwarten werden, so genau wie möglich vor.

Eine andere wertvolle Anwendung der Visualisierungstechnik besteht darin, dass man noch einmal die Zeiten erlebt, in denen man eine optimale Leistung erbracht hat. In diesem Fall kann man also schon auf eine entsprechende Erfahrung zurückgreifen. Besonders als ich zum zweiten Mal nach Chamonix gefahren bin, um meinen Erfolg am Mont Blanc zu wiederholen, arbeitete ich mit dieser Methode. Ich konzentrierte mich auf viele Aspekte von dem Lauf aus dem Vorjahr. Ich nahm einzelne Szenen wahr. Wie ich bei Nacht den steilen Pass des Col du Bonhomme Schritt für Schritt hochlaufe. Nur das sanfte Rauschen des Windes und die vielen Stirnlampen der anderen Läufer nehme ich wahr. Ab und zu steigt mir der Duft von Massageöl in die Nase. Und ich sehe wieder das Bild vor mir, wie ich in Chamonix unter tosendem Applaus und bei strahlendem Sonnenschein über die Ziellinie laufe. Ich höre die Geräusche, sehe die Umgebung und fühle das Kribbeln wie im Vorjahr. Und ich schaffte es wieder. Ich erreichte das Ziel und war sogar noch neunzig Minuten schneller als im Vorjahr.

Wie haben Sie sich nach einer tollen Leistung gefühlt? Was haben Sie dabei alles wahrgenommen? Welche Geräusche hörten Sie? Wie sah die Umgebung aus, in der Sie diesen Triumph feierten? Welche Personen begleiteten Sie? Indem wir uns einen vergangenen Erfolg wieder ins Bewusstsein rufen und uns diesen in aller Deutlichkeit vorstellen, verstärken wir das Gefühl der Sicherheit, auch in Zukunft wieder erfolgreich zu sein. Probieren Sie es selbst aus!

Durch den bewussten Einsatz Ihrer Vorstellungskraft können Sie wahre Wunder bewirken. Doch jetzt kommt der Haken: Das alles geschieht, wie so vieles im Leben, nicht von heute auf morgen. Sie müssen sich diese Technik erst aneignen. Dafür benötigen Sie ein wenig Geduld, Fleiß und jede Menge Training. Sie müssen Ihre Vorstellungskraft wie einen Muskel trainieren. Wenn Sie Ihren Körper trainieren wollen, dann gehen Sie sicherlich nicht nur einmal in der Woche ins Fitnessstudio und erwarten davon Ergebnisse. Genauso müssen Sie auch Ihre Vorstellungskraft regelmäßig trainieren. Indem Sie beispielsweise beginnen, sich am Morgen nach dem Aufwachen oder am Abend vor dem Einschlafen sehr intensiv ein schönes Bild oder eine wunderbare Situation vorzustellen, die Sie erlebt haben. Starten Sie damit – nur fünf Minuten pro Tag. Doch die Fortschritte gehen in der Regel nur langsam vonstatten und es erfordert einige Zeit, bis sich diese Art des mentalen Trainings bemerkbar macht. Ich kann Ihnen versprechen: Das regelmäßige Üben lohnt sich. Wenn Sie diese Technik erst einmal beherrschen, haben Sie ein mächtiges Werkzeug in der Hand, mit dem Sie Ihre Gedanken, Ihr Handeln und letztendlich auch Ihren Erfolg beeinflussen können.

Nur der nächste Schritt zählt – Konzentration auf das Wesentliche

Als ich mit dem Ultramarathonlaufen vor zehn Jahren begonnen habe, fiel mir bei sehr vielen Wettkämpfen immer wieder ein bestimmter Läufer auf. Er unterschied sich nicht nur wegen seines Äußeren, seines schwarzen Kopftuchs und seines langen, weißen Vollbarts von den anderen Läufern. Er schien auch schon ein wenig älter zu sein. Ich fand heraus, dass er schon 62 Jahre alt war. Für mich war es zum damaligen Zeitpunkt einfach unvorstellbar, dass jemand in seinem Alter noch Läufe von 100 Meilen und mehr erfolgreich absolvieren konnte. Doch er schien jedes Mal topfit zu sein. Bei jedem Lauf erreichte er das Ziel. Er lief zum Beispiel den sehr anspruchsvollen Badwater Ultramarathon im Tal des Todes in Kalifornien. 217 Kilometer und über 4.000 Höhenmeter bei teilweise fünfzig Grad. Einige jüngere Läufer mussten aufgeben, doch er beendete dieses Rennen erfolgreich. Vor dem Lauf am Mont Blanc kamen wir schließlich ins Gespräch. Er stellte sich als Bernhard vor. Wir verstanden uns sofort und redeten gleich über Gott und die Welt. Und irgendwann fragte ich ihn: „Wie schaffst du es in deinem Alter noch 100 Meilen zu laufen?" Und er sagte mir: „Ich laufe nicht 100 Meilen, sondern eine Meile – 100 Mal!" Bernhard konzentrierte sich jeweils auf eine Meile und konnte so die ganze Strecke laufen. Bei einer Fokussierung auf die gesamte Strecke hätte ihn allein schon der Gedanke daran völlig abgelenkt und ermüdet. Begeistert von dieser Erkenntnis fing ich an, genau dieses Prinzip auf mich zu übertragen. Und von da an gingen meine Gedanken bei den Läufen immer nur bis zum nächsten Verpflegungspunkt oder beschränkten sich auf den jeweiligen Kilometer. Ich denke heute teilweise nur noch an den jeweils nächsten Schritt. „Jeder gelaufene Meter bringt dich deinem großen Ziel ein Stück näher", habe ich dann im Hinterkopf. Die gesamte Strecke, die gesamten 166 Kilometer wie am Mont Blanc, sind bei mir völlig ausgeblendet. Damit erhalte ich eine ganz andere Einstellung gegenüber Distanzen. 166 Kilometer kann ich mir nur schwer vorstellen. Aber acht Kilometer oder auch zwölf Kilometer sind noch überschaubar. Und diese Denkweise in kleinen Abschnitten behalte ich auch während meiner Läufe.

Diese Art der Konzentration hat mir besonders auch bei einem anderen Wettkampf geholfen, den ich im Frühjahr 2008 gelaufen bin: den Sächsischen Mount Everest Treppenmarathon, den größten Treppenlauf der Welt. Jetzt fragt sich der eine oder andere Leser an dieser Stelle vielleicht: Was ist das denn bitte? In Sachsen den Mount Everest laufen? Ist der Bücher jetzt völlig durch den Wind? Beim Sächsischen Mount Everest Treppenmarathon läuft man einen Doppelmarathon, also 84,4 Kilometer, aber nicht in der Ebene. Mitten in Radebeul, einer Stadt nordwestlich von Dresden, befindet sich eine Treppe. Und was für eine: 397 Stufen und 88 Höhenmeter geht es die berühmte Spitzhaustreppe steil hinauf bis zum Radebeuler Bismarckturm. Diese Treppe muss man bei diesem Wettkampf insgesamt einhundert Mal hinauf- und wieder hinunterlaufen. Dann kommt man auf exakt 8.848 Höhenmeter – das ist so viel wie vom Meeresspiegel bis zum Gipfel des Mount Everest. Das Zeitlimit beträgt dabei nur 24 Stunden. Insgesamt hat man fast 40.000 Stufen bergauf- und genauso viel wieder bergabzulaufen. Zum Vergleich: Das Empire State Building in New York hat „nur" 1.860 Stufen. Man müsste also fast 21 Mal das Empire State Building hoch- und hinunterlaufen, um auf die gleiche Anzahl Treppen wie in Radebeul zu kommen. Bei diesem Rennen kommt es im wahrsten Sinne des Wortes wirklich immer nur auf den nächsten Schritt, die nächste

Stufe an. Zu Beginn lege ich die Runden noch relativ locker zurück. Die Zeit vergeht wie im Flug. Nach fünf Stunden habe ich schon die ersten 25 Runden und damit den ersten Halbmarathon hinter mir. Aber nach siebzig Runden, nach über fünfzehn Stunden, ist die mentale Stärke sehr wichtig für den weiteren Rennverlauf. Hinzu kommt das monotone und immer wiederkehrende Auf- und Absteigen, das dich auf Dauer einfach ermüdet. Einhundert Mal denselben Parcours, dieselbe Treppe zu überwinden, ist zu einem überwiegenden Teil Kopfsache. Ich blende alles um mich herum aus und konzentriere mich wirklich nur auf die gegenwärtige Runde. Mein Fokus ist immer nur auf die jeweils nächste Stufe gerichtet. Jede einzelne Stufe zählt. Runde für Runde und Stunde um Stunde vergehen. Die Nacht und der aufkommende Regen erschweren die Bedingungen. Die Treppenstufen sind nass und rutschig. Einhundert Prozent Aufmerksamkeit und höchste Konzentration sind gefordert, um einen Sturz zu vermeiden. Von den reizvollen Weinbergen um mich herum habe ich zu diesem Zeitpunkt des Rennens überhaupt nichts mehr mitbekommen. Mein Blick ist stets auf den grauen, nassen Asphalt der Treppe gerichtet. Nach über 21 Stunden erreiche ich schließlich das Ziel. Gerade wenn ein Projekt noch so lange und noch so monoton ist, kommt es auf jede einzelne Stufe und jeden einzelnen Schritt an. Das hat mir dieser Lauf eindrucksvoll und sehr bildhaft gezeigt.

Letztendlich geht es, auch im Berufs- und Alltagsleben, genau darum: Wir müssen immer nur auf den nächsten Schritt, die nächste Aufgabe, das nächste Telefonat, den nächsten Termin fokussieren. Und erst danach machen wir wieder den nächsten Schritt. Bis wir ein Projekt erfolgreich beendet haben. Dafür sind Tausende kleinster Schritte, kleinste Aufgaben zu meistern. Aber jede einzelne ist wichtig. Entscheidend dabei ist, dass wir uns gedanklich voll und ganz auf den gegenwärtigen Moment, die aktuelle Aufgabe konzentrieren. Nur das Hier und Jetzt können wir aktiv beeinflussen. Doch häufig sind wir mit unseren Gedanken schon weiter. Planen schon den übernächsten Schritt. Sind durch irgendwelche andere Dinge abgelenkt. Widmen uns der gerade eingehenden E-Mail, anstatt weiter an unserem Konzept zu arbeiten. Studien haben gezeigt, dass wir nach einer Ablenkung im Schnitt zwanzig bis dreißig Minuten benötigen, um wieder konzentriert an einer Aufgabe weiterzuarbeiten. Daher macht es Sinn, sich erst gar nicht ablenken zu lassen.

Die entscheidende Frage ist, ob ich bei einem Extremlauf, einem Kundengespräch oder einer wichtigen Präsentation voll da bin. Worauf richtet sich meine Aufmerksamkeit? Wo ist mein Fokus? Wo wir unseren Fokus haben, dort ist auch unsere Energie. In meinen Vorträgen führe ich an dieser Stelle immer ein kleines Experiment durch. Ich suche mir im Publikum einen Freiwilligen, der zu mir auf die Bühne kommt. Er stellt sich dann links neben mich und streckt seinen rechten Arm im 90°-Winkel von sich weg. Seine rechte Hand ballt er zu einer Faust. Ich versuche dann, nach kurzer Anweisung, seinen Arm nach unten zu drücken. Und er hält mit aller Kraft dagegen. Was glauben Sie, wer gewinnt? Immer der Zuhörer. Das Publikum verfolgt jedes Mal sehr gespannt die Darbietung. Jetzt spiele ich mit meiner Hand vor seinen Augen herum und lenke ihn mit diesen Handbewegungen ab. Damit hat er nicht gerechnet. Wir machen die ganze Übung noch einmal. Was glauben Sie, wer jetzt gewinnt? Immer ich. Warum ist das so? Beim ersten Mal ist er völlig bei der Sache, konzentriert und lenkt die gesamte Energie auf seinen rechten Arm. Beim zweiten Mal ist er dann abgelenkt. Und weil er abgelenkt ist, hat er auch nicht mehr dieselbe Energie wie vorher. Unser Fokus bestimmt unsere

Energie. Das mache ich mir immer wieder bewusst. Wenn ich laufe, dann laufe ich. Wenn ich einen Vortrag halte, dann halte ich einen Vortrag. Wenn ich mit meiner Tochter spiele, dann mache ich nur das. Doch auch diese Konzentration klappt leider nicht immer, was ich bei einem Rennen am eigenen Leib erfahren musste.

Nach meinem erfolgreichen Lauf durch die Atacamawüste im Mai 2010 schwebe ich über viele Tage auf Wolke sieben. Ich fühle mich wie berauscht nach dieser für mich außergewöhnlichen und beeindruckenden Erfahrung. Meine Gedanken kreisen ständig um die Erlebnisse meines Wüstenlaufs. Nur vier Wochen nach diesem Abenteuer nehme ich am Fidelitas Nachtlauf in Karlsruhe teil, dem ältesten Ultralauf Deutschlands. Für mich ist es, als alter Karlsruher, ein Heimspiel, deshalb will ich unbedingt bei diesem Event dabei sein, auch wenn es immerhin respektable achtzig Kilometer an Distanz sind, die man zurücklegt. „Aber was sind denn bitte achtzig Kilometer hier in heimischen Gefilden im Vergleich zu den 600 Kilometern, die du durch die trockenste Wüste der Erde gelaufen bist?“, denke ich mir. Immer noch euphorisch und gleichzeitig ein wenig überheblich gehe ich an den Start dieses Rennens. Ich unterhalte mich auf den ersten Kilometern mit anderen mir bekannten Läufern und erzähle stolz von meinen Erfahrungen aus der Wüste. Dabei vernachlässige ich ein wenig meine Konzentration und trinke an einem der ersten Verpflegungspunkte zwei Becher eines isotonischen Getränks, das ich zuvor noch nie probiert habe. Normalerweise teste ich alle meine Utensilien und auch meine Verpflegung zuvor im Training. Aber es sind ja „nur“ achtzig Kilometer, sagt mir wieder ganz dezent meine innere Stimme. Ohne weiter darüber nachzudenken, nehme ich auch bei den kommenden Verpflegungsposten wieder dieses für mich unbekannte Isogetränk zu mir. Nach dreißig Kilometern bekomme ich zum ersten Mal Schmerzen in meiner Magengegend. Ich verschwinde hinter einem Busch, erleichtere mich und laufe danach weiter, ohne mich zu fragen, woher dieses Problem stammen könnte. Erst als die Schmerzen weiter anhalten, werde ich nachdenklich. Alles, was ich zu mir nehme, scheidet mein Körper wieder aus. Das weitere Laufen wird zu einer Qual. Alle paar Meter muss ich anhalten und ins Gehtempo überwechseln. Irgendwann ist an Laufen dann gar nicht mehr zu denken. Ich schleppe mich durch die klare, sommerliche Nacht. Der Vollmond lässt die Felder und die Bäume um mich in einem faszinierenden Licht erscheinen. Die Luft ist sauber und rein und selbst um zwei Uhr morgens noch angenehm warm. Traumhafte Bedingungen für einen Nachtlauf durch den Schwarzwald. Doch ich kann diese sagenhafte Atmosphäre überhaupt nicht genießen, denn ich bin viel zu sehr mit mir und meinen Magenschmerzen beschäftigt. Selten zuvor musste ich mich bei einem Ultramarathon dermaßen quälen. Mit einer großen Portion Frust über mich und meine Überheblichkeit marschiere ich Meter für Meter weiter. Für einen kurzen Augenblick schwanke ich zwischen Aufgeben und Weitermachen. Was soll ich tun? Macht das Ganze überhaupt noch Sinn? Der vernünftige Teil in mir sagt: „Hör doch auf, du quälst dich doch unnötig. Du wärst in einer Stunde daheim in deinem bequemen Bett." Doch der andere, der willensstarke Teil antwortet sofort: „Morgen würdest du es bitter bereuen, wenn du jetzt das Rennen abbrichst. Geh weiter!" Die Willenskraft hat dieses Mal über die Vernunft gesiegt. Nach fast dreizehn Stunden erreiche ich fix und fertig das Ziel. Die sehr lehrreiche Erkenntnis, die ich durch diesen Lauf gewonnen habe, lautet: „Nichts ist unwichtig, alles ist wichtig." Das ist mir bei diesem Rennen in Karlsruhe wieder bewusst geworden. Selbst wenn ich heute nur fünf Kilometer laufe, dann genießen diese fünf Kilometer meine volle Aufmerksamkeit. Wir sollten nie eine Aufgabe unterschätzen, ganz gleich, wie unbedeutend sie auch erscheinen mag. Auch wenn sie auf den ersten Blick sehr einfach ausschaut, sollten wir immer mit der nötigen Konzentration an sie herangehen. Mit der gleichen Konzentration, als wäre sie die wichtigste Aufgabe des Tages. Die Haltung „Das mache ich mit links“ sollten wir ganz schnell aus unserem Kopf streichen. Es gibt keine unwichtigen Aufgaben, sondern immer nur wichtige. Ob es sich bei der Aufgabe um einen Laufwettbewerb, ein Kundengespräch, eine Klausur, eine E-Mail oder einen Jahresabschluss handelt – diese Regel gilt immer.

Guter Lauf, schlechter Lauf – Die richtige Perspektive entscheidet

Einen der kritischen Punkte bei meinem Lauf auf La Réunion habe ich bei Kilometer 122 am Verpflegungspunkt in Deux-Bras gehabt, als ich mir eine Stunde Schlafpause im Militärzelt genehmigte. Ich bin zu diesem Zeitpunkt bereits knapp 35 Stunden nonstop unterwegs gewesen und will jetzt nach diesem Kurzschlaf weiterlaufen. Doch es fällt mir verdammt schwer, denn es ist schweinekalt draußen, die Temperaturen bewegen sich im einstelligen Bereich, und dazu regnet es schon seit Stunden ohne Unterbrechung. Meine Oberschenkelmuskulatur ist inzwischen wieder einmal steinhart geworden und schmerzt bei jedem Schritt. Die Versuchung ist groß gewesen, einfach weiterzuschlafen oder sogar aufzugeben. Es wäre so einfach gewesen. In diesem Moment hätte ich ganz leicht denken können: Warum tue ich mir das an? Warum mache ich das bloß? Doch solche Fragen helfen einem nicht weiter.

Was kann man in dieser konkreten Situation tun? Es gibt genau zwei Möglichkeiten. Man kann sagen: „Das Wetter spielt ja heute gar nicht mit. Der viele Regen, der starke Wind und die eisige Kälte. Es sind heute einfach keine optimalen Bedingungen. 122 Kilometer sind auch schon gut." Oder man sagt: „Drei Viertel des Rennens hast du schon. Du wirst bald im Ziel sein. Das Wetter wird dich auch nicht davon abhalten. Jetzt gibst du erst richtig Gas!" Genau zwei Möglichkeiten: aufgeben oder weitermachen. Wir können nur einen Gedanken zur gleichen Zeit haben. Entweder ist dieser positiv oder negativ. Wir können ein und dieselbe Situation ganz unterschiedlich interpretieren.

Wie habe ich die Situation auf La Réunion gelöst? Ich fing an, wieder positiv zu denken. Das habe ich geschafft, indem ich mir andere Fragen stellte. Ich veränderte durch andere Fragen einfach meinen Blickwinkel. Ich fragte mich stattdessen: Was kann ich denn tun, um aus dieser Situation wieder herauszukommen? Was ist an dieser Situation positiv? Wie wird es wohl sein, wenn ich jetzt weiterlaufe und das Ziel erreiche? Wenn es mir ganz schlecht bei einem Lauf geht, frage ich mich auch schon einmal: Wie viele Menschen wären wohl liebend gerne in deiner Situation? Wie viele Menschen würden sehr gerne mit dir tauschen? Diese zwei Fragen stelle ich mir mittlerweile auch im Alltag, wenn ich mich über Dinge ärgere oder wenn ich mich nicht so toll fühle. Oder ich rufe mir folgendes Szenario ins Gedächtnis: Auf der Erde leben über sieben Milliarden Menschen. Und jeden Tag werden es mehr. Wie unbedeutend bist du in Anbetracht dieser Zahl? Die Erde ist nur ein ganz kleiner Fleck im riesigen Universum. Wie klein bist du dagegen als einzelner

Mensch? Stellen Sie sich genau diese Fragen, wenn gerade wieder einmal alles über Sie zusammenbricht oder Sie in einer scheinbar kritischen Lage stecken. Und was merken Sie? Sie fühlen sich besser als zuvor, richtig? Machen Sie diese Übung. Stellen Sie sich diese Fragen: Wie viele Menschen auf der Welt wären wohl überglücklich, wenn sie mit mir tauschen könnten? Wie unbedeutend ist mein Problem im Vergleich zu den Sorgen anderer bei über sieben Milliarden Menschen? Wie klein sind ich und mein Problem im riesigen Universum?

Unser momentaner Blickwinkel spiegelt nicht immer die wahre Situation wider, sondern stellt nur eine von vielen Möglichkeiten dar, wie man Dinge wahrnehmen kann. Es handelt sich dabei nur um einen kleinen Ausschnitt aus dem Gesamtbild, das man von einer bestimmten Situation haben kann. Wenn ich meinem Fotografen Christian bei der Arbeit über die Schulter schaue, dann bin ich häufig erstaunt, wenn ich die Bilder von den Laufabenteuern sehe. Es existiert zum Beispiel ein Foto, das bei trübem und regnerischem Wetter aufgenommen worden war. Ich habe in Erinnerung, dass ich mich auch körperlich nicht so gut fühlte. Doch wenn ich das Bild nun betrachte, zeigt es einen ganz anderen Ausschnitt aus derselben Situation. Man sieht einen gut gelaunten Läufer in einer hellen, freundlichen Umgebung.

Ist Ihnen auch schon aufgefallen, wie viele Menschen in Deutschland und Österreich mit einem unzufriedenen Gesichtsausdruck durch die Gegend laufen? Keine Begrüßung, keine freundlichen Worte, kein Lächeln. Lieber wird geschimpft und gejammert. Wie viele Menschen lassen sich in diesem Zustand durch ganz banale Dinge aus der Fassung bringen? Da empfindet man es zum Beispiel als wahre Katastrophe, dass man nicht sofort einen passenden Parkplatz findet, oder man steigert sich in seine

Aggressionen, weil man ein paar Minuten an der Kasse warten muss oder weil die Bahn ein paar Minuten Verspätung hat. Man sieht wie mit Scheuklappen und hat nur eine bestimmte Perspektive im Kopf. Sind es solche Situationen wert, dass man hektisch und unfreundlich durch die Welt geht? Nehmen wir doch unsere Katastrophenbrille ab und versuchen wir, jeder Situation etwas Positives abzugewinnen. Wirklich jeder. Wenn Sie zum Beispiel mehr Zeit brauchen, um einen Parkplatz zu finden, dann machen Sie sich bewusst, dass Sie einfach noch länger in Ihrem tollen Auto fahren können. Denken Sie daran, dass die meisten Menschen überhaupt kein Auto besitzen. Oder wenn Sie in Ihrem Job gerade ein schwieriges Telefonat hinter sich gebracht haben, dann rufen Sie sich ins Bewusstsein, dass man sich durch solche Aufgaben persönlich weiterentwickeln kann. Auch wenn diese Denkweise nicht sofort Ihr Problem löst, so hilft sie Ihnen dabei, Ruhe zu bewahren. Wie wir später noch erfahren, haben die Gedanken eine sehr starke Macht über uns.

Eine weitere gute Methode, seinen Blickwinkel zu verändern, ist die Welt einmal durch die Augen eines Kindes zu betrachten. Daran glaubte ich lange Zeit selbst nicht, bis ich im März 2010 Vater einer Tochter wurde. Dadurch änderte sich nicht nur mein Leben, sondern auch meine eigene Perspektive. Ich finde es einfach erstaunlich, wie Kinder an Situationen herangehen. Wie sie für Erwachsene selbstverständliche Dinge ganz anders sehen. Wie sie Gegenstände anfassen und mit Neugierde ihre Umgebung erfahren. Für uns Erwachsene ist beispielsweise ein Stück Alufolie eben ein Stück Alufolie. Sie stellt für uns nichts Besonderes mehr dar, oder? Für ein Kind sehr wohl. Für ein Kind ist dieses silbrig schimmernde Papier nämlich ein faszinierender, spannender und hochinteressanter Gegenstand, mit dem man sich stundenlang beschäftigen kann.

Von der Neugier, der Lernbereitschaft und der Aufmerksamkeit, die Kinder alltäglichen Dingen beimessen, können wir uns Erwachsene eine Scheibe abschneiden. Sehen Sie die Welt öfter einmal mit den Augen eines Kindes und manches Problem wird sich relativieren.

Auch wenn bei meinem Lauf auf La Réunion bei Kilometer 122 äußerlich vieles gegen mich sprach, konnte ich alleine mit meiner inneren Haltung dagegensteuern, indem ich mich auf die positiven Elemente bei diesem Rennen konzentrierte. Das waren zum Beispiel die beeindruckenden farbenprächtigen Pflanzen, die überall am Wegesrand zu finden waren. Indem ich bewusst nur auf die Blumen fokussierte, vergaß ich meine bleischweren Beine, meine Müdigkeit und meine steinharte Oberschenkelmuskulatur. Mehr noch: Meine mentale Lage verbesserte sich wieder, weil ich durch diese Ablenkung den Gedanken „schwere Krise" durch den Gedanken „schöne Blumen" ersetzte.

Nicht die äußeren Umstände beeinflussen unseren momentanen Zustand, sondern vielmehr, wie wir eine Situation interpretieren und bewerten. Die Bedeutung, die wir einem bestimmten Ereignis beimessen, beeinflusst unser Verhalten. Denken Sie daran: Wir können nur einen Gedanken zur gleichen Zeit haben. Entweder ist dieser positiv oder negativ. Wir können ein und dieselbe Situation ganz unterschiedlich interpretieren. Sie können entweder immer nur die negative Seite einer Medaille sehen oder Sie konzentrieren sich auf den positiven Aspekt der Situation. Es ist immer eine Frage der richtigen Perspektive.

Unsere Willenskraft zählt ohne Frage zu den entscheidenden Erfolgseigenschaften. Und der Wille lässt sich genauso trainieren wie unser Körper – und zwar durch entsprechendes Denken. Denken ist ein ständiger Dialog von Frage und Antwort, der meist unbewusst im Hintergrund abläuft. Die entscheidende Frage lautet für mich: Mit welchen Gedanken reagiert man auf eine bestimme Situation? Wir können nicht alles beeinflussen, was uns im Leben passiert. Aber wir haben immer in der Hand, wie wir auf etwas reagieren. Abgesehen von den automatischen Reaktionsprozessen unseres Körpers können wir selbst bestimmen, was wir denken.

Auf das Thema „positives Denken“ bin ich ja schon im vorherigen Kapitel eingegangen. Es kann eine ungemein wirkungsvolle Methode darstellen, wie man sich aus kritischen Situationen befreien kann. Das erlebe ich immer wieder bei meinen Rennen, so auch beim Fidelitas Nachtlauf in Karlsruhe. Bei meinem dortigen Einbruch hätte ich mir leicht Fragen stellen können wie: Warum bekomme ich ausgerechnet jetzt Magenschmerzen? Warum tue ich mir das überhaupt an? Macht es überhaupt noch Sinn weiterzulaufen? Diese Fragen hatte ich zugegebenermaßen zu Beginn im Kopf, doch sie führten zu einem negativen Denken. Alles bei diesem Lauf wurde auf einmal negativ: die Strecke, die Umgebung, die Verpflegung, mein körperlicher Zustand. Ich fing sogar kurzzeitig an, meine komplette Laufsaison infrage zu stellen. „Soll ich in diesem Jahr überhaupt noch weitere Wettkämpfe bestreiten?“, dachte ich. Weil ich mich eben in einer schlechten Stimmung befand. Ich sagte mir dann laut und klar: „Stopp! So geht es nicht weiter.“ Innerlich versuchte ich diesen Negativfilm, der gerade in mir ablief, durch einen positiven zu ersetzen, indem ich mir nur eine Frage stellte: Welchen positiven Aspekt hat diese Situation? Im ersten Moment fand ich keine Antworten auf diese Frage. Was soll auch schon positiv sein, wenn man die ganze Zeit Durchfall hat und mehr gehend als laufend die Strecke zurücklegt? Ich stellte mir die Frage noch einmal: Welchen positiven Aspekt hat diese Situation? Ich überlegte und überlegte, und auf einmal kam mir eine Antwort: „Dieses Gehtempo stellt ein gutes Training für den Jungle Marathon dar, den du in gut drei Monaten läufst. Bei diesem Rennen wirst du ebenfalls viele Passagen nicht im Lauftempo bewältigen können." Dadurch passierten zwei Dinge. Zum einen lenkte ich meine Gedanken weg von meinem jetzigen Rennen hin zum Jungle Marathon. Zum anderen freundete ich mich mit dem Gehtempo an. Meine Enttäuschung und mein Frust gingen zurück und ich freute mich auf den Lauf in Brasilien. Meine Stimmungslage hellte sich, durch diese Vorfreude, durch diese anderen Gedanken, wieder auf und ich schaffte es, auch die nächsten Stunden bis zum Ziel zu überstehen.

Ich möchte aber auch davor warnen, dass man es mit dem positiven Denken nicht übertreibt. Ein paar Motivationsgurus propagieren, dass man immer und überall nur positiv denken muss, und schon löst sich das Problem von selbst. So einfach ist es nicht. Wenn ich beispielsweise laufe und es hagelt, schneit und vor lauter Schneegestöber kann ich keine zehn Meter weit mehr sehen und ich denke dann „Wow, was für wunderschöne saftig grüne Wiesen und welch ein sonniger und klarer Tag", dann hat das in meinen Augen nichts mehr mit positivem Denken zu tun, sondern stellt einfach nur Schönfärberei dar.

Wie schaffen wir es denn, unsere Gedanken zu lenken? Durch Fragen. Eine Frage ist ein einfaches und gleichzeitig sehr wirkungsvolles Instrument, um unsere Gedanken und unsere Stimmung zu beeinflussen. Wenn wir uns neue Fragen stellen, führen uns diese zu einem anderen Denken als bisher. Denken ist im Grunde nichts anderes als ein ständiger Prozess von Frage und Antwort. Ein Gedanke, der die gegenwärtige Situation verlässt, ruft ein anderes Gefühl hervor. Ein anderes Gefühl hat wiederum ein anderes Verhalten zur Folge. Ein anderes Verhalten führt zu einem anderen Ergebnis. Diesen Zusammenhang finde ich bemerkenswert: Fragen – Gedanken – Gefühle – Verhalten – Ergebnis. Stellen Sie sich positive Fragen. Dadurch bekommen Sie positive Gedanken. Und dadurch sind Sie in einer besseren Stimmungslage und können positive Handlungen in Gang bringen, die letztendlich zu einem besseren Resultat führen.

Alles beginnt beim Denken. Welche Gedanken wir haben, bestimmt darüber, wie wir uns fühlen und welches Verhalten wir zeigen. Wir müssen also „nur" die „richtigen" Gedanken in unseren Kopf lassen, um eine positive Handlung zu vollbringen. Die Herausforderung ist jedoch, dass wir jeden Tag ca. 50.000 bis 70.000 Gedanken haben. Gedanken, die wir über die riesige Informationsflut erhalten, die tagtäglich auf uns einströmt und uns beeinflusst. Stellen Sie sich vor: eine ausverkaufte Münchener Allianz-Arena voller Gedanken. Die meisten davon sind unwichtig. Einige davon sogar negativ. Die Kunst besteht nun darin, jene für einen wichtigen und positiven Gedanken herauszufiltern, diese zuzulassen und vor allem die anderen negativen Gedanken aus dem Kopf zu bekommen. Das erreicht man dadurch, dass man sich nur auf die positiven Gedanken konzentriert, die für einen selbst relevant sind und die zu einer positiven Stimmungslage beitragen. Und das ist wiederum eine Frage der Konzentration und der Fokussierung. Wichtig ist vor allem auch, die ausgewählten Gedanken festzuhalten und sich dann mit diesen zu beschäftigen. Ich habe es mir beispielsweise angewöhnt, ständig ein Diktiergerät bei mir zu tragen. Gerade bei langen Laufeinheiten ist immer eines bei mir im Laufrucksack. Auf diese Weise stelle ich sicher, dass ich meine Ideen und Gedanken sofort dokumentieren kann. Einige Textpassagen in diesem Buch sind im Wald bei einem meiner langen Dauerläufe entstanden.

Der ehemalige Welttorhüter Oliver Kahn vergleicht einen starken Willen mit Benzin, der den Motor „Gehirn" am Laufen hält. Unseren Willen können wir dadurch stärken, indem wir uns mit unseren Gedanken nur auf die positiven Aspekte einer Situation fokussieren.

Quäl dich, du Sau oder wie man sich noch motivieren kann

Welchen Einfluss der Mensch auf sein Unterbewusstsein ausüben kann, lernte ich nicht nur durch die schon beschriebenen Visualisierungstechniken. Auch mit anderen mentalen Techniken beschäftige ich mich vor und auch während langer Läufe. Bei meinen Trainingseinheiten und Wettkämpfen wandte ich ganz intuitiv Techniken an, die auch bei NLP-Ausbildungen gelehrt werden. Bei einem Lauf wie am Mont Blanc durchlebt man ständig Hochs und Tiefs. Ob Muskelprobleme, Magenbeschwerden oder mentale Krisen – der ganze Körper wird bei solch einem Rennen extrem beansprucht. Die Kunst besteht darin, in Krisensituationen, die unweigerlich auftreten, weiterzulaufen und nicht aufzugeben. Was mache ich, wenn es mir schlecht geht und ich mich in einer Krise befinde? Ich beginne zum Beispiel ganz automatisch Selbstgespräche zu führen. „Das ist ein toller Lauf in einer atemberaubenden Landschaft. Ich bin echt froh, dass ich hier sein darf. Und es läuft richtig rund. Wir haben jetzt 4:28 Uhr und ich fühle mich prächtig. Gleich muss der Anstieg zum Col de la Seigne beginnen. Den kenne ich ja bereits aus dem Vorjahr. Absolut machbar." So und so ähnlich läuft das bei mir ab. Damit könnte ich sicherlich alleine schon ganze Bücher füllen. Ich rede bei langen Läufen ständig mit mir selbst. Erst später erfuhr ich dann, dass dieses Verhalten in der Fachsprache auch als Power-Monolog oder Affirmation bezeichnet wird. Das lateinische Wort „affirmare" bedeutet bestärken, bejahen, behaupten, bestätigen. Wenn wir Affirmationen verwenden, behaupten wir etwas, das wir erst später durch die entsprechende Erfahrung bestätigt bekommen. Von allen mentalen Techniken, mit denen wir unseren Denkvorgang steuern können, ist die Affirmation die einfachste. Wenn ich eine Affirmation verwende, entscheide ich mich für eine Aussage, die das, was ich erreichen will, zum Ausdruck bringt. „Ich schaffe es", ist beispielsweise eine positive Affirmation, die ich mir bei einem Wettkampf zigfach sage. Das Gegenstück, die negative Affirmation dazu, würde lauten: „Ich schaffe es nicht."

An der erfolgreichen Anwendung von Affirmationen ist unser Unterbewusstsein maßgeblich beteiligt. Das Unterbewusstsein können Sie sich wie einen trockenen Schwamm vorstellen. Alles, was wir erleben, hören, sehen, fühlen, schmecken und sprechen, saugt es auf und speichert es ab. Nur ein Bruchteil unseres Tuns ist uns bewusst. Der Rest läuft unbewusst ab. Viele unserer lebensnotwendigen Funktionen laufen völlig unbewusst ab. Denken Sie zum Beispiel über Ihre Verdauung oder über Ihre Atmung nach? Oder denken Sie beim Autofahren noch an das Schalten und Abbiegen? Wohl kaum. Das funktioniert wie von allein – dank unseres Unterbewusstseins. Unser Unterbewusstsein ist also maßgeblich an unseren Entscheidungen beteiligt. Es steuert und beeinflusst zu einem großen Teil unser Handeln. Haben wir unser Unterbewusstsein mit den von uns gewünschten Gedanken „gefüttert“, so wird es uns bei der Verwirklichung unserer Ziele helfen. Indem wir einen bestimmten Gedanken oder eine Redewendung immer wieder in unser Unterbewusstsein lassen, können wir damit das gewünschte Ergebnis erzielen. Die wiederholte Anwendung prägt sich dem Unbewussten dermaßen ein, dass alte, negative Denkmuster unwirksam werden und die ersehnten Veränderungen eintreten.

Während eines Wettkampfes rede ich mir immer wieder positiv zu: „Du schaffst es“ oder „Das ist dein Lauf, Norman“. Dabei stelle ich mir vor, wie ich den Lauf erfolgreich beenden werde. Danach fühle ich mich in der Tat besser und energiegeladener als zuvor. Oder denken Sie nur an den berühmten Spruch von Udo Bölts an Jan Ullrich während der Tour de France beim Anstieg nach Alpe d’Huez: „Quäl dich, du Sau!“ Auch diesen Satz sage ich mir häufiger in kritischen Situationen. Er hilft mir dabei, wirklich das Letzte aus mir herauszuholen.

Sie haben bisher die Anwendung von Affirmationen ausschließlich aus meiner Welt, aus der Welt eines Extremsportlers, vermittelt bekommen. „Können denn auch Nichtsportler von dieser Technik profitieren?“, werde ich bei meinen Vorträgen immer wieder gefragt. Selbstverständlich. Einzige Bedingung: Training. Sie müssen solche positiven Selbstgespräche systematisch trainieren. Sie müssen zunächst einmal „Ihren Satz“ oder „Ihre Redewendung“ finden. Wenn Sie sich für einen passenden Satz oder mehrere Sätze entschieden haben, die Sie aufpushen, können Sie diese durch ständige Wiederholung in Fleisch und Blut übergehen lassen. Nur so haben Sie sie in einer Stresssituation sekundenschnell parat und können sie anwenden. Wichtig ist, dass eine Selbstansprache wie zum Beispiel „Ich schaffe das“ auf einer realistischen Einschätzung der eigenen Fähigkeiten beruht. Sie müssen schon das Know-how und die Fertigkeiten für ein Ziel mitbringen, um „Ich schaffe das“ zu sagen. Wenn Sie zum Beispiel zu sich sagen „Ich werde in der Präsentation alle Teilnehmer begeistern“, müssen Sie diese auch entsprechend vorbereitet haben. Sonst bringt Sie die beste Affirmation nicht weiter, weil Sie ja in Ihrem tiefen Inneren wissen, dass Sie ohne eine adäquate Vorbereitung keinen Erfolg haben werden.

Beim Ultra-Trail Mont Blanc erhält jeder Läufer eine eigene Läuferkarte zur Identifikation beim Rennen. Diese Karte, mit einem eindrucksvollen Motiv vom Lauf, hat die Größe einer Kreditkarte. Vor meinem zweiten Start am Mont Blanc steckte ich mir diese Karte in mein Portemonnaie, weil sie einfach toll aussah und ich damit zeigen konnte, wo ich bald laufen werde. Dabei passierte Folgendes: Immer wenn ich mein Portemonnaie öffnete, und das macht man am Tag durchaus häufiger, sah ich die Karte und war in Gedanken sofort in Chamonix beim Lauf. Die Gedanken, die ich vor ein paar Sekunden hatte, waren urplötzlich verschwunden. Mein Fokus richtete sich nur noch auf den Lauf. Ich befand mich sofort in einer euphorischen Stimmung. Die Bilder von meinem Start aus dem Vorjahr gingen mir durch den Kopf. Ich sah die majestätische Bergkulisse des Mont Blanc vor mir. Ich fühlte die unglaubliche Stimmung und das Kribbeln am Start. Ich hörte die Menschenmassen in den einzelnen Dörfern, die ich bei diesem Rennen passieren werde. Ich sah, hörte und fühlte noch einmal den Moment, als ich im vergangenen Jahr unter tosendem Applaus das Ziel in Chamonix erreichte. Den Auslöser für diese emotionalen Zustände bildete diese kleine Karte.

Diese Läuferkarte war nicht nur meine Identifikation oder ein schönes Souvenir. Sie stellte für mich einen sogenannten Anker dar. Damit meine ich natürlich nicht die mitunter sehr imposanten Schiffsanker. Das „Ankern" verstehe ich im Zusammenhang mit mentalem Training. Ein Anker kann ein Wort, ein Satz, ein Gegenstand, eine Melodie, eine Geste oder eine bestimmte Bewegung sein. Anker haben eine sehr starke Wirkung, weil sie sofort intensive Zustände auslösen können. Sie können einer Erfahrung Dauer verleihen und kommen tagtäglich häufig zum Einsatz. Vielen Menschen ist dies gar nicht bewusst. Kennen Sie das auch? Wenn im Radio ein bestimmtes Lied erklingt, denken Sie automatisch an eine gewisse Situation zurück? An Ihre erste Liebe? An ein Konzert? An ein erfolgreiches Fußballspiel? Das Lied hat in all den Fällen die Funktion eines Ankers. Ein wissenschaftlicher Beleg dafür sind die bekannten Experimente des russischen Forschers Iwan Pawlow mit seinen Hunden. Pawlow fütterte seine Hunde und beobachtete dabei ihren Speichelfluss. Wenn er dabei eine Glocke in engem zeitlichen Abstand zur Fütterung erklingen ließ, reagierten die Hunde allein auf den Glockenton mit Speichelfluss. Oder denken Sie an die berühmte „Becker Faust" von Boris Becker. Diese Geste war ebenfalls solch ein Anker für unseren ehemaligen Tennishelden. Jedes Mal, wenn er seine Faust ballte, ankerte er eine Erfolgssituation wie zum Beispiel einen optimal ausgeführten Schlag aus seinem reichen Erfahrungsschatz und „katapultierte" sich damit in einen positiven Zustand.

Selbstgespräche und Anker sind zwei mächtige Instrumente, mit denen wir unsere Gedanken lenken und auf Erfolg programmieren können. Im Extremsport wie im „normalen" Berufs- und Alltagsleben.

Der Glaube versetzt Berge

„Der Glaube versetzt Berge“, lautet ein bekanntes Bibelzitat. Woran glauben Sie? Mir geht es dabei nicht um Ihre religiöse Einstellung, sondern darum, was Sie in Bezug auf Ihre Person und Ihre Eigenschaften glauben. Sie werden nur ganz selten etwas erreichen, woran Sie nicht wirklich glauben. Der unerschütterliche Glaube ist eine unabdingbare Voraussetzung für persönlichen Erfolg. Solange wir fest an etwas glauben, übernimmt unser Gehirn die Funktion eines Autopiloten und lässt nur die Informationen zu, die unserem Glaubenssystem entsprechen. Wenn dieses System beispielsweise sagt „Ich glaube an die Wirkung von Medikamenten“, dann wird auch Ihr Gehirn dahingehend programmiert und Sie erleben die Effekte tatsächlich. Auch wenn die Medikamente nicht über die entsprechenden Wirkstoffe verfügen. Dieses Phänomen, als Placebo-Effekt bezeichnet, finde ich beeindruckend. Die Wunderwirkung der Medikamente liegt immer im Glauben der Person begründet, nicht in den Präparaten selbst.

Nur: Glaube allein reicht nicht aus. Der Glaube an sich und seine Stärken ist eine starke Basis. Ein breites Fundament. Nur damit allein erreichen Sie nicht Ihr Ziel. Sie müssen auch täglich etwas tun. Sie müssen aktiv werden. Wenn ich in der Vorbereitung für einen großen Lauf stecke, dann bin ich zu 100 Prozent davon überzeugt, dass ich ihn auch erfolgreich beenden werde. Ich glaube an mich und meine läuferischen Fähigkeiten. Wenn ich aber nicht ausreichend trainieren würde, körperlich wie mental, dann brächte mich auch der beste Glaube nicht an mein Ziel.

Unser Glaube stellt eine innere Haltung, eine innere Gewissheit dar, dass das, was man sich wünscht, erreicht werden kann. Glaube ist immer auch in Zusammenhang mit Vertrauen in sich selbst und seine Fähigkeiten zu sehen. Vor allem, wenn man eine große Aufgabe vor sich hat, die man zuvor noch nie bewältigt hat, ist es enorm wichtig, Vertrauen aufzubauen. Als ich zum ersten Mal vom Ultra-Trail Mont Blanc hörte, konnte ich es zunächst gar nicht glauben, dass man solch eine Leistung überhaupt vollbringen kann. Wie kann man denn nur 166 Kilometer und 9.400 Höhenmeter nonstop innerhalb von 46 Stunden laufen? Das war zunächst meine innere Haltung. Mit dieser Einstellung hätte ich nie und nimmer diesen Lauf erfolgreich zu Ende bringen können. Doch diese Herausforderung reizte mich ungemein – und offensichtlich hatten ja schon einige Menschen diese enorme Leistung geschafft. Doch erst als ich anfing, mich mit dem Rennen intensiv auseinanderzusetzen und erfolgreich längere Bergrennen in der Vorbereitung bestritt, änderte sich allmählich mein Glaube in Bezug auf diesen Lauf. Ich habe für mich in der Vorbereitung ganz langsam ein Gefühl der Gewissheit entwickelt, dass ich diese Herausforderung bewältigen könnte. Der Lauf schien für mich absolut machbar. Nach und nach erzeugte ich den Glauben an mich. Und das schaffte ich dadurch, dass ich mich jeden Tag mit dem Rennen beschäftigte und mich mit ihm identifizierte. Insgesamt bereitete ich mich über ein Jahr sehr intensiv auf diesen Lauf vor, lief alleine in den letzten acht Monaten vor dem Rennen fast 4.000 Kilometer und investierte unzählige Stunden in mein Bergtraining. Als es dann nur noch wenige Wochen bis zum Start waren, war ich mir absolut sicher, dass ich es schaffen werde, obwohl ich noch nie zuvor solch eine Distanz gelaufen bin. Durch meine sorgfältige Vorbereitung auf diese große Aufgabe erhöhte sich auch mein Glaube an einen erfolgreichen Lauf. Genauer gesagt: Durch die vielen Tausend Trainingskilometer, die zahlreichen Bergrennen und die daraus gewonnenen Erfahrungen veränderte sich mein Glaube in Bezug darauf, was möglich ist.

Ein befreundeter Läufer fuhr im selben Jahr nach Chamonix, um am Ultra-Trail Mont Blanc teilzunehmen. Er hatte jedoch eine ganz andere Haltung. Nach dem Motto „Ich fange einmal an und schaue dann, wie weit ich komme", ging er an den Start. Raten Sie einmal, wie für ihn dieses Rennen wohl gelaufen ist. Er stieg nach gut der Hälfte aus. Körperlich war er topfit. Von seinem physischen Zustand her hätte er diesen Lauf sicherlich geschafft. Was ihm jedoch fehlte, war der Glaube an sich und seine Fähigkeiten.

Was bedeutet das für Sie? Wenn Sie ein konkretes Ziel vor Augen haben, wenn Sie von sich und Ihren Fähigkeiten, die Sie zur Erreichung des Ziels benötigen, überzeugt sind, dann sind Sie auch bereit dafür, sich an die Umsetzung des Ziels zu machen. Sie sind also motiviert. Richtig? Wenn jetzt noch ein kontinuierliches Handeln dazukommt, steht der Erreichung Ihres Ziels nichts mehr im Wege. Alles fängt mit Ihrem Ziel an. Ihr Ziel stellt die Basis für Erfolge in sämtlichen Lebensbereichen dar. Ich wiederhole mich in diesem Punkt gerne, weil er so elementar wichtig ist: Nur wenn Sie ein konkretes, messbares, terminiertes und schriftlich fixiertes Ziel haben, können Sie erfolgreich sein. Der Glaube an Ihr Ziel, der Glaube an sich und Ihre Fähigkeiten ist wiederum die Voraussetzung, dass Sie motiviert sind. Nur wenn Sie motiviert sind, wenn Sie die richtige Einstellung haben, kommen Sie auch zum Handeln. Ihr Tun bestimmt wiederum über Ihren Erfolg.

Wissen Sie, was eine sich selbst erfüllende Prophezeiung ist? Wenn Sie in einer bestimmten Situation denken, „Das schaffe ich nie", wird dies mit hoher Wahrscheinlichkeit eintreten. Sie können natürlich auch daran glauben, dass Sie es schaffen. Auch dies wird dann mit hoher Wahrscheinlichkeit passieren. Zu Beginn meiner Laufkarriere bekam ich bei Marathonläufen regelmäßig Krämpfe in meinen Waden. Ab einer zurückgelegten Strecke von etwa dreißig Kilometern tauchten diese Muskelkrämpfe auf. Mit der Zeit brannte sich dies regelrecht in meinen Kopf ein, was zur Folge hatte, dass ich bei jedem Marathonlauf nur darauf wartete, dass die Krämpfe einsetzten. Ein leichtes Zucken in den Waden wertete ich sofort als Krampf. Selbst wenn es bei einem Rennen ausgezeichnet lief, hatte ich immer im Hinterkopf: „Nach dem dreißigsten Kilometer kommen die Wadenkrämpfe." Und dann setzten sie auch ein. Erst als ich nicht mehr daran dachte und meine innere Haltung änderte, verschwanden die Wadenkrämpfe. Unser Erfolg ist immer auch eine Frage des Glaubens.

Sie kennen doch bestimmt Aussagen wie „Sei doch realistisch", „Schuster, bleib bei deinen Leisten" oder „Bleib doch auf dem Boden". Davon existieren noch einige mehr. Was diese sogenannten Glaubenssätze vereint, ist die Tatsache, dass sie alle negativ sind. Aber bevor ich näher darauf eingehe: Was ist denn überhaupt ein Glaubenssatz? Bei einem Glaubenssatz handelt es sich um eine Regel, die für uns mit einem Gefühl der Gewissheit verbunden ist, das wir in Bezug auf einen bestimmten Sachverhalt, eine Person oder Situation haben. Oder kurz gesagt: Ein Glaubenssatz ist eine Annahme, die wir für richtig halten. „Wenn ich mehr Sport treibe, dann nehme ich ab", „Es ist nun mal so, dass wir alle arbeiten müssen, um Geld zu verdienen", „Ich brauche nur Talent, um erfolgreich zu sein", „Meine Arbeitszeiten sind von neun bis siebzehn Uhr." Das sind Beispiele für Glaubenssätze.

Aus meiner Erfahrung als Vortragsredner und Motivationstrainer stelle ich immer wieder fest, dass leider viele

Menschen negative Glaubenssätze in sich tragen. Damit engen sie sich ein, beschneiden ihre Möglichkeiten und reduzieren letztendlich ihre Lebensqualität. Ein Kunde von mir hatte den Glaubenssatz „Mir gelingt nichts. Alles, was ich anfasse, wird zum Misserfolg", fest verinnerlicht. Schon das Auftreten dieser Person spiegelte diese Haltung wider: Er lief mit hängenden Schultern und heruntergezogenen Mundwinkeln durch die Welt. Bei der Begrüßung bekam ich nur einen schwachen Händedruck. Angst bestimmte sein Handeln. Sein Selbstvertrauen war nur sehr gering ausgeprägt und er saß am liebsten daheim in der sicheren Wohnung und sah fern. Um solch ein eingespieltes und tief eingeprägtes Verhalten zu ändern, muss eine neue Erfahrung, ein neues Referenzerlebnis aufgebaut werden. Meinem pessimistischen Kunden zeigte ich an ganz einfachen Dingen im Alltag, dass er sehr wohl in der Lage ist, erfolgreich zu sein. Wenn er beispielsweise auf fremde Menschen zuging, wenn er ein Gespräch führte oder wenn er sich überwand, Sport zu treiben, waren das Erfolge, die ich ihm bewusst machte. Zudem fing er an, seine täglichen Erlebnisse in einem Erfolgstagebuch festzuhalten, was das Bewusstsein für seine Erfolge nochmals verstärkte. Nach und nach nahm sein Selbstvertrauen wieder zu, denn Selbstvertrauen entsteht nur durch konkrete Taten.

Allein die Aufforderung „Sei doch mal realistisch" finde ich persönlich ungemein einschränkend. Was bedeutet diese Aussage schon? Wenn wir immer nur „realistisch" sind, dann wagen wir uns erst gar nicht an neue Herausforderungen heran, weil uns noch die entsprechenden Erfahrungen fehlen. Die fehlende Erfahrung führt natürlich dazu, dass wir Dinge häufig gar nicht richtig einschätzen und bewerten können und vor einer neuen Aufgabe zurückschrecken. Doch dieses Manko können wir durch Mut und mit Blick über den Tellerrand wettmachen. Glauben Sie, dass ich durch die trockenste und höchstgelegene Wüste der Erde gelaufen wäre, wenn ich nur realistisch gewesen wäre? Nur wenn wir Dinge tun, die wir zuvor noch nicht gemacht haben, können wir uns weiterentwickeln. Immer wenn wir komplett neue Situationen und ganz neue Erfahrungen bewusst suchen, kommen wir im Leben weiter und können diesen negativen Glaubenssatz aus unserem Kopf streichen. Doch leider machen viele Menschen immer nur die Dinge, die sie können und die sie immer schon gemacht haben. Sie bleiben lieber realistisch und bestärken sich genau auf diese Weise in ihrem Glaubenssatz.

Erfolgreiche Menschen sind selten realistisch. Vielmehr nehmen sie auch Herausforderungen in Angriff, die ihnen ganz fremd sind. Wenn Reinhold Messner realistisch gewesen wäre, hätte er dann alleine den Mount Everest ohne Sauerstoff bestiegen? Wenn Mahatma Gandhi realistisch gewesen wäre, hätte er dann diesem übermächtig erscheinenden Gegner Paroli bieten können? Wenn Götz Werner realistisch gewesen wäre, hätte er dann die erfolgreichste deutsche Drogeriemarktkette gegründet?

Es muss nicht jeder gleich Ziele wie Reinhold Messner oder Mahatma Gandhi haben. Häufig reicht es schon aus, einfach einmal den berühmten Blick über den Tellerrand zu wagen und etwas zu tun, was einem auf den ersten Blick unmöglich erscheint. Wenn wir es tatsächlich schaffen, einfach einmal anzufangen und den ersten Schritt machen und dann noch einen und noch einen, werden wir feststellen, dass es gar nicht mehr so unmöglich ist, wie wir zunächst angenommen haben. Denn durch den zurückgelegten Weg und die gesammelten Erfahrungen verändert sich nämlich unser Glaube in Bezug darauf, was möglich ist. Und damit können wir in der Tat wahrhaftig Berge versetzen.

Energie – der Treibstoff für Höchstleistungen

Ein gesunder Körper als Grundvoraussetzung

„Mens sana in corpore sano“ – der gesunde Geist in einem gesunden Körper ist die Grundvoraussetzung für ein zufriedenes Leben. Auf die Frage in meinen Seminaren „Was ist für Sie am wichtigsten im Leben?“ antworten auch die allermeisten Menschen: „Meine Gesundheit“.

Die richtige Erkenntnis ist also bei den meisten Menschen zumindest schon einmal vorhanden. Auch die Vorsätze, etwas für die eigene Gesundheit zu tun, sind sicherlich da. Doch warum treten dann so viele Zivilisationskrankheiten auf, die typisch für eine ungesunde Lebensweise sind? Warum besteht unsere Gesellschaft aus den dicksten Menschen in ganz Europa? Warum gehen viele Menschen mit ihrem Körper um wie mit einem nutzlosen, alten Gebrauchsgegenstand? Ich habe ja schon erwähnt, dass ich auch immer wieder an Schulen mit Vorträgen unterwegs bin. Mich erschüttert es jedes Mal, wenn ich sehe, wie viele Kinder Übergewicht haben oder fettleibig sind. Ein Körperbewusstsein ist praktisch nicht mehr vorhanden. Wenn schon in jungen Jahren dieses Bewusstsein abhanden gekommen ist, wie soll es dann erst im weiteren Leben werden? Doch es kommt noch besser: Wenn ich am Abend an derselben Schule vor den Eltern der Kinder spreche, dann sehen die genauso aus. Ich frage mich immer: Kann man sich denn überhaupt wohlfühlen, wenn man bei einer Körpergröße von 1,80 Metern über 100 Kilogramm wiegt? Da habe ich so meine Zweifel.

Machen Sie sich einmal den Spaß und achten Sie bewusst darauf, wie viele Menschen Übergewicht haben oder fettleibig sind, wenn Sie gerade an einem Ort mit vielen Menschen sind. Sie werden erstaunt oder besser gesagt schockiert sein.

Viel zu viele widmen sich lieber des Deutschen liebstem Kind – dem Auto. Dieses wird gehegt und gepflegt und man investiert sehr viel Zeit und Energie in sein motorisiertes Gefährt. Würde man nur halb so viel Zeit in seine Gesundheit investieren, dann wäre es um den Fitnesszustand schlagartig ganz anders bestellt. Oft jedoch wird vielmehr auf eine angemessene finanzielle Altersvorsorge geachtet als darauf, dass man im Alter auch noch gesund genug ist, um diese Zeit zu genießen. Das Auto dient hier übrigens sehr gut als Metapher. Ohne Treibstoff kommt man in seinem Auto nicht vorwärts. Sie können das Auto mit den meisten PS besitzen, wenn Sie es nicht vorher auftanken, kommen Sie nicht voran. Genauso ist es bei uns auch: Ohne Energie geht nichts im Leben. Ein gesunder Körper ist unser wichtigstes Gut.

Doch was machen wir mit unserem Körper? Wir füttern ihn mit Müll: Alkohol, fettreichen Speisen, Zucker, Zigaretten und vielem mehr. Zum einen ernähren wir uns von den falschen Dingen, zum anderen essen wir viel zu viel. Fastfood-Unternehmen wie McDonald's schreiben schwarze Zahlen und expandieren jedes Jahr. Jährlich konsumieren Millionen Menschen auf der ganzen Welt Unmengen an Fastfood-Produkten. Auf einem Langstreckenflug nach Australien kam ich in den Genuss, den Film „Supersize Me“ zu sehen. Er handelt von einem Experiment, bei dem sich ein Mann um die Vierzig einen Monat lang nur von den Produkten von McDonald's ernährt. Jeden Tag darf jede Mahlzeit – Frühstück, Mittagessen und Abendessen – ausschließlich aus Produkten aus dem

Sortiment der Marke mit dem goldenen M bestehen. Was glauben Sie, ist passiert? Schon nach wenigen Tagen traten bei dem Mann deutliche körperliche Mängel auf. Er fühlte sich schlapp, sein Fitnesszustand verschlechterte sich deutlich und seine Lebensqualität sank erheblich. Nach zwei Wochen rieten ihm die Ärzte das Experiment abzubrechen, da sie langfristige gesundheitliche Schäden befürchteten. Doch der Mann zog das Experiment durch und brauchte danach mehrere Monate, bis sich sein Körper einigermaßen wieder erholt hatte.

Ein anderes Beispiel ist Coca-Cola, ein Vorzeigeunternehmen, das in jedem BWL-Studium als Paradebeispiel einer Erfolgsmarke herangezogen wird. Coca-Cola hat einen weltweiten Bekanntheitsgrad von 98 Prozent. Selbst wenn man durch die entlegensten Regionen in Afrika oder Asien reist, findet man das Brausegetränk. Coca-Cola ist die wertvollste Marke der Welt. Warum ist das so? Weil auch dieses Unternehmen genügend Kunden hat, weil Millionen von Menschen jeden Tag Coca-Cola trinken. Doch ist dieses Getränk gesund?

Eigentlich weiß jeder Mensch instinktiv, was er tun müsste, um gesund zu bleiben. Jeder weiß, dass er sich mehr bewegen müsste. Jeder weiß, dass er weniger essen sollte. Jeder weiß, dass Zigarettenkonsum schädlich ist. Jeder weiß um die Folgen von übermäßigem Alkoholkonsum. Jeder weiß es, doch nur die wenigsten tun auch etwas dafür. Das ist in meinen Augen ein riesengroßes Phänomen. Keine Angst, ich will aus Ihnen keinen Extremsportler und keinen Asketen machen. Das kann ich übrigens auch gar nicht; das müssten Sie schon selbst wollen und umsetzen. Sie sollen auch keine Gesundheitsfanatiker werden, die sich nur noch von Biokost und Wasser ernähren und jeden Tag stundenlang Sport treiben. Ich möchte aufzeigen, dass das Thema Fitness und ein bewusster Umgang mit dem Körper für jeden Menschen wichtig sind. Ohne einen gut funktionierenden Körper kann niemand Leistung erbringen und ein zufriedenes und glückliches Leben führen. Als Extremsportler genauso wie als Führungskraft, als Angestellter genauso wie als Arbeiter. Ein gesunder Körper schlägt auf alle Bereiche des Lebens durch. Ohne körperliche Gesundheit ist mentales Wohlbefinden nicht möglich und ohne dieses funktioniert unser berufliches und soziales Leben nicht. Unser Körperbewusstsein entscheidet über unsere Lebensqualität.

Stimmungsmanagement durch Körpermanagement

Unser Körper ist unser Kapital – jeder kann daraus das Beste machen. Die Vielfältigkeit unserer physischen und mentalen Vorzüge bedarf allerdings eines richtigen Managements, um alle Aspekte unseres Potenzials gebührend zu beachten.

Im Kapitel „Alles nur Kopfsache!" haben Sie erfahren, dass Sie durch Ihre Art zu denken Ihre Gefühle, Ihr Verhalten und letztendlich auch Ihre Ergebnisse in den verschiedensten Bereichen des Lebens beeinflussen können. Es gibt jedoch noch eine weitere Möglichkeit, wie Sie Ihre derzeitige Stimmung ganz schnell ändern können: Indem Sie Ihren Körper einsetzen und Ihren physiologischen Zustand ändern. Als ich an diesem Buch schrieb, ist es häufiger vorgekommen, dass ich nach einiger Zeit einfach keine Ideen mehr hatte. Ich saß an meinem Schreibtisch, wurde müde, mein Kopf „rauchte" und ich kam in einen Zustand, in dem ich keinen weiteren Satz mehr auf mein Blatt bekam. Ich konnte nicht mehr produktiv am

Buch weiter schreiben. Was habe ich dann getan? Meistens ging ich eine Runde laufen oder einfach spazieren – nur ein paar Minuten. Was glauben Sie, was danach passiert ist, als ich wieder zu Hause und am Schreibtisch war? Ich fühlte mich wie ausgewechselt. Aus mir sprudelten die Ideen nur so heraus. Diesen Effekt beobachte ich auch, wenn ich länger laufe. Am Anfang meines Trainings bin ich mit meinen Gedanken noch im Alltag und komme nicht zur Ruhe. Erst nach dreißig Minuten schalte ich langsam ab und ab sechzig Minuten komme ich in einen Zustand, in dem ich sehr gute Einfälle und Ideen entwickle. Ich genieße es, durch den Wald zu laufen und meinen Gedanken freien Lauf zu lassen. Von der Anspannung und der Hektik des Alltags ist dann nichts mehr zu spüren. Plötzlich kommt mir eine Idee für ein Thema, an das ich noch überhaupt nicht gedacht hatte. Dieses Brainstorming an der frischen Luft ist eine der zahlreichen positiven Begleiterscheinungen des Laufens.

Doch Sie müssen nicht stundenlang durch den Wald laufen, um sich gut zu fühlen. Es reicht oftmals schon aus, wenn Sie eine andere Körperhaltung einnehmen und sich einfach nur für ein paar Minuten bewegen. Denn durch Bewegung entstehen Gefühle. Es ist eine Frage, wie wir unseren Körper einsetzen. Jedes Gefühl ist mit einer bestimmten Physiologie verbunden. Wenn wir zum Beispiel unsere Körperhaltung, unsere Atmung oder unsere Bewegung verändern, verändern wir auch unsere Stimmung. In einer anderen Stimmungslage agieren wir auch anders. Ein anderes Verhalten führt wiederum zu einem anderen Ergebnis.

Was können Sie denn nun konkret tun, um Ihren körperlichen Zustand und somit Ihre Gefühle und Ihr Verhalten zu verändern? Nochmals: Das müssen keine stundenlangen Dauerläufe bei Wind und Wetter sein. Ich habe es mir zum Beispiel angewöhnt, regelmäßig auf einem Trampolin zu springen, genauer gesagt zu schwingen. Das ist eine sehr einfache, effektive und vor allem auch gelenkschonende Bewegungsform, um seinen gegenwärtigen Zustand zu verändern. Als ich zum ersten Mal davon hörte, da dachte ich eher an einen Scherz. „Was soll denn bitte ‚ein bisschen Rumhüpfen' für meine Fitness bringen?", fragte ich mich. Dann habe ich mir selbst ein Trampolin zugelegt und es ausprobiert. Ich war positiv überrascht, um nicht zu sagen begeistert. Nach nur ein paar Minuten auf dem Trampolin spürte ich meine Wadenmuskulatur sehr deutlich und ich fühlte mich deutlich energiegeladener als zuvor. Das nenne ich effektives Training. Heute steht bei mir das Trampolin in meinem Büro, um immer wieder zwischendurch zum Einsatz zu kommen. Oder ich habe es mir beispielsweise angewöhnt, wenn ich im Büro arbeite, immer wieder meine Position zu verändern. Wenn ich stundenlang vor meinem Rechner sitze, merke ich, dass ich müde werde und besonders meine Schulter- und Nackenmuskulatur in Mitleidenschaft gezogen werden. Dann nehme ich einfach meinen PC, gehe an mein Stehpult und arbeite im Stehen weiter. Sofort fühle ich mich wieder deutlich energiegeladener als zuvor. Es sind die kleinen, einfachen Dinge, die in meinen Augen zu einem verbesserten Körpergefühl und einem höheren Energielevel beitragen können.

Kennen Sie das auch? Sie haben es sich auf Ihrer Couch bequem gemacht und wollen ein anspruchsvolles Buch lesen. Sie liegen mehr als Sie sitzen, Ihr Kopf hängt nach vorne und Ihre Schultern fallen nach vorne ab. Was ist das Ergebnis? Sie fühlen sich nach kurzer Zeit müde und wollen schlafen gehen. Nun stellen Sie sich die gleiche Situation, mit dem gleichen Buch, aber eine andere Körperhaltung vor: Sie befinden sich dieses Mal an Ihrem

Schreibtisch, Sie sitzen aufrecht und kerzengerade, Ihre Schultern sind zurückgezogen und Sie ziehen Ihren Bauch rein und strecken Ihre Brust heraus. Was ist das Ergebnis? Sie sind energiegeladen und konzentriert, richtig? Ich finde es faszinierend, wie man mit ganz einfachen Mitteln seinen momentanen Zustand und damit sein Verhalten beeinflussen kann.

Anspannung und Entspannung – auf das Gleichgewicht kommt es an

Ich werde nach meinen Vorträgen immer wieder gefragt: Ist es nicht gesundheitsschädigend, wenn du so viel läufst? Das kann doch nicht gesund sein, oder? Ich antworte dann immer: „Das kommt ganz drauf an." Die meiste Zeit, besonders während der Trainingsphasen, halte ich das Langstreckenlaufen für ungemein gesund, wenn man es versteht, auf seinen Körper zu hören. Die Dosis macht bekanntlich das Gift. Beim Laufen „tötet" die Geschwindigkeit und nicht die Strecke. Es ist ein himmelweiter Unterschied, ob ich bei einem Marathon an mein Limit gehe oder ob ich ihn ganz langsam mit nur sechzig Prozent meiner maximalen Leistungsfähigkeit laufe. Nur: Wenn ich 166 Kilometer nonstop um den Mont Blanc laufe, ist es ab einem gewissen Punkt für meine Gesundheit sicherlich nicht mehr förderlich. Da bin ich ganz offen und ehrlich zu Ihnen. 166 Kilometer, 9.400 Höhenmeter bergauf- und vor allem 9.400 Höhenmeter wieder bergabzulaufen, stellt besonders für den passiven Bewegungsapparat, also Gelenke, Sehnen und Bänder, eine enorme Belastung dar. Auf jedem Schritt bergab schlägt das Zigfache des eigenen Körpergewichts auf die Gelenke und Sehnen. Hinzu kommt, dass es keine breiten, asphaltierten Wege sind, sondern schmale Bergpfade und nasse Geröllpisten, auf denen man teilweise in völliger Dunkelheit läuft. Das birgt natürlich eine enorme Verletzungsgefahr. Mir ist das vollkommen bewusst und ich gebe diese Risiken auch offen zu. Ich würde auch nicht jedem Menschen empfehlen, solche extremen sportlichen Dinge zu machen. Doch: Ist es gesünder, wenn man jeden Tag zehn Stunden sitzend an seinem Schreibtisch verbringt und permanent auf seinen Bildschirm starrt? Ist es gesundheitsfördernder, wenn man sich so gut wie gar nicht mehr bewegt? Ist es besser für unseren Körper, wenn man fast jede Strecke mit dem Auto zurücklegt und lieber passiv Sport konsumiert, als aktiv Sport treibt? Vor diesem Hintergrund gehe ich lieber (lange) laufen, auch wenn ich dabei ein erhöhtes Verletzungsrisiko in Erwägung ziehen muss. Ehrlich gesagt, komme ich lieber durch ein „Zuviel" an Laufen und Sport um, als durch ein „Zuviel" an Sitzen und Nichtstun. Die entscheidende Frage für mich lautet: Wie kann ich diese extremen Belastungen, die ich bei meinen sportlichen Abenteuern jeweils erfahre, kompensieren?

Wenn ich diese Frage vor dem Hintergrund meines Trainings betrachte, muss ich verschiedene Faktoren bedenken. Während der Vorbereitung auf ein großes Laufprojekt laufe ich nicht nur dreißig Minuten. Ich bin dann manchmal sieben oder acht Stunden am Stück unterwegs, wenn ich eine lange Trainingseinheit absolviere. Dadurch komme ich in der Woche schon einmal auf ein Pensum von 150 bis 180 Kilometern. Nicht selten stehen dann bei mir am Wochenende die sogenannten „Doppeldecker" auf dem Trainingsplan, also ein Marathon am Samstag und einer am Sonntag. Durch diese Art des Trainings versuche ich die Belastungen wie im Wettkampf zu simulieren, also möglichst viele Kilometer innerhalb kurzer Zeit.

In 2007 absolvierte ich alleine von Januar bis Ende August fast 4.000 Kilometer für meinen Lauf um den Mont Blanc. Das bedeutete, mit Kraft- und Koordinationstraining, ca. 20 bis 25 Stunden Sport pro Woche. Insgesamt bestritt ich acht Marathons und acht Ultramarathons als Vorbereitung für den Ultra-Trail Mont Blanc. Selbstverständlich gehen diese Belastungen an die Substanz, deshalb ist es enorm wichtig, sie auch entsprechend zu kompensieren. Mein Erfolgsgeheimnis lautet dabei: Pausen. Ich gönne mir während des Jahres ausreichend Pausenzeiten. Diese Erholungsphasen zwischen den Trainingseinheiten und Wettkämpfen bilden für mich die Grundlage, um so lange und häufig laufen zu können. Es kommt auf die richtige Dosierung zwischen Training und Erholung an, um langfristig Erfolge zu erzielen. Dies wird im Sport sehr schön durch das Prinzip der Superkompensation beschrieben. Dieses Prinzip beschreibt den systematischen Wechsel zwischen Belastung und Entlastung und bildet den Kern jeder Trainingsmethode. Wenn wir trainieren, greift der Körper seine Reserven an. Nach einem Training sinkt das Leistungsvermögen deshalb zunächst unter das Ausgangsniveau, das wir vor dem Training hatten. Während der folgenden Erholungsphase füllt der Körper seine Reserven nicht nur wieder auf, sondern er lagert zusätzliche Energiereserven ein, um für eine neue stärkere Belastung gerüstet zu sein. Das bedeutet, dass während der Erholungsphase unser Leistungsvermögen in der Regel kontinuierlich steigt, bis es wieder auf dem Level ist, das wir vor dem Training hatten. Und jetzt kommt der alles entscheidende Punkt: Erst in der letzten Phase der Erholung kommt es zur tatsächlichen Leistungssteigerung. Nicht im Training und auch nicht direkt nach dem Training. Deshalb sind ausreichende Pausen und Erholungsphasen elementar wichtig.

Entscheidend für mich ist, dass ich mir nicht nur während meiner Laufsaison immer wieder Pausen gönne. Ich genehmige mir jedes Jahr bewusst nach dem Ende einer Saison mehrere Wochen eine läuferische Auszeit. In dieser Zeit laufe ich dann nur noch zwanzig oder dreißig Kilometer – und zwar nicht an einem Tag! Ein Pensum, das ich in der Vorbereitung auf einen Wettkampf normalerweise in einem einzigen Training absolviere, laufe ich dann verteilt über eine Woche. Und soll ich Ihnen etwas verraten? Ich fühle mich ausgezeichnet dabei. Ich genieße den Zustand, auch einmal keine sportlichen Ziele zu haben. Einfach die Beine hochzulegen, dem Körper Zeit für die wohlverdiente Regeneration zu gönnen und mich wieder verstärkt anderen Dingen zu widmen. Genauer gesagt, habe ich in dieser Zeit auch ein Ziel, ein ganz klares Ziel sogar und das lautet: Pause machen. Ich plane meine Pausen- und Entspannungsphasen genauso sorgfältig wie mein Training und meine Wettkämpfe. Für mich sind die Pausen mindestens genauso wichtig.

Ich kenne Läufer, die trainieren und laufen das ganze Jahr über auf Wettkampfebene. Jedes Wochenende steht bei ihnen ein Marathon oder sogar zwei auf dem Programm. Außer dem Laufen scheint es für sie keine anderen Lebensinhalte zu geben. Sie sammeln regelrecht Marathon um Marathon. Regeneration scheint für sie ein Fremdwort zu sein. Einige kämpfen immer wieder mit kleineren und größeren körperlichen Problemen. Ein guter Freund von mir hat genau dies getan. Er lief stellenweise am Samstag und Sonntag einen Marathon und das fast das ganze Jahr über. Mittlerweile kann er, aufgrund einer schwerwiegenden Knieverletzung, gar nicht mehr laufen und ist nur noch als Zuschauer bei den Wettkämpfen präsent.

Was im Sport eine Selbstverständlichkeit ist, müssen

wir in anderen Lebensbereichen, allen voran im Job, häufig noch lernen. Denn das Einlegen von Pausen ist nicht nur im Sport ganz entscheidend. Erholungsphasen helfen uns vielmehr in allen Lebensbereichen, mit unserer Energie sinnvoll umzugehen. Zu viel Energieverbrauch ohne ausreichende Erholung führt dazu, dass man ausbrennt und die Leistungsfähigkeit nachlässt. Über das Burn-out-Syndrom ist schon einiges geschrieben worden. Tagtäglich kann man in den Medien darüber lesen. Man versteht darunter einen Zustand körperlicher und emotionaler Erschöpfung mit deutlich reduzierter Leistungsfähigkeit. In unserer heutigen Gesellschaft stellt es bereits eine der häufigsten Volkskrankheiten dar. Interessant finde ich die Tatsache, dass diese Krankheit alle sozialen Gruppen treffen kann: Student, Arbeiter oder Topmanager. Das Burnout-Syndrom schleicht sich zu meist über viele Jahre langsam ins Leben.

Zu viel Entspannung und zu lange Pausen bewirken aber das genaue Gegenteil einer Erholung: Die Leistungsfähigkeit geht merklich zurück und man fühlt sich schlapp und antriebslos. Gesund ist es, wie so oft im Leben, einen Mittelweg, eine ausgewogene Balance zwischen Anspannung und Entspannung zu finden. Das fällt mir zugegebenermaßen als leistungsorientierter Mensch nicht immer leicht. Ich balanciere immer in einer Gratwanderung zwischen Anspannung und Entspannung, zwischen Arbeit und Freizeit, zwischen Training und Erholung. Auch hier stellt sich wieder die Frage: Wo befindet sich die Grenze? Wann ist es zu viel? Ich weiß, was ich imstande bin zu leisten. Mir ist auch bewusst, dass ich mein Limit im sportlichen Kontext noch nicht völlig ausgeschöpft habe. Doch ohne regelmäßige Pausen wäre ich nicht in der Lage, meine körperlichen und mentalen Grenzen auszuloten. Pausen bedeuten für mich das A und O, damit ich sportliche und berufliche Höchstleistungen erbringen kann. Das kann ich gar nicht oft genug betonen.

Im Sport werden sehr präzise Routineabläufe, sogenannte Rituale, verwendet, um das Energieniveau optimal zu steuern: Essen und Schlafen, Training und Erholung. Zu jeweils festen Zeiten. Für mich war beispielsweise im Frühjahr 2008 an jedem Mittwochabend Treppentraining angesagt zur Vorbereitung auf den Mount Everest Treppenmarathon. Das machte ich am Mittwoch und nicht am Montag oder Freitag oder wenn ich gerade Lust hatte, sondern am Mittwoch. Am Donnerstag genehmigte ich mir dann einen lauffreien Tag. Auch und gerade Erholungsphasen sollten terminiert und strukturiert werden. Wie bei einem Training sollte man diese systematisch planen und in den Tagesablauf integrieren. Doch häufig plant man seinen Tag und seine Woche mit Kundenterminen, Meetings, Seminaren und anderen Terminen und vergisst dabei die Pausen. Diese scheinen für die meisten Menschen unwichtig zu sein. Doch niemand kann ohne Pause arbeiten. Untersuchungen haben bewiesen, dass jeder Mensch durch Pausen aufnahme- und leistungsfähiger wird. Bereits ein fünfzehnminütiges Mittagsschläfchen steigert die Leistungsfähigkeit bis zu dreißig Prozent. Warum macht man es dann nicht? Warum legt man sich nicht in der Mittagspause für ein paar Minuten aufs Ohr? Weil Erholung in der heutigen Zeit unglücklicherweise als Zeichen der Schwäche gesehen wird, anstatt als wichtiger Bestandteil einer nachhaltigen Leistungsfähigkeit. In wie vielen deutschen Unternehmen wird es beispielsweise gern gesehen, wenn sich ein Mitarbeiter während der Mittagspause kurz hinlegt? Das ist doch eher die Ausnahme, oder? Ich meine dabei nicht, dass man ein oder zwei Stunden schlafen soll. Ich möchte auch nicht die reine Pausenmentalität ausrufen. Für mich gehören Pausen einfach zu einem Arbeitstag dazu und ich bin froh darüber, dass ich mir als Selbstständiger meine Zeit frei einteilen kann und keinem mehr Rechenschaft darüber ablegen muss, wann und warum ich eine Pause einlege.

Regelmäßige Pausen waren für mich aber nicht immer so wichtig. Im Gegenteil, ich dachte früher: „Pausen, das ist etwas für Schwächlinge. Das brauche ich nicht.“ Doch wie wichtig sie sind, musste ich erst am eigenen Leib erfahren. Beim Lauf um den Mont Blanc im Jahr 2007 dachte ich, dass ich ohne Schlafpausen durchgekommen würde. Was ist passiert? Ich lief und lief. Über 160 Kilometer, 9.000 Höhenmeter hatte ich schon in den Beinen, vierzig Stunden war ich unterwegs und zwei Nächte ohne Schlaf. Ich befand mich nur noch ein bis zwei Kilometer vom Ziel entfernt und konnte die Menschenmassen im Zielbereich fast schon hören. Und dann erwischte mich die Müdigkeit ganz brutal. Dann rächte es sich bitterböse, dass ich keine Schlafpausen eingelegt hatte. Ich war zutiefst erschöpft und konnte nicht mehr weiter. Bis heute weiß ich nicht, was in mir vorging, dass ich es über mich brachte, so kurz vor dem Ziel noch ein Nickerchen einzulegen. Am Ortseingang von Chamonix legte ich mich einfach unter einen Baum und schlief ein. Mit gesundem Menschenverstand lässt sich dies sicher nicht erklären. Zuschauer kamen immer wieder zu mir und fragten mich, ob denn alles in Ordnung sei. Aber ich war wie benommen und wusste nicht so recht, wo ich war. Als hätte mich jemand mit Alkohol betäubt. Erst nach gut neunzig Minuten besann ich mich wieder und rannte die letzten Meter wie ein Besessener ins Ziel. Dabei konnte ich zwischen Traumwelt und Realität nicht so ganz unterscheiden. Ich lief die letzten Meter wie in Trance und benötigte insgesamt fast 43 Stunden für diesen Lauf. Fehler sind gut und wichtig im Leben, aber man sollte sie nur einmal machen.

Ich lernte aus dieser Erfahrung, legte ein Jahr später beim gleichen Lauf nach drei Viertel des Rennens eine geplante Schlafpause von dreißig Minuten ein und konnte den Lauf ohne größere Probleme erfolgreich beenden.

Was ich bei diesem Lauf wirklich gelernt habe, war, wie wichtig Pausen und Erholungsphasen sind. Wie viele Pausen gönnen Sie sich in Ihrem Alltags- und Berufsleben?

Bewegung ist Leben

Bewegung ist ein menschliches Grundbedürfnis. Der Mensch ist zum Bewegen bestimmt. Früher waren wir Jäger und Sammler und sind stundenlang zu Fuß unterwegs gewesen. Diese genetische Veranlagung ist uns nach wie vor geblieben. Das Problem ist jedoch, dass unser Bewegungsdrang merklich zurückgegangen ist, und auch das Erfordernis sich zu bewegen, hat deutlich abgenommen. Aufgrund sitzender Tätigkeiten und steigenden Komforts bewegt sich der Mensch durchschnittlich pro Tag nur noch 25 Minuten. Ich finde diese Zahl erschreckend. Der Aachener Gesundheitsforscher Michael de Toja beklagt, dass ein Mensch, der sich morgens duscht, quantitativ mehr Muskeln aktiviert als den übrigen Tag im Büro! Lassen Sie sich diesen Satz einmal auf der Zunge zergehen. Tatsächlich gehen wir durchschnittlich nur noch knapp 1.000 Schritte am Tag anstatt der notwendigen 10.000. Ich sehe die Bewegungsaktivitäten eines „Schreibtischtäters“ häufig während meiner Tätigkeit als Coach. Wenn ich bei meinen Kunden den Tagesablauf analysiere, erhalte ich sehr oft folgende Erkenntnis: Morgens aufstehen, dann wird im Sitzen gefrühstückt. Anschließend fährt man mit dem Auto oder mit der Bahn zur Arbeit.

Die primäre Tätigkeit dabei: Sitzen. Dann verbringt man den Großteil des Tages im Büro, ebenfalls überwiegend im Sitzen. Wenn Feierabend ist, setzt man sich wieder ins Auto oder in die Bahn und fährt nach Hause. Dort angekommen, wird zunächst zu Abend gegessen, ebenfalls im Sitzen. Weil man einen anstrengenden Arbeitstag hatte, belohnt man sich schließlich noch mit einem gemütlichen „Fernseh-Couch-Chips-Abend". Sie ahnen schon: ebenfalls im Sitzen.

Bewegung ist im Tagesplan vieler Menschen gar nicht mehr inbegriffen, weil der Faktor Bewegung häufig eine nur untergeordnete Priorität hat. Mein Vater fährt beispielsweise fast jeden Tag mit dem Rad ins Büro. Eine Strecke umfasst dabei siebzehn Kilometer. Das ist für ihn als Ausdauersportler Normalität und gehört zu seinem festen Alltag. Über diese Gewohnheit denkt er nicht mehr nach. Das für mich Erschreckende dabei ist, dass manche seiner Kollegen diese sportliche Aktivität als „extrem" bezeichnen, nach dem Motto: „Wie kannst du nur so eine enorme Distanz mit dem Rad fahren und anschließend noch arbeiten?" Das finde ich bedenklich.

Bewegung ist für viele Menschen einfach nicht wichtig. Die Folgen des Bewegungsmangels sind allgemein bekannt: Herz-Kreislauf-Erkrankungen, Übergewicht und Rückenschmerzen, um nur ein paar zu nennen. Gerade Letzteres ist für mich ein Phänomen. In Deutschland klagen sehr viele Menschen über Rückenschmerzen, doch dort, wo der Rücken stark belastet wird, gibt es fast keine Rückenprobleme. In Nepal, wo ich im Oktober 2009 vier Wochen verbringen durfte, sah ich viele Menschen, die tagtäglich schwere Lasten auf ihrem Rücken trugen. Als Hilfsmittel benutzten sie dabei ein Stirnband, um die schwere Last transportieren zu können. Nepalesische Ärzte erzählten mir, dass nur die wenigsten über Rückenschmerzen klagten. Dies bestätigt wieder die These, dass der menschliche Körper zur Bewegung gemacht ist. Nicht das stundenlange Sitzen, sondern die Bewegung entspricht der Natur des Menschen.

Deutschland ist schon seit längerem Europameister in der „Disziplin Übergewicht". Unsere Gesellschaft besteht aus den dicksten Menschen in ganz Europa. Laut der ersten deutschen Verzehrsstudie aus dem Jahr 2008 sind zwei Drittel der Männer und mehr als die Hälfte der Frauen übergewichtig oder fettleibig. Diese Erkenntnis finde ich mehr als bedenklich. Wie will denn jemand Leistung erbringen, wenn er sich mit Fastfood und Cola den Bauch vollschlägt und sich so viel bewegt wie ein schwerer Stein? Ich finde es auch immer wieder faszinierend, welche Gründe für die Fettleibigkeit angeführt werden. Im Radio hörte ich vor Kurzem eine Erklärung, die mich ein wenig schmunzeln ließ. Angeblich sei ein Gen für das Übergewicht verantwortlich. Forscher aus den USA hätten bei genetischen Untersuchungen entdeckt, dass Fettleibigen ein bestimmter Signalstoff fehle. Wenn dieses Gen zur Produktion des Signalstoffes fehle, dann würden sie übergewichtig werden. Ich bin kein Mediziner und kann diese Studie nicht qualitativ beurteilen. Doch ich finde es traurig, wenn übergewichtige Menschen diese Erkenntnis als alleinigen Grund für ihre Fettleibigkeit nennen. Aus meiner Sicht ist es fast immer eine faule Ausrede. Es gibt nur zwei Variablen, mit denen Sie Ihr Übergewicht beeinflussen können: weniger essen und/oder mehr bewegen. Alles andere ist kompletter Unsinn. Es ist so einfach und jeder weiß es ja im Grunde, doch die Allerwenigsten halten sich daran.

Wenn ich einen Kumpel von mir auf sein Übergewicht anspreche, meint dieser in der Regel nur: „Ich weiß nicht, was du von mir willst. Es geht mir doch gut." Was für eine fatale Einstellung! Eines der Hauptprobleme beim Übergewicht ist doch, dass es sich bei den gesundheitlichen Auswirkungen um einen schleichenden Prozess handelt, dessen Konsequenzen man nicht von heute auf morgen sieht. Wenn Sie heute Abend eine Flasche Bier und einen fetten Hackbraten mit Pommes zu sich nehmen, sehen Sie das Resultat dieser Mahlzeit nicht sofort. Genauso gilt: Wenn Sie zur gleichen Zeit einen frisch zubereiteten Salat essen und dazu ein großes Glas Mineralwasser trinken, bemerken Sie die Auswirkungen auf Ihr Körpergewicht auch nicht umgehend. Nur wenn Sie die Ernährungsweise über Tage, Wochen und Monate so weiterführen, wirkt sich das auch auf die Waage und Ihre Lebensqualität aus. Einem selbst wird dies häufig gar nicht bewusst. Es ist dann der Partner, der Kollege oder der beste Freund, der einen auf seine körperlichen Veränderungen anspricht.

Bewegung muss Spaß machen. Das ist in meinen Augen eine unabdingbare Voraussetzung, um sich dauerhaft zu bewegen. Ganz gleich, welche Disziplin es sein mag. Immer wieder fragen mich Menschen: „Wie schaffe ich es denn, meinen inneren Schweinehund zu überwinden und laufen zu gehen?“ Ich stelle dann immer die Gegenfrage: „Macht dir Laufen überhaupt Spaß?“ Daraufhin erhalte ich häufig zunächst ein Schweigen. In meinen Augen gehen viele Menschen an das Thema Bewegung falsch heran. Sie fragen sich: „Wie schaffe ich es, in möglichst kurzer Zeit mit wenig Aufwand mein Gewicht zu reduzieren?“ Anstatt sich zunächst zu fragen: „Welche Sportart bereitet mir die größte Freude?“ Natürlich stellt das Laufen eine ungemein effektive und preiswerte Bewegungsform dar, die ich als leidenschaftlicher Läufer gerne anderen Menschen näherbringe. Doch was bringt es einem, wenn man sich jedes Mal dazu überwinden muss, in seine Laufklamotten zu steigen und laufen zu gehen?

Ist in diesem Fall nicht eine andere Sportart besser geeignet? Eine Sportart, die vielleicht nicht ganz so effektiv in Sachen Gewichtsreduktion ist wie das Laufen, dafür aber mehr Freude bereitet?

Weniger ist mehr

Häufig wird Bewegung als schweißtreibende Angelegenheit angesehen, nach dem Motto: „Wer nicht schwitzt, hat auch nicht richtig trainiert." Was für ein Unsinn! Die Mehrheit aller Freizeitläufer überfordert sich, ohne es zu wissen. Bei meinen Trainingsläufen werde ich fast ausschließlich von anderen Läufern überholt, die teilweise keuchend und mit rot angelaufenem Kopf an mir vorbeilaufen. Jetzt kann man sich natürlich fragen: Laufen die zu schnell oder der Bücher zu langsam?

Was in der Freizeit heute als Ausgleichssport bezeichnet wird, sollte man eher Leistungssport nennen. Der Leistungsgedanke, den man im Job hat, wird 1:1 auf den Sport übertragen. Viele Menschen treiben Sport genauso, wie sie arbeiten. Höher, schneller, weiter, lautet dabei die Devise. Da man nach einem Zehn-Stunden-Arbeitstag maximal noch eine Stunde Zeit hat für den Sport, gibt man in dieser Stunde alles, ohne zu bemerken, dass man sich dabei überfordert. Entscheidend ist, wie wir Sport treiben.

Früher habe ich sehr viel Zeit in mein Training investiert. Nur wenn ich weite Strecken von 150 und mehr Kilometern pro Woche gelaufen bin, meinte ich, sehr gut vorbereitet in einen Wettkampf zu gehen. Täglich trainierte ich für einen großen Lauf. In dieser Zeit war ich häufig erkältet, weil mein Immunsystem aufgrund der hohen

Belastungen geschwächt war. Als ich im Jahr 2009 zum dritten Mal den Ultra-Trail Mont Blanc lief, absolvierte ich in der Vorbereitung bewusst ein deutlich geringeres Trainingspensum als in den Vorjahren. Ich wollte einfach für mich herausfinden, ob und wie ich auch mit weniger Training diesen Lauf schaffen würde. Anstatt 150 Kilometer in der Woche lief ich 80 bis maximal 100 Kilometer. Anstatt der „Doppeldecker“-Variante, also einen Marathon am Samstag und Sonntag, begnügte ich mich mit nur einem oder lief auch nur 25 Kilometer. Was glauben Sie, wie der Lauf für mich ausging? Ich lief mit neuer persönlicher Bestzeit dieses Rennen, obwohl ich merklich weniger trainiert hatte als in den Vorjahren. Natürlich muss man sich für ein so anspruchvolles Rennen wie den Ultra-Trail Mont Blanc gezielt und langfristig vorbereiten. Daran führt kein Weg vorbei. Die Frage ist nur: Müssen es immer die maximalen Strecken und das härteste Training sein? Meine Haltung hat sich in dieser Frage geändert. Heute bereite ich mich weiterhin sehr zielstrebig auf einen langen Lauf vor, vor allem im mentalen Bereich. Ich laufe jedoch weniger und habe noch mehr Spaß beim Laufen als in früheren Jahren. Ich absolviere heute auch deutlich weniger Wettkämpfe als noch vor ein paar Jahren. In diesem Kapitel habe ich schon beschrieben, dass ich im Jahr 2007 acht Marathons und acht Ultramarathons im Zeitraum Januar bis August gelaufen bin. Auch in der Saison 2008 mutete ich mir wieder einiges zu. Gleich vier anspruchsvolle und schwierige Läufe standen auf dem Programm: Sächsischer Mount Everest Treppenmarathon (84,4 Kilometer und 8.848 Höhenmeter, 79.400 Treppenstufen), Swiss Jura Marathon (350 Kilometer, 11.000 Höhenmeter, sieben Tage), Ultra-Trail Mont Blanc (166 Kilometer, 9.400 Höhenmeter) und den Grand Raid de la Réunion (150 Kilometer, 9.200 Höhenmeter). Wenn ich mir diese

Fakten rückblickend vor Augen führe, dann muss ich sagen, dass es zu viel war.

Weniger ist häufig mehr. Diesen Satz sage ich mir heute öfter. Auch in der Saison 2010 wollte ich zunächst an die früheren Jahre anknüpfen und mehr Wettkämpfe laufen. Im Mai 2010 durchquerte ich die Atacamawüste in Chile, zu Fuß versteht sich. 600 Kilometer in vierzehn aufeinanderfolgenden Tagen. Dann hatte ich für Anfang August den „Gax“ geplant, einen 246 Kilometer Nonstop-Trail-Lauf in Schweden. Im Oktober wollte ich dann den Jungle Marathon in Brasilien laufen. 222 Kilometer in sechs Etappen. Es standen also drei extreme und sehr anspruchsvolle Wettkämpfe auf meinem Plan. Nach meinem Wüstenlauf hatte ich nur ein paar Wochen Regeneration eingeplant, um dann sofort wieder ins Training für den nächsten großen Wettkampf einzusteigen. Doch als ich von der Atacamawüste wieder zu Hause war, bemerkte ich schnell, dass mein Körper mehr Zeit zur Erholung benötigte. Ich fühlte mich einfach leer und hatte keine Motivation, in den nächsten Wochen und Monaten längere Trainingseinheiten zu absolvieren. Dreißig oder sechzig Minuten entspanntes Laufen, damit war ich zufrieden und glücklich. Das reichte mir vollkommen aus. Insofern war es für mich keine schwierige Entscheidung meine Teilnahme am „Gax“ abzusagen.

Ich setze mir heute pro Saison nur zwei läuferische Höhepunkte, einen im Frühjahr und einen im Spätherbst. Das reicht mir vollkommen aus. Dazwischen absolviere ich ein paar Marathonläufe oder kürzere Ultramarathons als reines Training, bei denen ich aber in keiner Weise an mein Limit gehe. Mein Erfolgsgeheimnis dabei lautet: langsam laufen. Nicht die Strecke tötet, sondern das Tempo. Die Dosis ist das Gift, so meine Devise. Ich nehme so gut wie an keinem Volkslauf mehr teil. Nicht weil mir diese Art von Veranstaltungen nicht zusagt, sondern weil ich dort schnell laufen müsste. Einen Zehn-Kilometer-Wettkampf am Anschlag zu laufen, geht mir mehr an die Substanz, als wenn ich einen Marathon weiter unter meinen Möglichkeiten laufe. Ich habe sehr schnell bemerkt, dass ich auf einer Mittelstrecke meine Stärken nicht voll ausspielen kann. Je länger die Strecke, umso wohler fühle ich mich, weil es bei den ultralangen Strecken nicht so sehr auf das Tempo ankommt. Ein langsames und gleichmäßiges Laufen über Stunden dominiert bei dieser Laufdisziplin. Langsam bedeutet für mich: sechs oder sieben Minuten pro Kilometer. In diesem Tempo bin ich auch in der Lage, die Umgebung voll wahrnehmen und genießen zu können. Das ist mir beim Laufen ungemein wichtig. Was habe ich davon, wenn ich bei einem Lauf im Himalaya, in der Atacamawüste oder im brasilianischen Dschungel meine geplante Zielzeit erreiche, aber von der reizvollen und beeindruckenden Umgebung nur sehr wenig mitbekommen habe? Durch einen langsameren Bewegungsablauf können wir viel bewusster Dinge wahrnehmen und auch genießen.

Weniger ist mehr – dies ist nicht nur auf den sportlichen Sektor begrenzt, sondern gilt auch für andere Lebensbereiche. Nehmen wir unseren Job: Müssen wir immer mehr, länger und besser arbeiten? Mehr Geld verdienen? Oder ist es ausreichend und sogar effektiver, lieber nur dreißig Stunden in der Woche zu arbeiten, diese dafür aber produktiver, anstatt der vierzig? Können wir auch mit weniger Gehalt auskommen und vielleicht die dadurch gewonnene Freizeit anderweitig nutzen? Wie sieht es im materiellen Bereich aus? Brauchen wir wirklich noch ein drittes Handy, einen Zweitwagen, einen weiteren Fernseher oder ein noch größeres Haus? Oder sind wir nicht zufriedener, wenn wir von allem weniger haben?

Wie sieht es im sozialen Bereich aus? Benötigen wir wirklich zwanzig „dicke“ Freunde, mit denen wir alle Jahre einmal etwas zusammen unternehmen? Oder ist es nicht besser, lieber nur fünf „wahre“ Freunde an unserer Seite zu wissen, mit denen wir auch einen Großteil unserer Zeit verbringen? Müssen wir gleich in vier Vereinen zur selben Zeit Mitglied sein? Oder ist es nicht erfüllender, wenn wir nur in einem oder maximal zwei Vereinen sind und uns hier dafür richtig engagieren? Müssen wir immer an das andere Ende der Welt reisen, um uns zu entspannen? Oder stellt auch ein Urlaub in heimischen Gefilden eine gute Alternative dar? Müssen immer fünfzig verschiedene Gerichte auf der Speisekarte stehen? Oder tun wir uns bei der Auswahl nicht einfacher, wenn deutlich weniger auf der Karte stehen?

Scheitern, lernen, weiterlaufen

Kollaps im Dschungel oder Scheitern als Chance?

Hüfttiefe Sümpfe, handgroße Spinnen, fleischfressende Pflanzen und grüne Wände aus gewaltigen Bäumen. Nichts als dunkelgrüner Dschungel, so weit das Auge reicht. Vierzig Grad sind es im Schatten. Mein T-Shirt und meine Laufhose sind komplett durchnässt und kleben an meinem Körper. Kein Wunder, bei fast hundert Prozent Luftfeuchtigkeit. Die äußeren Bedingungen sind extrem und die Umwelt unerbittlich. Ich befinde mich auf der zweiten Etappe des Jungle Marathon, der als der gefährlichste Abenteuerlauf der Welt gilt. 222 Kilometer in sechs Etappen geht es bei diesem Rennen durch den Amazonas-Regenwald. Fünf Kilometer in sage und schreibe zwei Stunden und zehn Minuten habe ich bisher heute zurückgelegt. Immer wieder muss ich über imposante Baumstämme steigen, die im Wege liegen. Dann tauchen plötzlich tückische Erdlöcher auf, die von Blättern verdeckt werden und eine hohe Verletzungsgefahr darstellen. Höchste Vorsicht ist hier geboten. Bloß nicht umknicken! Die Strecke ist extrem anspruchsvoll bei diesem knallharten Rennen. Alle fünfzehn Minuten bleibe ich für einen kurzen Augenblick stehen, damit mein Körper nicht überhitzt. Mein Puls rast und ich schnappe nach Luft, atme tief durch die Nase ein und ganz lange durch den Mund aus, damit meine Pulsfrequenz langsam wieder sinkt. Aus jeder Pore meines Körpers tritt Schweiß. Selbst wenn ich einfach nur da stehe und nichts tue, tropfen die Schweißperlen weiter von meinem Körper auf den Boden. Ich fühle mich wie in einem riesigen Gewächshaus. Au, was ist das denn bitte? Vor meinen Füßen hat sich eine Ameisenstraße gebildet. Und was für eine! Ameisen, so groß wie mein Daumen, die über den feuchten Dschungelboden huschen. In diesem Moment kommt mir der abschließende Appell vom Dschungel-Überlebenstraining, das wir vor Beginn des Rennens hatten, wieder in den Sinn: „So wenig wie möglich berühren und allem, was sich bewegt, aus dem Weg gehen.“ Selbst Ameisenbisse können in dieser Region sehr schmerzhafte Folgen haben. Von den anderen gefährlichen Tieren wie Jaguaren, Spinnen, Skorpionen, Schlangen, Dschungelwildscheinen, Piranhas und Stachelrochen ganz zu schweigen. „Nichts wie weiter“, sage ich mir und gehe wieder in ein langsames Lauftempo über. Immer wieder bleibe ich an herunterhängenden Lianen kleben und Dornenzweige reißen an meiner Kleidung. Der Dschungel ist nichts für zarte Haut. Nackte Haut wirkt hier wie ein Magnet auf die unzähligen, hungrigen Insekten. Ich muss höllisch aufpassen, denn Schürfwunden und Hautinfektionen können schwerwiegende Folgen in diesem Terrain haben. Vor mir taucht schon das nächste Hindernis auf: ein Sumpf, den es zu durchqueren gilt. Auch davor wurde beim Überlebenstraining gewarnt, da Schlangen und vor allem Stachelrochen Bewohner dieser trüben und seichten Gewässer sind. Bilder von Abenteuerfilmen schießen mir in den Kopf. Bilder von riesigen, angsteinflößenden Anakondas, die an die Wasseroberfläche kommen, angreifen und ihre Opfer grausam erwürgen. „Stopp“, sagt meine innere Stimme. „Ich bin nicht der erste Läufer, der durch diesen Sumpf marschiert, und die anderen leben auch noch. Also Augen zu und durch.“ Doch die Herausforderung beim Durchschreiten dieser Sumpflöcher, von denen es auf jeder Etappe gleich mehrere gibt, ist, dass man häufig nicht erkennen kann, wie tief diese sind. Ganz langsam gehe ich, Schritt für Schritt, durch das trübe Wasser. Ich merke, dass irgendetwas oder irgendjemand meine Wade berührt. Ich denke nicht weiter darüber nach, sondern will einfach nur heil aus diesem Sumpfloch wieder herauskommen. Plötzlich sinke ich mit dem linken Bein ein – immer tiefer und tiefer! Ich halte die Luft an wie bei einer Achterbahnfahrt abwärts. Ich versuche die Balance zu halten und kann mich gerade noch an einem herunterhängenden Ast festhalten, sonst hätte es mich von Kopf bis Fuß in das Sumpfloch gezogen. Behutsam ziehe ich mich am Ast wieder in meine Ausgangsposition, atme einmal tief durch und gehe weiter. Ich bin heilfroh, als ich wieder festen Boden unter meinen Füßen habe. Das Fortbewegen beim Jungle Marathon hat stellenweise nichts mehr mit Laufen zu tun: Stolpern, Klettern, Schlittern und Schwimmen sind angesagt. Vergiss jegliche Zeitvorgaben bei diesem Rennen, denn hier bekommt der Faktor Zeit eine ganz neue Dimension. Für einen Kilometer muss man schon einmal mit zwanzig Minuten und mehr rechnen. Auch weil ich meine komplette Ausrüstung bei mir trage, inklusive Essensvorräte für sieben Tage. Ich bin in dieser Woche komplett auf mich selbst gestellt, was die Energiezufuhr anbelangt. Nur Wasser bekommen wir vom Veranstalter bereitgestellt. Das bedeutet insgesamt zwölf Kilogramm an Gewicht, was das Laufen enorm erschwert. Jeder zurückgelegte Meter kostet die doppelte Energie in dieser erbarmungslosen Umgebung.

Vor mir kann ich den nächsten Checkpoint ausmachen, von dem es auf der heutigen Etappe drei Stück gibt. Meine Trinkblase, die immerhin für drei Liter Flüssigkeit Platz bietet, freut sich, wieder aufgefüllt zu werden. Ich löse eine Salztablette auf, die bei diesem Lauf zur Pflichtausrüstung gehört. Wie selbstverständlich habe ich im Nu einen halben Liter vom Elektrolytgetränk getrunken.

Auch heute werde ich wieder bis zu zwölf Liter Flüssigkeit in mich aufnehmen. „Drink or die“, hat es ein Arzt beim letzten Briefing passend auf den Punkt gebracht. An jedem Checkpoint müssen wir eine obligatorische Pause von fünfzehn Minuten einlegen. Wegen dieser brutalen äußeren Bedingungen. Seit sechs Wochen hat es hier nicht mehr geregnet – und das im Regenwald. Die Temperaturen sind dadurch noch einmal um ein paar Grad höher als normalerweise in dieser Jahreszeit. In meiner Vorstellung sehe ich mich in einem großen Schwimmbecken mit eiskaltem Wasser und einer kühlen Cola liegen. Das tut gut. Doch die Realität sieht ganz anders aus: heiß, heißer, Dschungel. Ich esse noch einen Energieriegel und dann geht es weiter – sehr steil bergauf. Die Anstiege, von denen es beim Jungle Marathon einige gibt, erinnern mich von der Schwierigkeit her an die am Mont Blanc oder auf La Réunion. Ich muss mich immer wieder an Ästen und Bäumen abstützen, um voranzukommen. Wie gut, dass ich meine Radhandschuhe angezogen habe, die etwas Schutz vor den unzähligen Dornen, Stacheln und scharfkantigen Blättern bieten. Der Untergrund ist schlammig, lehmig und ein Labyrinth aus Baumwurzeln, Zweigen und Gestrüpp stellt unangenehme Hindernisse dar. Immer wieder rutsche ich aus oder stolpere über eine Wurzel. Wohin ich auch schaue: grün, grün und nochmals grün. Die „grüne Wand“ ist so dicht, dass man keine fünfzig Meter weit sehen kann. Meine Augen, Nase und Ohren erleben hier einen Frontalangriff. Angenehmes Vogelgezwitscher, schrille Schreie und unheimliche Laute – die endlose Geräuschkulisse der Dschungelbewohner wirkt einerseits faszinierend auf mich, auf der anderen Seite dreht man fast durch. Immer wieder nehme ich auch links und rechts des Pfades ein Rascheln wahr. Neugierig drehe ich meinen Kopf Richtung Geräusch, in der Hoffnung ein seltenes Tier erblicken zu können. „Einen Jaguar nimmst du zuerst durch die Nase wahr, bevor du ihn siehst", kommt mir die Botschaft vom Dschungel-Überlebenstraining in den Sinn.

Bin ich überhaupt noch auf dem richtigen Weg? Ich habe schon länger keine Markierung mehr gesehen. Ein Verlaufen im Dschungel könnte fatale Folgen haben. Das ist bisher erst einem Läufer bei diesem Rennen passiert, der einem falschen Pfad gefolgt war und erst Stunden später in der Nacht unter Schock vom Suchtrupp gerettet werden konnte. Glücklicherweise erblicke ich nun ein gelbes Band ein paar Meter vor mir.

Dann endlich, nach acht Stunden, habe ich es geschafft und das Ziel der zweiten Etappe erreicht. Ich habe noch nie acht Stunden für eine Strecke von 23 Kilometern benötigt. Umgehend suche ich mir einen Platz für meine Hängematte. Während des gesamten Rennens wird in provisorisch eingerichteten Zeltlagern am Tapajos-Fluss geschlafen. Meine winzige Hängematte stellt während des Rennens mein Zuhause dar. Meine Kleidung ist völlig durchnässt und von oben bis unten voller Schlamm, Morast und Dreck. Auch meine Füße sind völlig aufgeweicht, aber wie durch ein Wunder blasenfrei geblieben. Winzige Sandkörner reiben an meiner Haut. Mein Kopf fühlt sich schwer wie ein Betonklotz an. Die lange Etappe und vor allem die erbarmungslose Hitze machen mir und auch den anderen Läufern zu schaffen. Ich sehne mich nach einer warmen Dusche, einem ruhigen und kühlen Zimmer und einem komfortablen, sauberen Bett. Das ist nur mein Wunschdenken, hier im Dschungel existiert kein Komfort. Keinerlei Luxus. Ich bin froh, wenn ich in meiner Hängematte sitzen und meine Fertignudeln aus der Tüte essen darf. Das stellt für mich Luxus in diesen Tagen dar. Auch hier im Lager ist weiterhin Konzentration und

Aufmerksamkeit angesagt, denn der Dschungel schläft bekanntlich nie. Ein unachtsamer Augenblick kann ins Unglück führen. Einfach auf dem Boden zu sitzen, zu entspannen oder seine Sachen unbeobachtet liegen zu lassen, kann hier fatale Folgen haben. Im gestrigen Camp durften wir Bekanntschaft mit einer großen, behaarten Vogelspinne machen. Unzählige Insekten und vor allem Ameisen belagern jeden Abend unsere Hängematten und Rucksäcke. Deshalb ist es ratsam, beim Aufstehen unter seiner Hängematte nach solchen Tieren Ausschau zu halten. Wenn die Sonne untergeht, treiben Moskitos ihr Unwesen. Während des Jungle Marathons juckt es permanent auf meiner Haut und Sand scheint an jeder Stelle meines Körpers zu sein.

Plötzlich fängt sich alles um mich herum an zu drehen. Mir wird auf einmal schlecht und schwindelig. Umgehend begebe ich mich zum Ärzteteam. Dort angekommen, breche ich zusammen. Ab diesem Punkt habe ich einen totalen Filmriss. Ich nehme nur ab und an ganz schwach einzelne Stimmen wahr, die sehr besorgt klingen. Infusionen folgen. Eine, dann noch eine und wieder eine. Vor Nadeln, Infusionen und ähnlichen Dingen habe ich eine riesengroße Aversion. Und jetzt begleitet mich solch ein Teil an meiner linken Hand. Zitternd liege ich am Boden, unfähig mich aufzurichten, geschweige denn aufzustehen. Nach einer Weile kommt Brett, der „Chefarzt“ bei diesem Rennen, zu mir und stellt mir Fragen. „Welchen Tag haben wir heute? Wo bist Du gerade? Wie heißt Du?“ Mir ist in diesen Momenten überhaupt nicht bewusst, wo ich mich befinde. Alles ist dunkel um mich herum. Ich stammle irgendwelche wirren Dinge vor mich hin und bin nicht in der Lage, einen korrekten Satz von mir zu geben, geschweige denn die Fragen richtig zu beantworten. Mir ist einfach nur kalt, dabei hat es selbst um 21 Uhr noch dreißig Grad. In meinem Kopf treibt eine gewaltige Achterbahn ihr Unwesen. Erst Stunden später schaffe ich es, wieder auf beiden Beinen stehen zu können und im Zeitlupentempo Richtung Hängematte zu marschieren. Ich habe mich selten zuvor in meinem Leben so mies gefühlt. Das Schlimmste für mich ist dabei die Tatsache, dass ich mich und meinen Körper nicht mehr kontrollieren kann. Von einem Moment auf den nächsten bin ich k.o. gegangen. Das macht mir Angst. Was soll ich jetzt tun? Meine Uhr zeigt mittlerweile kurz nach Mitternacht an. In vier Stunden heißt es wieder aufstehen. Die dritte Etappe steht auf dem Programm. 35 Kilometer, fast so viel wie Etappe eins und zwei zusammen, geht es wieder durch dichten Dschungel. Soll ich den Lauf mit aller Gewalt, mit aller Willenskraft finishen? Mit dem Risiko, dass ich vielleicht mitten im Dschungel zusammenbreche? Oder soll ich dieses Mal meine Vernunft über den Willen stellen und das Rennen abbrechen?

Ich höre in meinen Körper hinein und entscheide mich intuitiv für einen Abbruch. Ehrlich gesagt, gibt es für mich in diesem Moment auch keine Alternative. Für mich steht, nach kurzer Überlegung, umgehend die Entscheidung fest: Ich breche das Rennen hier ab! Diese Entscheidung ist für mich im ersten Moment natürlich sehr schmerzhaft und richtig bitter. Denn über Monate habe ich mich auf dieses Rennen vorbereitet, habe sehr viel Zeit, Energie und auch Geld in das Projekt Jungle Marathon investiert. Und nach nur zwei Tagen, nach ganzen 39 Kilometern ist das Rennen für mich vorüber. Aus und vorbei! Das ist hart. Wie ein Haufen Elend sitze ich auf dem schlammigen Boden im Lager und starre ins Leere. Eine eigenartige Ruhe umgibt mich. Für den wolkenfreien Himmel mit seinen funkelnden Sternen habe ich überhaupt keine Augen. Ich bin einfach nur leer, unfähig einen klaren Gedanken zu fassen. Dann schaffe ich es, in meine Hängematte zu steigen und ein wenig zu schlafen.

Nach ein paar Wochen Abstand sehe ich diese Erfahrung schon aus einer anderen Perspektive. Auch das Scheitern gehört zu unserem Leben und kann für die Weiterentwicklung ungemein positive Auswirkungen haben, wenn man die richtigen Konsequenzen daraus zieht. Im Sport wie im Berufsleben. Läuft bei Ihnen im Job immer alles glatt? Oder haben auch Sie mit Rückschlägen zu kämpfen? Entscheidend dabei ist, dass man sich durch Rückschläge nicht entmutigen lässt, sondern weiter seinen Weg geht, dass man seinem Scheitern offen und ehrlich gegenübersteht und dass man seine Fehler analysiert und aus ihnen lernt. Dann kann einem solch eine Erfahrung viel mehr bringen als der größte Sieg. Unser Leben ist nicht nur durch Erfolge, Siege und glorreiche Momente gekennzeichnet. Im Gegenteil, unser Leben gleicht einer Achterbahn. Hochs und Tiefs wechseln sich ab. Erfolge und Niederlagen halten sich die Waage. Die entscheidende Frage ist doch: Wie gehe ich mit einem Rückschlag um? Was mache ich nach einem Scheitern? Ich kann mich verkriechen und aufgeben. Oder ich sehe dem Scheitern ins Auge und mache weiter. Ich entscheide mich immer für die zweite Option. Wenn ich mir ein Ziel setze, dann werde ich auf dem Weg dorthin unzählige Erfahrungen sammeln – positive wie negative. Ich gehe einen Schritt voran und fliege dann auf die Schnauze. Ich bewältige wieder drei Schritte und erhalte erneut einen Dämpfer. Ein sehr gutes Beispiel ist in diesem Zusammenhang meine Tochter Marla. Während ich diese Zeilen schreibe, versucht sie gerade, ihre ersten Schritte ohne fremde Hilfe zu bewältigen. Sie richtet sich auf, steht dann auf beiden Beinen, fängt ganz langsam an, den ersten Schritt zu machen und fällt wieder hin. Sie steht wieder auf, schafft dieses Mal sogar zwei Schritte und fällt wieder auf den Boden. Ähnlich verlief es bei meinen Vorträgen. Nach den ersten Erfolgen in meiner Rednerkarriere dachte ich: „Wow, das läuft ja richtig gut an. Das ist ja fast ein Selbstläufer." Was für ein gewaltiger Irrtum! Beim nächsten Vortrag fiel das Mikro aus, meine Videosequenzen funktionierten nicht und ich zeigte nicht die gewohnte Präsenz auf der Bühne. Das ist das Leben. Wir scheitern. Wir lernen. Wir entwickeln uns weiter.

Eine elementar wichtige Frage in diesem Zusammenhang ist: Wie sehe ich den Rückschlag? Aus welchem Blickwinkel betrachte ich ihn? Sie können sich sagen: „Ich bin kläglich gescheitert. Ich bin einfach ein Verlierertyp!" Oder Sie sagen sich: „Das war eine unangenehme, aber wichtige Erfahrung, die mich weiterbringt. Das nächste Mal mache ich es besser." Merken Sie den Unterschied? Bei der ersten Alternative findet man sich einfach so mit dem Scheitern ab, während man bei der zweiten Option das Scheitern als wertvolle Erfahrung sieht und aus dieser lernen will. Nach dem Abbruch beim Jungle Marathon hätte ich leicht sagen können: „Nach nur zwei Tagen aufgegeben, was für eine Blamage! Alles ist schiefgelaufen." Ich hätte nur auf die negativen Aspekte dieses Abenteuers fokussieren können. Stattdessen sagte ich mir: „Okay, ich bin nicht mehr im Rennen, das ist aus sportlicher Sicht sicherlich unbefriedigend. Doch ich befinde mich nach wie vor in einem der beeindruckendsten Gebiete der Erde und ich möchte die nächsten Tagen noch genießen." Und das machte ich auch. Ich habe die folgenden Tage, nachdem es mir wieder besser ging, weiter im Dschungel verbracht, wanderte einzelne Etappenabschnitte, genoss die Nächte in meiner Hängematte und erfreute mich an der atemberaubenden Flora des Dschungels. Dabei unterstützte ich die anderen Läufer, so gut es ging. Ich verschenkte meine

Riegel und Gels, half an den Verpflegungsposten aus und feuerte die Läufer mit aller Kraft an. Das half mir zum einen, nicht mehr an meinen Rennabbruch zu denken. Zum anderen bekam ich etwas wirklich Wertvolles zurück: Dankbarkeit. Die Mitläufer zollten mir Respekt und Dankbarkeit, dass ich weiter bei ihnen war. Sie freuten sich über jedes motivierende Wort, über jeden Handgriff, den sie nicht mehr selbst machen mussten. In diesen Momenten dachte ich nicht mehr an meinen Abbruch des Rennens, sondern ich fühlte mich als wichtiger Bestandteil des Teams und der Gemeinschaft. Diese Erfahrung hätte ich niemals gemacht, wenn ich noch im Rennen gewesen wäre. Das schaffte ich nur, weil ich mich auf die positive Seite des Scheiterns konzentrierte. Darüber bin ich heute froh.

Eine weitere zentrale Frage lautet: Wie definiere ich überhaupt Scheitern? Auf Wikipedia wird Scheitern als Fehlschlagen eines Vorhabens erklärt. Als ein Bekannter von mir von meiner Aufgabe beim Jungle Marathon erfuhr, da schrieb er mir folgende Zeilen: „Du bist nicht gescheitert, du bist nur *gescheiter*(t).“ Darüber dachte ich lange nach. Bei meinen Extremläufen stehen sich ja immer zwei Spieler gegenüber: der Vernünftige und der Willensstarke. Der Vernünftige denkt immer sehr rational und ist auf Daten, Zahlen und Fakten fokussiert. Er hört sehr häufig in seinen Körper hinein und passt sich diesem mit seinem Verhalten an. Der Willensstarke will sein Ziel immer und überall und unter allen Umständen erreichen. Dabei hört und beachtet er nicht die Signale, die ihm der Körper sendet. Diese beiden Akteure spielen nicht miteinander, sondern gegeneinander. Als ich im Dschungel in Folge von Erschöpfung und Hitzschlag zusammengebrochen bin, sagte der Vernünftige: „Das war jetzt zu viel des Guten. Denk an deine Gesundheit und hör’ auf, bevor noch etwas Schlimmeres passiert." Der Willensstarke hingegen meinte: „Ein Zusammenbruch kann einmal passieren, doch das Rennen geht weiter. Du wirst das Ziel erreichen, koste es, was es wolle." Welcher Spieler ist Ihnen sympathischer? Was ist in dieser Situation gescheiter? Welche Entscheidung ist klüger? Ist es nicht sogar ein Zeichen der Stärke, wenn man ein Projekt oder ein großes Ziel auch einmal abbricht? Ich entscheide immer situativ und verlasse mich auf meinen großen Erfahrungsschatz. Meine Intuition und mein Bauchgefühl spielen dabei eine entscheidende Rolle. Ich höre immer sehr genau in mich hinein und wäge die Konsequenzen ab, die ein Weitermachen oder Aufgeben ergeben würden. Erst danach treffe ich eine endgültige Entscheidung. Im Dschungel hat der Vernünftige über den Willensstarken gesiegt. Beim Lauf um den Mont Blanc im Jahr 2009, als ich mehrere Blasen an meinen Füßen hatte, stellte ich den Willen über die Vernunft. Ich bin dort weitergelaufen, weil ich mit Blasen an den Füßen in der Regel keine langfristigen gesundheitlichen Schäden davontrage. Doch wenn eine Verletzung oder Krankheit ernsthafte Konsequenzen für meine Gesundheit hätte, dann würde ich mich wieder für einen Abbruch entscheiden und die Vernunft über die Willenskraft siegen lassen.

Vernunft sagt Nein – Willenskraft sagt Ja

Der Jungle Marathon stellt aber nicht mein erstes „DNF" dar. Die Abkürzung DNF steht übrigens für „Did Not Finish" und bedeutet, dass man das Ziel bei einem Rennen nicht erreicht hat. Zwei Jahre zuvor musste ich bereits bei einem anderen Lauf vorzeitig abbrechen. Im Juli 2008 nahm ich an einem sehr anspruchsvollen Etappenlauf teil, genauer gesagt am längsten Berglauf Europas: dem Swiss Jura Marathon, einem Rennen über insgesamt 350 Kilometer und 11.000 Höhenmeter von Genf nach Basel. Sieben Tage lang läuft man täglich mehr als eine Marathondistanz auf dem Schweizer Juraweg. Als wenn das nicht schon genug wäre, kommen dazu noch einige Tausend Höhenmeter. Kurzum: ein Berglauf im XXL-Format.

Wie gewohnt, beginne ich das Rennen sehr verhalten, um meine Kräfte zu schonen. Doch das ist bei solch einem extremen Lauf nicht immer so leicht zu kontrollieren. Schon auf der ersten Etappe gilt es gleich, 47 Kilometer und über 1.400 Höhenmeter zu bewältigen. Dauerregen und Temperaturen im einstelligen Bereich begleiten uns am ersten Tag. Eine Nebelwand zieht sich tief in das Tal hinein und ich kann stellenweise nur noch ein paar Meter weit sehen. Die Kulisse hat etwas Gespenstisches an sich. Eine einzige, weiße Wand umgibt mich. Hoffentlich bin ich noch auf dem richtigen Weg? Schemenhaft kann ich vereinzelt Kühe erkennen, die auf den angrenzenden Weiden grasen. Doch auch sie machen, angesichts des trüben und ungemütlichen Wetters, keinen glücklichen Eindruck. In der Stille höre und spüre ich jeden Atemzug ganz intensiv. Mein Herz schlägt immer schneller. Kein Wunder bei diesem Mörderanstieg! Von 500 Metern geht es auf über 1.600 Meter hinauf zum Gipfel des La Dole. 1.100 Höhenmeter bergauf – am Stück! Auf ganz schmalen, schlammigen Pfaden, die durch den vielen Regen aufgeweicht sind, bewege ich mich vorwärts. Fast wie auf Schmierseife. Ein Matschloch jagt das nächste. Meine Schuhe sind mittlerweile mit einer braunen, dreckigen Soße überzogen. Ich fühle mich, als hätte ich Blei an meinen Beinen. Fast zeitlupenartig setze ich einen Fuß vor den nächsten. Der Gipfel scheint nicht näherzukommen.

Was für ein brutaler Aufstieg! Die dichte Nebelwand lichtet sich ein wenig und ich kann links und rechts neben mir Geröll, Schutt, Steine und vereinzelt grüne, verlassene Weideflächen wahrnehmen. Obwohl meine Kleidung vom vielen Regen völlig durchnässt ist, ist es in meiner Kehle trocken wie in einer Wüste. Mein Puls rast, bedingt durch diesen steilen Anstieg, unaufhaltsam weiter. Ich halte alle hundert Meter kurz an, atme tief durch, nehme ein paar Züge Wasser von meiner Trinkblase und gehe dann weiter. Es ist ein Genuss, die reine, frische und kühle Bergluft einatmen zu dürfen. Diese gibt mir Kraft und neue Energie für die letzten Meter bis zum Gipfel. Anschließend folgt ein derber Abstieg. 750 Meter freier Fall. Die mit Tau und Regen überzogenen Steine laden zum Rutschen ein. Höchste Konzentration ist angesagt. Ein falscher Tritt und das Rennen kann schon vorbei sein. Plötzlich bleibe ich mit meinem linken Fuß an einer Wurzel hängen und es haut mich der Länge nach auf den schlammigen Boden. Adrenalin schießt mir in die Adern. Intuitiv stütze ich mich mit beiden Händen ab. Nach ein paar Sekunden im Schockzustand rapple ich mich wieder auf, klopfe den Dreck von mir und inspiziere meinen Körper. Außer ein paar Abschürfungen an den Händen ist nichts passiert, Glück gehabt. Wenig später erreiche ich, nach 6 Stunden und 29 Minuten, das Tagesziel in Saint Cergue.

Der Swiss Jura Marathon hat sehr vielversprechend begonnen. So geht es auch die kommenden Tage weiter. Die ersten fünf Etappen laufen sehr gut für mich. Als ich am Ende der fünften Etappe jedoch die letzten Meter bis ins Ziel laufe, fühle ich plötzlich einen unbekannten, unangenehmen und stechenden Schmerz in mir. Genauer gesagt: am rechten Schienbein. Ich denke mir nichts weiter dabei und ignoriere den Schmerz. Dieser wird aber mit der Zeit immer schlimmer. Sobald ich mich bewege und mein rechtes Bein belaste, fühle ich mich, als würde jemand mit Hammer und Meißel auf meinen blanken Knochen schlagen. Das unter Langstreckenläufern bekannte Schienbeinkantensyndrom hat mich getroffen. Mein rechtes Schienbein schwillt immer mehr an und jeder Schritt wird zu einer einzigen Tortur. Die folgende Nacht kann ich vor Schmerzen fast gar nicht schlafen. Mein Kopf arbeitet ununterbrochen: Was soll ich jetzt bloß machen? Wie soll ich mich morgen verhalten? Die Schmerzen meines Körpers ignorieren und einfach weiterlaufen? Oder die Vernunft siegen lassen und das Rennen vorzeitig abbrechen? Nach einer grausamen, fast schlaflosen Nacht gehe ich zum Start der sechsten Etappe, laufe mit den anderen zusammen los, aber nach den ersten Metern merke ich, dass es für mich keinen Sinn mehr macht, weiterzulaufen. Jeder Schritt tut höllisch weh. Ich bleibe stehen und humple wieder zurück. Das ist ein ganz bitterer Moment! Alle Läufer bewegen sich geradeaus mit Kurs auf das nächste Etappenziel, und ich hinke als Einziger wieder mit schmerzverzerrtem Gesicht zurück zum Start. Ein Rückschritt im wahrsten Sinne des Wortes, zumindest in diesem Moment. Nach fünf gelaufenen Etappen, nach über 250 Kilometern höre ich auf. Tränen kullern mir über die Wangen und ich bin in diesem Moment am Boden zerstört. Dabei wären „nur" noch knappe 100 Kilometer vor mir gelegen. Doch der Preis, den ich dafür aus gesundheitlicher Sicht gezahlt hätte, wäre für mich zu hoch gewesen. Meine Gesundheit ist mir wichtiger, als mit aller Gewalt einen Lauf zu finishen. Meine Vernunft hat bei einem Rennen zum ersten Mal über meine Willenskraft gesiegt. Ich brauchte einige Zeit, bis ich dies verarbeitet hatte.

Was kann man denn nach solch einem schmerzhaften Erlebnis tun? Ich kann mir eine Flasche Vodka kaufen und mich betäuben. Zugegebenermaßen hatte ich im ersten

Moment nach dem Abbruch diesen Gedanken. Natürlich kann ich auch das böse Schienbeinkantensyndrom für meinen Abbruch verantwortlich machen. Oder endgültig auf „Jammer-Modus" umstellen und über alles, was mit dem Swiss Jura Marathon zusammenhängt, schimpfen: das anspruchsvolle Profil des Rennens, das unbequeme Massenquartier in den Turnhallen oder das bescheidene Wetter. Doch habe ich damit das Problem gelöst? Es ist sicherlich die bequemste Lösung, den Fehler bei anderen zu suchen. Die äußeren Umstände sind schuld an der Misere. Das ist einfach. Leider nehmen viele Menschen diesen Weg und beklagen sich über äußere Faktoren: den Chef, den Partner, die Eltern, den Lehrer, den Schiedsrichter. Sehr beliebt ist auch immer das Wetter. Dabei genügt häufig ein Blick in den Spiegel, um zu erkennen, wer für den Fehler oder die Niederlage verantwortlich ist: man selbst. Das ist ein elementar wichtiger Schritt: die Verantwortung für sein eigenes Handeln, für seine eigenen Fehler und für sein eigenes Leben zu übernehmen. Wer übernimmt denn heute noch Verantwortung? Schon in der Schule ist es der böse Lehrer, der für die schlechten Noten verantwortlich gemacht wird. Das Fußballspiel hat man verloren, weil der Schiedsrichter schlecht gepfiffen hat. Das schlechte Wetter war schuld an der eigenen Leistung und an der Niederlage. Es ist bequemer, die äußeren Umstände für unser eigenes Leben verantwortlich zu machen. Als ich mir früher noch die Sportschau angesehen habe, da spielte einmal gerade der Karlsruher SC gegen den FC Bayern München. Bei diesem Spiel gewann ausnahmsweise der KSC. Nach dem Spiel werden stets einzelne Interviews mit ein paar Spielern gezeigt. Auch Lothar Matthäus stellte sich einem Interview und wurde gefragt, warum sie denn heute so schlecht gespielt hätten. Lothar Matthäus, damals Kapitän beim FC Bayern, rastete völlig aus und beschimpfte den Schiedsrichter auf übelste Weise. Der „Schiri“ wäre alleine schuld an dieser Niederlage. Er sprach von „Beschiss“ und „Betrug“. Dabei wurde sein Hals immer dicker und sein Kopf immer röter.

Nachdem ein paar Tage ins Land gegangen waren seit meinem Abbruch beim Swiss Jura Marathon, konnte ich mit der Situation schon etwas besser umgehen. Ich ging viel spazieren (laufen konnte ich ja noch nicht) und versuchte an andere Dinge zu denken. Bei einem meiner längeren Spaziergänge wurde mir auf einmal bewusst: Nur ich war für den Ausgang dieses Rennens verantwortlich. Nicht das Wetter, nicht die Turnhallen und auch nicht das Schienbeinkantensyndrom. Ich fing an, mich zum ersten Mal offen und ehrlich dieser Situation zu stellen, was mir zu Beginn ehrlich gesagt ein wenig schwer fiel. Ich hatte immer noch im Hinterkopf: „Wenn diese sch... Verletzung nicht gekommen wäre, hätte ich diesen Lauf locker gefinisht.“ Ich musste mich wirklich zwingen, ehrlich zu mir selbst zu sein. „Du bist ganz alleine für diese Situation verantwortlich“, sagte ich mir immer wieder. Dadurch fielen Tonnen von Ballast von mir und ich fühlte mich erleichtert. Der erste Schritt nach dem Abbruch beim Swiss Jura Marathon war also, dass ich zunächst ein wenig Abstand zu den Erlebnissen gewann und ich danach die komplette Verantwortung für den Ausgang dieses Rennens übernahm.

Nachdem ich die Verantwortung übernommen hatte, fragte ich mich immer wieder: An was hat es denn schlussendlich gelegen? Wie kam überhaupt die Verletzung zustande? Was war die Ursache dafür und letztendlich für den Rennabbruch? Ich ging vor meinem geistigen Auge die letzten Tage und Wochen vor dem Swiss Jura Marathon durch. Wie habe ich mich im Einzelnen vorbereitet? Wie sah die konkrete Vorbereitung aus? Ich nahm mein

Lauftagebuch zur Hand und überprüfte mein Training für diesen Wettkampf. Ich hatte ohne Frage ein großes Pensum an langen Läufen, als auch an Einheiten am Berg, absolviert. Im Wesentlichen hatte ich aber nicht viel anders trainiert als für Läufe mit ähnlichem Profil. Mit einer Ausnahme: Exakt eine Woche vor dem Swiss Jura Marathon lief ich noch den Fidelitas Nachtlauf in Karlsruhe, einen Ultramarathon um Karlsruhe und durch Teile des Schwarzwaldes über insgesamt achtzig Kilometer. Diesen lief ich zwar sehr verhalten in 10 Stunden und 12 Minuten, doch für meine Regeneration bis zum Wettkampf in der Schweiz war dieser „Trainingslauf" sicherlich nicht optimal. Der zweite Schritt nach dem Abbruch beim Swiss Jura Marathon beinhaltete, dass ich meine Fehler analysierte. Was habe ich falsch gemacht? Woran lag es? Was kann ich beim nächsten Mal besser machen? Durch das Eingeständnis der eigenen Fehler eröffnete ich mir die Möglichkeit, mich weiterzuentwickeln, wenn ich aus diesem Fehler lernte und ihn nicht noch einmal mache.

Wir sprechen die ganze Zeit über Fehler. Sind für Sie Fehler eigentlich etwas Negatives? Betrachten Sie ein Scheitern immer als Misserfolg? Ein riesengroßes Problem in unserer Gesellschaft ist die Fehlerkultur und unser Umgang mit Fehlern. Wir dürfen doch alle keine Fehler machen. Fehler sind schlecht, negativ, kontraproduktiv, ineffizient, nicht wirtschaftlich und so weiter. Durch Fehler entwickeln wir uns aber weiter. Fehler zu machen, ist in meinen Augen klug, doch den gleichen Fehler zweimal zu machen, ist dumm. Durch den Swiss Jura Marathon lernte ich, mich und meine Leistungsfähigkeit besser einzuschätzen. Ich habe seit diesem Rennen keinen langen Trainingslauf ein paar Tage vor einem wichtigen Wettkampf mehr absolviert.

So schmerzhaft die Rennabbrüche beim Jungle Marathon und beim Swiss Jura Marathon auch waren, betrachte ich sie heute doch als wichtige Lernerfahrung. Heute kann ich sagen, dass ich durch das Scheitern viel mehr profitiert habe, als wenn ich ins Ziel gekommen wäre. Ich habe beispielsweise gelernt, Verantwortung für mich, meine Handlungen, meine Fehler und mein gesamtes Leben zu übernehmen. Ich habe auch gelernt, dass man durch Niederlagen seine Erfolge wieder aufwertet und sie mit ganz anderen Augen sieht. Man nimmt seine Siege wieder ganz anders wahr: viel bewusster, viel intensiver. Ein Rückschlag schärft erneut die Sinne für zukünftige Erfolge. Ein Scheitern stellt auch sicher, dass man nie abhebt und immer wieder auf den Boden der Tatsachen zurückgeholt wird. Und das ist gut so, denn es gibt nichts Schlimmeres als überhebliche und erfolgsgeile Menschen. Das Scheitern zeigte mir deutlich, dass ich ein ganz normaler Mensch bin wie Sie auch. Ich bin kein Übermensch und keine Maschine. Nobody is perfect. Scheitern ist einfach menschlich und bildet einen wichtigen Teil unseres Lebens.

Nur der lange Atem führt zum Ziel

Was für ein Genuss, hier sein zu dürfen. Die mediterrane Luft kribbelt in meiner Nase und erzeugt ein Wohlbefinden. Es ist der 27. Oktober 2002. Ich befinde mich in Stra, einer kleinen Ortschaft in der Nähe von Venedig. In fünf Minuten geht für mich der Lauf der Läufe los: der Venedig Marathon. Dieser stellt für mich keinen gewöhnlichen Marathon dar, denn bei diesem Rennen will ich meine persönliche Marathonbestzeit laufen: unter drei Stunden. 2 Stunden, 59 Minuten und 59 Sekunden! Das ist mein großes Ziel. Drei Stunden, eine der magischen Grenzen im Marathonlauf, zu unterbieten! Bei diesem Gedanken steigt ein leichtes Kribbeln in mir auf, zunächst ganz sanft in meinen Beinen und dann wird es immer intensiver und wandert in meine Magengegend. Meine Anspannung steigt, mir wird langsam warm und mein Puls rast. Hier im Läuferpulk kann man die Vorfreude, aber auch den Druck in den einzelnen Gesichtern ablesen. Die kühle Morgenluft weicht der konzentrierten Energie, die hier auf engstem Raum versammelt ist. Seit Monaten träume ich jede Nacht von meinem Ziel „Marathon unter drei Stunden". Ich habe mir meine Zielzeit ganz groß auf meine Pinnwand in meinem Zimmer geschrieben: 2:59:59! Diese Zahl findet man auch auf meinen Laufschuhen. Ich denke an nichts anderes mehr. Ich will es unbedingt erreichen und habe noch nie so hart für einen Lauf trainiert wie für diesen Marathon. Körperlich absolvierte ich lange Dauerläufe, Intervalleinheiten, Läufe in meinem Marathontempo und auch mein ungeliebtes Krafttraining zog ich konsequent drei Mal die Woche durch. Meinen gesamten Lebensrhythmus ordnete ich in den letzten Wochen und Monaten meinem Ziel „Venedig Marathon" unter. Selbst auf einer Studienfahrt, die unmittelbar vor dem Marathon stattfand, war ich jeden Morgen diszipliniert um fünf Uhr aufgestanden und hattee mein Training durchgezogen. Sogar den feuchtfröhlichen Abenden auf dieser Reise konnte ich widerstehen, trank keinen Tropfen Alkohol und befand mich ab 22:00 Uhr im Bett, zum Leidwesen meiner Kommilitonen. Ich wollte unbedingt unter drei Stunden laufen und dafür achtete ich auf jedes Detail. Seit ich vor 2½ Jahren meinen ersten Marathon an der Deutschen Weinstraße gelaufen war, hatte ich mich kontinuierlich gesteigert, was meine Wettkampfzeiten anging. Meine aktuelle Bestzeit auf der Halbmarathondistanz war ich erst vor wenigen Wochen in Karlsruhe gelaufen: 1 Stunde, 23 Minuten und 38 Sekunden.

Nach monatelanger intensivster Vorbereitung bin ich vor vier Tagen in Venedig angekommen, um mich hier noch etwas zu akklimatisieren und zu entspannen. Es scheint an diesem Wochenende fast alles zu passen. Es herrschen optimale äußere Bedingungen für das Laufen: Kein Wind, angenehme zwanzig Grad und der Himmel ist immer leicht bewölkt. Und dann diese fantastische Kulisse, die mich umgibt: Piazza San Marco, Dogenpalast, Markusdom, die traumhafte Lagune und die vielen wunderschönen Inseln. Venedig zählt in meinen Augen zu den schönsten Städten der Welt. Auch deshalb habe ich mir diese Stadt für meinen Rekordversuch ausgesucht. Peng! Endlich erklingt der Startschuss. Die Eliteläufer rennen los, als ginge es um Leben und Tod. Im dichten Gedränge versuche ich zunächst meinen Rhythmus zu finden. „Nur nicht zu schnell beginnen", sage ich mir. 4 Minuten und 15 Sekunden pro Kilometer will ich laufen und das über 42,195 Kilometer. Es läuft rund, und nach zehn gelaufenen Kilometern zeigt meine Uhr 42 Minuten und 36 Sekunden an. Genau im Plan. Meine Arme pendeln fast automatisch hin und her und meine Beine bewegen sich leichtfüßig und gleichmäßig auf und ab – wie ein Schweizer Uhrwerk. Mir scheint es, als schwebe ich über den grauen und harten Asphalt. Jede einzelne Bewegung verläuft flüssig und geschmeidig. Meine Gedanken sind nur im Hier und Jetzt, bei jedem Schritt, bei jedem Atemzug. Um mich herum nehme ich nichts und niemanden wahr. Nach der Halbmarathondistanz stoppe ich 1 Stunde, 30 Minuten und 14 Sekunden. Es läuft weiterhin alles nach Plan. Beim nächsten Verpflegungspunkt nehme ich eine halbe Banane und einen Becher Wasser zu mir, während des Laufens. Ich will in meinem Laufrhythmus bleiben und keine kostbare Zeit verlieren. Jede Sekunde kann am Ende zählen. Nach dreißig gelaufenen Kilometern kommt plötzlich, ohne Vorwarnung, der berühmt-berüchtigte „Mann mit dem Hammer". Und bei mir hat er gleich einen richtig großen dabei, den er mir gnadenlos verpasst. Bei jedem Schritt spüre ich ihn. Ich breche total ein und muss mein Tempo drosseln. Als hätte jemand den Akku aus der Steckdose gezogen. Meine rechte Wade zuckt zusammen, als würde mir jemand ein Messer hineinrammen. Ich muss kurz stehen bleiben. Meine Kilometerzeiten werden immer langsamer: 4 Minuten und 20 Sekunden, 4 Minuten und 23 Sekunden, 4 Minuten und 28 Sekunden, 4 Minuten und 32 Sekunden. In diesem Moment realisiere ich, dass es vorbei ist. Ich kann mein Ziel nicht mehr erreichen. Fast wie mechanisch setze ich weiterhin einen Fuß vor den anderen. Hechelnd und mit schmerzverzerrtem Gesicht versuche ich noch einmal das Letzte aus meinem Körper herauszuholen. Doch dieser will sich am liebsten in ein großes Bett legen, einfach nur erholen und nicht mehr laufen müssen. Endlos erscheinende sieben Kilometer liegen noch vor mir. Ich verfluche diese Strecke. Ich verfluche jeden einzelnen Kilometer. Ich verfluche jeden Schritt, den ich noch zu laufen habe. In meinem Inneren breiten sich Frust und Enttäuschung aus. Von Weitem sehe ich den markanten Dogenpalast von Venedig. Es kann nicht mehr weit bis zum Ziel sein. Eine letzte Brücke und ein letzter sanfter Anstieg, doch diese scheinen meinen allerletzten Energiereserven zu verbrennen. Nichts scheint mehr zu gehen. Dann sehe ich endlich den Markusplatz und das Ziel. Nach 3 Stunden, 8 Minuten und 31 Sekunden laufe ich über die Ziellinie. Ein junges Mädchen überreicht mir meine Finisher-Medaille, doch ich will nur noch alleine sein. Ich setze mich auf den warmen Stein an die Uferpromenade und starre auf das

Wasser. Alles erscheint mir so sinnlos. „Warum?“, frage ich mich.

Noch Tage und Wochen später bin ich geknickt, wenn ich an den Venedig Marathon denke. Doch dann steigt neuer Mut in mir auf und ich sage mir: „Okay, einmal ist keinmal. Das kann passieren. Ich will es wieder versuchen und dieses Mal schaffe ich es.“ Für den zweiten Anlauf habe ich mir den Paris Marathon im April 2003 ausgesucht. Und für dieses Rennen trainierte ich noch härter, noch länger und noch intensiver als für den Venedig Marathon. Meine Welt drehte sich in dieser Zeit nur um den Paris Marathon. Alle anderen Lebensbereiche blendete ich fast vollständig aus. Und auch beim Paris Marathon schaffte ich es nicht, unter drei Stunden zu bleiben. Am Ende stand eine Zeit von 3 Stunden, 9 Minuten und 15 Sekunden auf meiner Urkunde. Und ich probierte es wieder und startete ein halbes Jahr später beim Köln Marathon. Doch auch bei meinem dritten Versuch blieb mir das Ziel, einen Marathon unter drei Stunden zu laufen, verwehrt. Mit einer Zeit von 3 Stunden, 17 Minuten und 44 Sekunden lag ich um Welten über der selbst gesetzten Grenze.

Was sollte ich jetzt machen? Meine Laufschuhe an den Nagel hängen? Wieder mit dem Fußballspielen anfangen? Überhaupt keinen Sport mehr treiben? Es musste weitergehen. Nach dem Köln Marathon bin ich zunächst für ein Jahr nach Australien gegangen (allerdings nicht wegen der unerreichten Marathonziele) und habe dadurch ein wenig Abstand zum Laufen und zu den Erlebnissen bei meinen Marathonläufen gefunden. Ich habe während dieses Jahres in Down Under keinen einzigen Wettkampf bestritten, aber immer wieder über das Laufen, meine Wettkämpfe und über meine zukünftigen Ziele nachgedacht. Dabei kam mir auch immer wieder der Gedanke, bei Ultramarathonläufen zu starten, in den Sinn. Zum damaligen Zeitpunkt, Ende 2003, hatte ich erst an zwei Ultramarathons teilgenommen: beim 100-Kilometer-Lauf in Biel und beim Fidelitas Nachtlauf über achtzig Kilometer in Karlsruhe. Bei beiden Läufen hatte ich gemischte Gefühle, doch irgendwie zogen mich diese Strecken auch magisch an. Mit Marathon assoziierte ich Frust, Enttäuschung und Scheitern. Mit Ultramarathon hingegen verband ich Faszination, Begeisterung, Herausforderung und Naturerlebnisse. Durch mein Scheitern beim Ziel „Marathon unter drei Stunden" schloss sich für mich dieses Kapitel und es ging gleichzeitig ein neues auf: „Ultramarathon". Und erst dort stellten sich für mich nach und nach der Erfolg und auch die Zufriedenheit ein. Doch dieser Weg, den ich als Ultramarathonläufer gegangen bin und immer noch gehe, ist nur durch die Rückschläge im Marathon möglich geworden. Weil ich damals unbedingt weitermachen wollte, einen langen Atem bewies und mir neue läuferische Ziele suchte, habe ich schließlich „meine Disziplin", die ganz langen Strecken, gefunden, die zu mir und meinen persönlichen Stärken passen.

Was ich in meiner Laufkarriere gelernt habe, ist, dass es keinen schnellen Erfolg gibt. Auf dem Weg zum Ziel kommen Rückschläge, Hindernisse und Hürden einfach vor. Und das erfordert Ausdauer und Durchhaltevermögen. Diese beiden Eigenschaften sind für mich die wesentlichen, wenn es um persönlichen Erfolg geht. Als ich mir vor Kurzem wieder einmal das Höhenprofil des Ultra-Trail Mont Blanc angesehen habe, stellte ich fest, dass dieses Profil doch auch unser Leben symbolisiert. Das Profil dieses extremen Berglaufs über 166 Kilometer, 9.400 Höhenmeter und zehn alpine Bergpässe spiegelt unser Leben wider. Denn auch dieses verläuft nicht auf einer ebenen, geraden Strecke wie bei einem Citymarathon. Es geht immer wieder auf und ab und es wechseln sich Hochs und Tiefs ab. Zunächst gilt es, überhaupt einmal zu starten, anzufangen und die ersten Schritte zurückzulegen. Zu Beginn hat man häufig noch die Begeisterung und die Leidenschaft in sich. Alles scheint einfach zu sein und wie von selbst zu laufen. Doch auf dem weiteren Weg treten dann die ersten schwierigen Situationen auf. Hürden und Hindernisse kommen, die einen auf die Probe stellen: brutale Anstiege, das Laufen bei Nacht, die eisige Kälte, die Müdigkeit oder die steilen Abstiege. Im Alltagsleben können solche Hindernisse schwierige Telefonate, wichtige Präsentationen, entscheidende Spiele oder schwerwiegende Verletzungen und Krankheiten darstellen. An diesem Punkt entscheidet es sich: Geht man weiter oder gibt man auf? Sieht man das Hindernis als unüberwindbar an oder betrachtet man es als Herausforderung? Jetzt kommt es nur auf das Durchhaltevermögen an. Viele Menschen schrecken leider schon vor dem ersten Berg, der ersten Hürde, dem ersten Hindernis zurück. Oder sie überwinden die ersten Schwierigkeiten und geben dann mittendrin auf. Oder sie bezwingen fast alle Hindernisse und kapitulieren kurz vor dem Ziel, beim allerletzten Hindernis. Obwohl es nur noch ein paar Meter zum Ziel, ein wenig mehr Anstrengung, gewesen wäre, um den großen Erfolg zu realisieren.

Bei einem extremen Lauf wie am Mont Blanc treten zwangsläufig Hindernisse auf. Wenn man über vierzig Stunden am Stück unterwegs ist, durch zwei Nächte im Hochgebirge läuft, wird man irgendwann müde. Richtig müde. Es fallen einem während des Laufens die Augen zu. Die Frage in solchen Momenten lautet dann: Wie kann ich diese brenzlige Situation meistern? Verfüge ich über den notwendigen Biss, die Willenskraft und das Durchhaltevermögen? Habe ich die Ausdauer, die Krise zu überstehen? Will ich diese Krise überstehen? Diese Fragen lassen sich 1:1 auf das Berufsleben übertragen. Auch im Job hat man immer wieder schwierige Situationen zu meistern. Nehmen wir dazu als Beispiel die Telefonakquise. Da haben Sie sicherlich nicht bei zehn Anrufen zehn Kunden gewonnen, oder? Sie bekommen Absagen: zu teuer, haben wir schon, brauchen wir nicht, kein Interesse, keine Zeit, können wir uns momentan nicht leisten und so weiter. Die entscheidende Frage ist auch hier: Wie viele Neins können Sie ertragen? Wie ausdauernd sind Sie? Wie lange ist Ihr Atem?

Die Kunst ist es, in einer schwierigen Situation, nach einem Rückschlag, trotzdem weiterzumachen. Ob beim Extremsport oder im normalen Leben. Doch wie schafft man das? Wie schafft man es, nach zehn erfolglosen Telefonaten wieder zum Hörer zu greifen und weiterzumachen? Wie schafft man es, nach drei erfolglosen Marathonläufen sich fürs Weitermachen zu motivieren? Die Antwort, die ich gefunden habe, lautet: indem man sich einfach bewusst macht, dass man Zeit braucht. Ausdauer und Durchhaltevermögen haben sehr viel mit Zeit zu tun. Ich kann nicht heute mit dem Laufen beginnen und dann übermorgen den Ultra-Trail Mont Blanc erfolgreich beenden. Das geht nicht. Oder stellen Sie sich einen jungen Mann vor, der gerade seine Ausbildung zum Bankkaufmann begonnen hat. Der wird sicherlich nicht in einem Jahr Filialleiter werden. Vor Kurzem habe ich gelesen, dass Dieter Bohlen zu Beginn seiner Karriere fast zehn Jahre bei Plattenfirmen nur Klinken geputzt hat, bevor ihm der große Durchbruch gelang.

Man muss sich einfach von Anfang an bewusst machen, dass es ein langer Weg zum Erfolg ist. Ein langer Weg, der einfach Zeit braucht. Zuerst muss immer die Anstrengung erfolgen und erst danach, mit zeitlicher Verzögerung, erhält man die Belohnung. Und über diese zeitliche Verzögerung muss man sich von Beginn an im Klaren sein. Ich muss zunächst unzählige Stunden in mein Training investieren, um überhaupt um den Mont Blanc laufen zu können und dann auch ins Ziel zu kommen. Klingt eigentlich logisch, oder? Den umgekehrten Weg zu gehen, macht schlichtweg keinen Sinn. Doch genau das wollen anscheinend viele Menschen: erfolgreich sein und dafür nichts zu tun. Doch so funktioniert das nicht.

Zu diesem Punkt kann man sehr bildhaft das Pareto-Prinzip, besser bekannt als die 80:20-Regel, anwenden. Achtzig Prozent eines Erfolgs kommen erst mit den letzten zwanzig Prozent der Anstrengung. Oder anders ausgedrückt: Man muss zunächst einmal einen Großteil an Zeit und Energie (80%) aufwenden, um überhaupt die ersten Erfolgserlebnisse (20%) zu bekommen. Und das erfordert einen langen Atem.

Wie lange benötigt man, um auf einem Gebiet, gleichgültig in welchem Lebensbereich, zur Spitze zu gehören? Wie lange braucht man, bis man eine Sache, die man beginnt, sehr gut beherrscht? Was meinen Sie? Um in einer Sache wirklich sehr gut zu sein, um einen Expertenstatus auf einem Gebiet zu erhalten, sind mindestens sieben, realistischerweise eher zehn Jahre notwendig. Zehn Jahre. Oder 120 Monate, oder 3.650 Tage, oder 87.600 Stunden. Doch viele Menschen denken ernsthaft, dass man von heute auf morgen erfolgreich wird, dass man gar nichts dafür tun muss und dass einem alles in die Wiege gelegt wird. Was für ein Trugschluss! Ohne Arbeit, ohne Engagement, ohne Anstrengung und vor allem ohne Ausdauer kommt man nicht weit im Leben. Der extreme Ausdauersport ist dafür ein sehr gutes Beispiel. Um einen Lauf wie den Ultra-Trail Mont Blanc erfolgreich zu beenden, ist Talent allein definitiv zu wenig. Training, Training und nochmals Training, über Wochen, Monate und Jahre stellen die Basis zum Erfolg bei diesem Rennen dar. Darüber hinaus bestimmen noch zwei weitere Faktoren, ob man bei diesem Lauf durchkommt oder aufgeben muss: die Willenskraft und eben die Ausdauer.

Fehlende Ausdauer und mangelnde Beharrlichkeit sind die Hauptgründe, warum viele Menschen scheitern. Sie geben einfach zu früh auf. Wilhelm Busch hatte dazu ein sehr passendes Zitat: „Ausdauer wird früher oder später belohnt. Meist später.“

Im Ziel

Feiern Sie Ihren Erfolg

Ein sanftes Lächeln huscht mir über den Mund. Freudestrahlend schaue ich hoch an den wolkenfreien Himmel, an dem die Sonne wie eine Königin thront. Dabei macht sich eine Gänsehaut auf meinem ganzen Körper breit. In mir ist es ganz warm. Es prickelt in mir vom Kopf bis zur Fußspitze. Ich bin völlig losgelöst von allem. Bin ganz bei mir angekommen. Ich brauche nichts in diesem Moment. Ich bin einfach nur da. Meine Beine, meine Arme, meine Füße, mein Kopf – alles fühlt sich ganz leicht an. Für einen kurzen Augenblick schließe ich meine Augen und fühle mich wie im siebten Himmel. Mein Gesicht habe ich in meine Hände gelegt. Alles fühlt sich nass an. Nicht vom Schweiß, der schon lange getrocknet ist, sondern von den vielen Tränen, die nur so aus mir herausströmen. Es sind Tränen der Freude! Was für ein geiler Moment! Ich bin der glücklichste Mensch auf der Welt. Wie ein kleines Kind, das gerade Weihnachten, Ostern und Geburtstag auf einmal erlebt, fühle ich mich. Ich sitze hier am Marktplatz in Chamonix und habe vor ein paar Minuten zum dritten Mal in Folge die Ziellinie beim Ultra-Trail Mont Blanc überschritten. Ich bin sprachlos. Ich sitze einfach nur da und genieße dieses unbeschreibliche Glücksgefühl in vollen Zügen. Ich habe mein Ziel erreicht und bin einfach nur glücklich.

Die folgenden Tage bin ich in Gedanken immer wieder beim Lauf. Ich lasse das Rennen noch einmal Revue passieren und erlebe dabei meine persönlichen Höhepunkte noch einmal: die besondere, warmherzige Atmosphäre während des gesamten Rennens, die beeindruckende, majestätische Bergkulisse, die Stirnlampen der Läufer bei Nacht, die wie unzählige Glühwürmchen wirken, und den fulminanten Zieleinlauf in Chamonix. Selbst Tage danach habe ich noch immer ein Gänsehautgefühl bei diesen Gedanken. Als besonderes Ritual hat sich eingebürgert, dass ich nach solch einem Abenteuer mit meiner Familie und meinen Eltern essen gehe. Ich gönne mir dann das eine oder andere Bier und freue mich im Kreise meiner Familie über meine Rückkehr. Die Tage nach dem Lauf lege ich meine Beine hoch und bin froh, nicht laufen zu müssen. Ich genieße die lauffreie Zeit, belohne mich mit ausreichend Entspannung und erfreue mich an meiner Leistung. Dieses Genießen und Feiern sind für mich genauso wichtig wie der Lauf selbst.

Was im Sport eine Selbstverständlichkeit ist, ist im Berufsleben eher die Ausnahme. Stellen Sie sich vor: Sie haben soeben eine sensationell gute Präsentation abgeliefert, durch die Ihr Unternehmen einen lukrativen Auftrag an Land ziehen konnte. Sie haben dafür hart gearbeitet, sehr viel Zeit und Energie in dieses Projekt investiert. Was ist danach passiert? Ihr Chef und Ihre Kollegen sind gleich wieder zur Tagesordnung übergegangen? In der Wirtschaft finden in der Regel keine ausgefallenen Jubelarien oder ausgiebige Feiern statt. Was im Sport gang und gäbe ist, muss man im Geschäftsleben häufig noch lernen. Dennoch hat das Feiern von Erfolgen in allen Lebensbereichen seine Berechtigung als Belohnung für die investierte Zeit, die disziplinierte Arbeit und die aufgewendete Energie. Man muss dabei keine ausgelassenen Orgien feiern, in denen der Alkohol nur so in Strömen fließt. Mir kommt es vor allem auf die Wahrnehmung des Erfolges an, besonders bei kleinen Erfolgen. Das Problem ist doch, dass wir häufig auf ein großes Ziel, auf einen großen Moment hinarbeiten und dabei die zahlreichen kleinen Erfolge auf dem Weg zum großen Ziel vielfach übersehen. Oder die kleinen Erfolge als Selbstverständlichkeit abwerten, nach dem Motto: „Das war ja gar nichts Besonderes, das kann ich noch viel besser. Warte nur ab, bis ich am Ziel bin." Die Kunst ist es, sich gerade an den unscheinbaren Kleinigkeiten des Alltags zu erfreuen. Wenn ich zum Beispiel am Abend durch den Schwarzwald laufen darf, die eindrucksvolle Stille, das Zwitschern der Vögel, die reine, saubere Luft einatmen und den beeindruckenden Sonnenuntergang erleben darf. Das ist Erfolg. Wenn mich meine Tochter nach dem Aufwachen anlächelt und über beide Ohren strahlt, als wäre Weihnachen, Ostern und Geburtstag zusammen. Das ist Erfolg. Wenn ich einen begeisternden Vortrag halte und die Teilnehmer für sich wichtige Impulse mitnehmen, die ihr Leben verändern. Das ist Erfolg. Wenn ich einen Menschen zum Lachen bringe. Das ist Erfolg.

Diese Art von Erfolg war mir zugegebenermaßen nicht immer bewusst. Lange Zeit meinte ich, dass nur das Erreichen von großen Zielen und außergewöhnliche Leistungen im Leben als Erfolg zu werten sind. Meine Reaktion nach dem Zieleinlauf beim IsarRun kennen Sie ja bereits vom Anfang dieses Buchs. Erinnern Sie sich? Da kam ich ins Ziel, nach 333 gelaufenen Kilometern und fünf Tagen extremer Anstrengung und fragte mich: „Das soll es schon gewesen sein?"

Bei meinem Lauf durch die Atacamawüste im Mai 2010 war es ganz anders. Da kam ich nach vierzehn Tagen und 600 Kilometern in Antofagasta an. Ich war am Ziel. Für einen kurzen Augenblick verspürte ich ein unbeschreibliches Glücksgefühl, dass ich mein großes Ziel nun erreicht hatte. Doch dann wurde mir sehr schnell bewusst, dass mit diesem Tag das Abenteuer Atacama Challenge vorbei war. Das anfängliche Glücksempfinden wich einem schweren, nachdenklichen Gefühl. Ich lief in diesen zwei Wochen im Durchschnitt jeden Tag einen Marathon. Und ich wäre am liebsten weitergelaufen. Meine größte Befürchtung war, dass irgendwann dieses Abenteuer zu Ende sein würde. Und nun war dieser Moment eingetroffen. Die vielen traumhaften Augenblicke, die ich erleben durfte, gingen mir nochmals durch den Kopf. Ich erinnerte mich an den sagenhaften Sonnenuntergang, den wir an der Lagune Chaxa mit unzähligen Flamingos erleben durften. Ich erinnerte mich an unsere gemütlichen Lagerabende und die vielen bereichernden Gespräche mit meinen Freunden. Ich erinnerte mich an die atemberaubende Weite der Landschaft und den grandiosen Sternenhimmel. Jeder dieser Momente war einzigartig. Und jeden dieser Momente genoss ich in vollen Zügen. Beim Zieleinlauf lief in mir ein Film mit den Best of dieses Abenteuers ab.

Erfolg ist kein Zustand, sondern ein Prozess. Ein Prozess von Erlebnissen und Erfahrungen. Wenn wir es schaffen, einen Großteil dieser Erlebnisse bewusst wahrzunehmen und auch zu genießen, dann sind wir erfolgreich. Einverstanden? Deshalb: Feiern Sie ruhig den Erfolg, wenn Sie Ihr Ziel erreicht haben. Genießen Sie den Augenblick! Kosten Sie diesen Erfolg aus und gehen Sie nicht gleich wieder zur Tagesordnung über. Freuen Sie sich darüber, was Sie geleistet haben. Sie haben schließlich hart dafür gearbeitet. Doch genießen Sie genauso die vielen, vielen kleinen Erfolge auf dem Weg zu Ihrem Ziel. Nehmen Sie diese ebenfalls bewusst wahr. Dadurch werden Sie weiter motiviert und freuen sich auf die nächste Herausforderung.

Wenn ich ein Ziel erreicht und einen großen Lauf erfolgreich beendet habe, diesen Erfolg dann auch angemessen ausgekostet habe, tritt immer bald die Frage auf: Und jetzt? Was kommt als Nächstes? Wie kann ich diese Leistung noch übertreffen?

Grenzen der Grenzen erkennen

„Break your limits" ist mein Lebensmotto. Für mich ist es ein unglaublich inspirierendes Erlebnis, meine Grenzen zu testen. Stets frage ich mich: Wann ist die Grenze erreicht? Ab welchem Punkt geht es einfach nicht mehr weiter? Wann ist es genug?

Wenn ich dazu auffordere, die persönlichen Grenzen zu überwinden, meine ich damit nicht, mehr und mehr zu machen. Es muss nicht immer schneller, höher und weiter sein. Wesentlich ist es, zu erkennen, wo die Grenzen der Grenzen sind. Das kann auch bedeuten, einmal zurückzustecken, ein Abenteuer abzublasen oder einen Wettkampf abzubrechen, wenn der Preis zu hoch ist. Genau genommen müsste mein Motto vollständig lauten: „Break your limits, aber nicht um jeden Preis." Für das Jahr 2012 plante ich an einem Laufabenteuer teilzunehmen, das sicherlich zur absoluten Königsdisziplin unter den Ultraläufen zu zählen ist: am Transeuropalauf (Transeurope-Footrace), einem Lauf quer durch Europa. Dieser Wettkampf findet vom 19. August bis zum 21. Oktober 2012 statt. Man läuft insgesamt 4.000 Kilometer an 64 Tagen vom Norden Schottlands bis nach Gibraltar. Dabei passiert man Schottland, England, Frankreich und Spanien. Das bedeutet jeden Tag eine Distanz von durchschnittlich 62 Kilometern zurückzulegen. Nur fünfzig Läufer dürfen an diesem einzigartigen Rennen teilnehmen. Dies wird die dritte und vorerst letzte Ausgabe einer europäischen Kontinentaldurchquerung sein. Erstmals fand dieser Lauf im Jahr 2003 statt. Die Route führte damals von Lissabon nach Moskau. Im Jahr 2009, bei der zweiten Durchführung, führte der Weg dann von Bari in Italien an das Nordkap in Norwegen. Nur 66 Läuferinnen und Läufer haben bisher weltweit den europäischen Kontinent auf diese Weise durchquert. Mit diesem Abenteuer beschäftigte ich mich sehr lange. Ich konnte mir zunächst diese Dimensionen nur schwer vorstellen. An 64 Tagen, ohne einen einzigen Ruhetag, jeweils einen Ultramarathon zu laufen. Absoluter Wahnsinn! Aus sportlicher Sicht fand ich diesen Lauf einfach unglaublich und ungemein reizvoll. Es ist ein sehr anspruchsvolles und faszinierendes Ziel, ohne Frage. Das Feuer der Begeisterung brannte in mir, sobald ich an diesen Lauf dachte. Das war Ende 2009, als ich mich als einer der letzten Teilnehmer anmeldete. Einen Tag später waren die fünfzig Startplätze bereits vergeben. Und das über 2½ Jahre im Voraus.

Nach der Euphorie bei der Anmeldung fing ich an, auch die andere Seite der Medaille genauer zu betrachten. Kann ich solch körperliche Herausforderungen ohne langfristige gesundheitliche Schäden meistern? Welche Konsequenzen müsste ich tragen, wenn ich diesen Lauf um jeden Preis finishen will? In welcher Weise werden meine anderen Lebensbereiche darunter leiden? Meine Familie? Meine Berufung als Vortragsredner? Andere Laufprojekte? Die entscheidende Frage, die ich mir beantworten musste, lautete: Bin ich bereit den Preis für den Transeuropalauf zu bezahlen? Bin ich bereit, jeden Tag durchschnittlich 62 Kilometer zu laufen, und das über 64 Tage am Stück? Bin ich bereit, in dieser Zeit nur an das Laufen, das Essen und das Schlafen zu denken? Bin ich bereit, mit schmerzhaften Verletzungen wie beispielsweise dem Schienbeinkantensyndrom weiterzulaufen? Bin ich bereit, über zwei Monate jeden Tag auf hartem, grauen Asphalt bei Lärm und Abgasen zu laufen? Bin ich bereit, mich mit geschwollenen Füßen und mit großen Blasen zu quälen und weiterhin täglich einen Ultramarathon zu laufen? Bin ich bereit, über zwei Monate meine Tochter und meine Familie nicht zu sehen? Bin ich bereit, diesen Preis zu bezahlen?

Wenn ich mich dafür entscheide, dann müsste ich es aus tiefstem Herzen wollen. Dann müsste ich bereit sein, diesen festgelegten und bekannten Preis zu bezahlen. Ich durfte den Transeuropalauf nicht nur probieren wollen, nach dem Motto „Ich fange einmal an und schaue wie weit ich komme", sondern ich müsste es in letzter Konsequenz wirklich wollen. Auch dieses Abenteuer ist letztendlich eine Frage des Willens. Nach sorgfältigem Abwägen und einigen schlaflosen Nächten fiel dann die Entscheidung gegen diesen Lauf. Der Preis wäre für mich für dieses Ziel zu hoch gewesen. Meine anfängliche Euphorie und meine Träume einer läuferischen Durchquerung des europäischen Kontinents haben den nüchternen, realitätsnahen Fragen nicht standhalten können. Das Warum, meine ursprünglichen Motive für diesen Lauf, platzten dadurch wie eine Seifenblase. Dieses Abwägen zwischen verschiedenen Alternativen und ihren Konsequenzen lässt sich nahtlos auf das gesamte Leben übertragen, denn auch in anderen Lebensbereichen geht es darum, seine Grenzen zu erkennen. Sind Sie beispielsweise bereit, sechzig Stunden und mehr pro Wochen für Ihre Karriere zu arbeiten? Sind Sie bereit, zu Hause alles aufzugeben, um sich in einem fremden Land eine neue Existenz aufzubauen? Sind Sie bereit, Ihr bisheriges Leben zugunsten einer Familie aufzugeben? Sind Sie bereit, den Preis dafür zu bezahlen?

In meinem Beruf (oder besser meiner Berufung) als Vortragsredner frage ich mich häufig: Wie viele Vorträge möchtest du pro Jahr halten? Mein Motto lautet dabei nicht: immer mehr und mehr Vorträge. Was habe ich davon, wenn ich im Jahr an 250 Tagen für Vorträge und Seminare unterwegs bin und meine Tochter kaum sehe? Oder wenn ich wegen all der Vorträge meiner Lauf- und Abenteuerleidenschaft nicht mehr nachgehen kann? Doch wo genau liegt die Grenze? Bei 50, 100 oder 200 Veranstaltungen im Jahr? Ich habe für mich ein festes Limit gesetzt, das mich davor schützt, mich zu übernehmen. Mein Ziel ist es, ein ausgeglichenes Leben zu führen. Dazu gehören für mich mein Sport und meine Abenteuer genauso wie mein Unternehmerdasein und meine Familie. Ich kenne einige Menschen, die jeden Tag vierzehn oder sechzehn Stunden arbeiten. Das mache ich manchmal auch. Nur: Ich gönne mir auch wieder genügend Erholungsphasen dazwischen.

Vor Kurzem besuchte ich eine Netzwerk-Veranstaltung in Karlsruhe. Dort wurde ein namhafter Jungunternehmer zu seiner Karriere und seinem Unternehmen befragt, was ich sehr spannend fand. Er erzählte, wie er sein Informatik-Studium abgebrochen und sich mit 23 Jahren in der IT-Branche selbstständig gemacht hatte. Für den Aufbau seines Unternehmens hatte er auf sehr viel verzichten müssen: keine Partys, sieben Tage die Woche arbeiten und kein einziger Urlaub. Er habe in den letzten Jahren deutlich an Gewicht zugelegt, weil ausreichende Bewegung einfach nicht mehr möglich war. Diese totale Hingabe und volle Konzentration auf eine Sache bewundere ich wirklich. Hut ab vor solchen Menschen, die vor Leidenschaft nur so sprühen und ihre Berufung gefunden haben. Ich fragte mich bei diesem Gespräch immer wieder: War der Preis, den er für sein Unternehmen bezahlen musste, nicht zu hoch? Als er abschließend nach seinen mittel- und langfristigen Zielen befragt wurde, antwortete er ganz spontan: „Wir wollen wachsen und die Nummer eins in Europa werden.“ Er nannte eine bestimme Umsatzgröße und strahlte über beide Ohren. Auch diese Aussage gab mir zu denken. Muss es immer höher, schneller, besser, weiter und mehr sein? Gerade als leistungsorientierter Mensch muss man sich immer wieder nach den eigenen Grenzen fragen. Wo liegt die persönliche Grenze? Wann ist es genug?

Mit dieser Frage setzte sich auch der britische Autor John Naish in seinem Buch „Genug – Wie Sie der Welt des Überflusses entkommen“ auseinander. Naish war selbst ein Workaholic gewesen und hatte kurz vor einem Burnout gestanden. Er entschied sich daraufhin zu einem radikalen Kurswechsel, was bedeutet, dass er heute ohne Mobiltelefon, ohne Fernsehgerät und ohne größere materielle Dinge auskommt. Er verlässt sein Büro heute immer pünktlich. Sein Buch und seine Einstellung gaben mir zu denken. Das Thema der eigenen Grenzen lässt sich nicht nur im Leistungskontext betrachten, sondern gilt für sämtliche Lebensbereiche, allen voran im materiellen Bereich. Wir leben doch heute in Europa in einer Überflussgesellschaft. Uns allen geht es fast ausnahmslos gut. Wir besitzen ein komfortables Zuhause, haben ein Auto, ein Fernsehgerät, einen Computer und so weiter. Uns fehlt es materiell an nichts. Doch anstatt uns daran zu erfreuen und damit zufrieden zu leben, wird noch ein zweites oder drittes Auto angeschafft, ein noch größerer Fernseher gekauft oder in ein noch moderneres Handy investiert. Man erhofft sich dadurch Zufriedenheit und Glück zu erfahren. Doch Glück kann man sich nicht kaufen. Die Menschen in den westlichen Industrienationen investieren sehr viel Zeit und Energie, Geld zu verdienen und materielle Güter anzuhäufen. Der Lebensstandard nimmt dabei stetig zu, doch gleichzeitig reduziert sich die Zeit, diese

Dinge bewusst wahrnehmen und auch genießen zu können. „Ich gebe die nächsten zehn Jahre in meinem Job so richtig Gas und dann fange ich an das Leben zu genießen“, lautet dabei das Motto.

Einfach zu sein, als immer nur zu tun, ist eine Botschaft, mit der ich mich gut anfreunden kann. Wie oft genießen wir unser Leben, unsere Erfolge und das Erlebte? Viel zu selten, oder? Ich will Sie damit nicht auffordern, sich auf Ihren Lorbeeren auszuruhen und gar nichts mehr zu tun. Das ist sicherlich der falsche Weg. Natürlich müssen wir zunächst etwas tun, um auch etwas zu erreichen, überhaupt keine Frage. Was halten Sie davon, für sich selbst sinnvolle Grenzen zu finden und diese einzuhalten? Sich immer wieder selbst herauszufordern und trotzdem das Erreichte zu genießen? Genug zu arbeiten und trotzdem Zeit für Zufriedenheit übrig zu haben? Sich körperlich zu verausgaben und danach wieder Zeit für die Erholung zu gönnen? Ob körperliche, mentale, materielle oder ideelle Grenzen: Die Frage nach dieser individuellen Grenze lässt sich auf sämtliche Lebensbereiche übertragen.

Unter „break your limits“ verstehe ich nicht, kopflos und um jeden Preis seine persönlichen Grenzen zu verschieben. Vielmehr will ich damit sagen, dass man sich mit Verstand neuen Erfahrungen hingeben soll, um auf diese Art und Weise persönlich zu wachsen. Persönlich sinnvolle Grenzen zu definieren und sich daran zu halten, ist in meinen Augen die große Herausforderung der heutigen Zeit. Unsere eigene Grenze, unseren eigenen Maßstab für „Genug“ herauszufinden, ist die Kunst. Das kann bedeuten, auch einmal Nein zu einem lukrativen Vortragsangebot zu sagen, wenn ich davon nicht völlig überzeugt bin. Oder Nein zu einem Lauf zu sagen, wenn der Preis für diesen für mich zu hoch erscheint.

„Break your limits“ bedeutet für mich persönlich, über

seinen eigenen Schatten zu springen und nach seinen eigenen Vorstellungen und Werten zu leben. Darin erfahre ich die größte Zufriedenheit in meinem Leben. So kann ich das tun, was ich wirklich will und was meinen Werten, Stärken und Motiven entspricht.

Mein letzter Wille – oder um was es mir wirklich geht

„Wenn ich mein Leben noch einmal von vorne beginnen könnte, dann würde ich beim nächsten Mal riskieren, mehr Fehler zu machen. Ich würde die Reise entspannter, flexibler und unbekümmerter antreten. Ich würde weniger Dinge ernst nehmen. Ich würde mehr Chancen ergreifen, mehr Reisen unternehmen, mehr Berge besteigen und mehr Flüsse durchschwimmen. Ich würde mehr Eis essen und weniger Bohnen. Ich hätte vielleicht mehr echte Probleme, aber weniger eingebildete. Sie sehen, ich gehöre zu jenen Menschen, die vernünftig und besonnen sind, Stunde um Stunde, Tag um Tag. Oh, in meinem Leben gab es auch Augenblicke, die zählten. Wenn ich nochmals von vorne anfangen könnte, dann hätte ich gerne mehr davon. Ich würde sogar versuchen, nichts anderes zu erleben – nur Augenblicke, einen nach dem anderen, statt jeden Tag so viele Jahre im Voraus zu leben. Ich gehöre zu den Leuten, die nirgendwo hingehen ohne Thermometer, Wärmeflasche und Regenmantel. Wenn ich noch einmal die Wahl hätte, dann würde ich mit leichterem Gepäck reisen. Wenn ich mein Leben noch einmal von vorne beginnen könnte, dann würde ich im Frühling früher barfuß gehen und im Herbst erst später die Schuhe hervorholen. Ich würde mehr Tanzveranstaltungen besuchen, mehr Karussell fahren, mehr Gänseblümchen pflücken."

Das sind nicht meine Worte, sondern die einer 86-jährigen Frau. Als ich diese Zeilen zum ersten Mal gelesen habe, musste ich lange darüber nachdenken. Um was geht es wirklich in unserem Leben? Was würden Sie anders machen, wenn Sie Ihr Leben noch einmal beginnen könnten? Was würden Sie unternehmen, wenn Sie eine Million Euro und alle Zeit der Welt zur Verfügung hätten? Welche Dinge würden Sie tun, wenn Sie nur noch ein Jahr zu leben hätten? Die letzte Frage klingt zugegebenermaßen ein wenig makaber, doch sie zielt genau auf die Kernaussage, um die es mir in diesem Kapitel geht. Um was geht es in unserem Leben? Was ist wirklich wichtig? Ist es wichtig, 166 Kilometer um den Mont Blanc zu laufen? Für mich schon. Ist es wichtig, stundenlang am Schreibtisch zu sitzen und Anträge zu bearbeiten? Für einen leidenschaftlichen Finanzbeamten schon. Ist es wichtig, Hunderte und Tausende von Kilometern zu fahren, um seinem Verein beim Auswärtsspiel zuzuschauen? Für einen begeisterten Fußballfan schon. Jeder definiert sein Leben anders. Und das ist gut so.

Wir Menschen in Westeuropa haben das Privileg, in einer Zeit leben zu dürfen, in der wir unglaublich viele Entfaltungsmöglichkeiten haben. Es gab noch nie so viele Gelegenheiten, sein Leben aktiv zu gestalten – in jede denkbare Richtung. Uns stehen alle Türen und Tore offen. Wenn ich nächste Woche nach Südafrika reisen möchte, dann steige ich in ein Flugzeug und bin ein paar Stunden später auf einem anderen Kontinent. Allein diese Tatsache sehe ich als großes Privileg. Solche schon selbstverständlichen Dinge muss man sich immer wieder bewusst machen.

Doch was machen viele Menschen aus diesen tollen Möglichkeiten? Ich höre immer wieder Aussagen wie „Wenn ich einmal viel Geld verdiene, dann reise ich um die Welt. Wenn ich erst einmal in Rente bin, dann erfülle ich mir meine Träume." Davon halte ich überhaupt nichts. Wann wird dies der Fall sein? Unser Leben findet immer nur im Hier und Jetzt statt. Genau in diesem Moment, in dem Sie diese Zeilen lesen, findet Ihr Leben statt. Wenn ich eines in meinem Leben gelernt habe, ist es, nichts auf später zu verschieben. Ich lebe meine Träume und mein Leben. Und zwar genau in diesem Augenblick. Auch wenn manchmal ein anderer Weg bequemer und sicherer wäre. Das schlimmste Szenario für mich wäre, wenn ich mir im hohen Alter eingestehen müsste: „Hättest du damals bloß ..." Diese vier Worte sind für mich der absolute Albtraum. „Just do it", der bekannte Werbeslogan des amerikanischen Sportartikelherstellers Nike, stellt meine Antwort dar. Mach es einfach und denke nicht so lange darüber nach. Das Leben ist zu kurz, um sich immer nur Gedanken und Sorgen zu machen. Ich lebe heute viel entspannter und sehe die Dinge im Alltag lockerer als früher. Auch wenn ich ein sehr ehrgeiziger, zielstrebiger und leistungsorientierter Mensch bin, habe ich gelernt, mich nicht mehr so wichtig und viele Alltagssituationen nicht mehr so ernst zu nehmen. Ich mache mir bewusst, dass ich nur ein winzig kleiner Teil auf unserem riesigen Planeten bin und dass mein Leben nicht einmal einen Wimpernschlag in Anbetracht der Milliarden von Jahren unserer Weltevolution darstellt. Das relativiert einiges. Lieber lebe ich ein kurzes, dafür aber intensives und erfahrungsreiches Leben voller Höhepunkte, anstatt ein langes und langweiliges Dasein zu führen. In diesem Zusammenhang kommt mir immer wieder das Lebensmotto meiner Reisegefährtin Betty in den Sinn, das sie mir während meiner Zeit in Melbourne in mein Reisetagebuch geschrieben hat: „Lebe dein Leben, als würde es kein nächstes geben. Du lebst nicht für den Tod, doch du stirbst für das Leben." Diese

Worte umschreiben auf eine passende Art und Weise auch meine Lebensphilosophie. Darum geht es mir.

Mir gibt es sehr viel, immer wieder aufbrechen zu können und neue Abenteuer in der ganzen Welt erleben zu dürfen. Unterwegs zu sein, körperliche und mentale Grenzerfahrungen zu erleben, neue Kulturen und Menschen kennenzulernen, durch bereichernde Gespräche von ihnen zu lernen und meinen persönlichen Horizont zu erweitern. Es stehen noch viele weitere Abenteuer auf meiner Zieleliste. Beispielsweise der Yukon Arctic Ultra in Kanada oder ein Lauf durch die Namibische Wüste oder eine läuferische Umrundung von Madagaskar oder eine Durchschreitung der Wüste Gobi. Oder ich fahre mit dem Rad durch Afrika. Oder ich radle gleich um die ganze Welt. Oder ich paddle mit einem Kanu über den Atlantik. Die Grenze setze ich mir nur selbst. Die Stärke meines Willens wird darüber entscheiden, welchem Projekt ich mich als Nächstes widmen werde. Lassen Sie sich überraschen. Auf meiner Webseite erfahren Sie übrigens alles Aktuelle: http:// www.norman-buecher.de

Der (extreme) Sport ist für mich nicht alles im Leben. Mein großes Lebensziel lautet: Meine Erfahrungen weitergeben und für möglichst viele Menschen nutzbar machen. Dies stellt einen wesentlichen Teil meines Antriebes dar. Neben meinen Impulsvorträgen und Seminaren für Führungskräfte, Angestellte und Arbeiter in Unternehmen habe ich im Jahr 2009 ein weiteres, für mich sehr sinnstiftendes Projekt gestartet: „Fit für das Leben". Ich gehe an deutsche Schulen mit dem Ziel, möglichst viele Schülerinnen und Schüler zu begeistern, zu motivieren und zu inspirieren. In meinen Schulvorträgen spreche ich über Ziele, Begeisterung, die richtige Einstellung, über Disziplin und Ausdauer als wichtige Erfolgsfaktoren und über Verantwortung, die jeder Mensch für sein eigenes Leben hat. Mir bereitet es jedes Mal große Freude, mit jungen Menschen zusammenzuarbeiten und damit einen winzig kleinen Beitrag zu deren Entwicklung zu leisten. Kinder sind unsere Zukunft. Das wird mir, seit ich Vater geworden bin, immer mehr bewusst. Deshalb sehe ich gerade in der Erziehung eine riesengroße Chance, wie wir junge Menschen wichtige Impulse für ihr eigenes Leben mitgeben können. Authentische Lebenserfahrungen weiterzugeben, stellt dabei meines Erachtens ein gutes Vehikel dar. Wenn ich in einer Schule vor 150 Schülerinnen und Schülern spreche, diese gespannt und konzentriert meinen Ausführungen lauschen und interessiert Fragen stellen, erfüllt mich das mit großem Stolz. Solche Momente stiften mir persönlich unheimlich viel Sinn und lassen mich motiviert in den Tag starten. Dieses Schulprojekt ist ein ganz wesentlicher Bestandteil in meinem Leben. Auch darum geht es mir.

Mein koreanischer Freund Yang, mit dem ich im Jahr 2004 ein paar Wochen zusammen durch Australien gereist bin, hat mir folgendes Zitat in mein Reisetagebuch geschrieben: „Live the life you love. Love the life you live." Dem ist nichts mehr hinzuzufügen.

Auslaufen

Was für das Ende bei einem langen Lauf gang und gäbe ist, möchte ich auch auf dieses Buch anwenden und dieses nicht abrupt beenden, sondern mit einem lockeren „Cooldown“ abschließen.

Sie haben in diesem Buch einige Impulse bekommen. Nun liegt es ganz bei Ihnen, was Sie daraus machen. Sie können das Buch weglegen und alles so belassen, wie es war. Sie können jedoch auch nach dem Lesen zum Handeln kommen und die Tipps, Anregungen und Denkanstöße, die Sie erhalten haben, direkt anwenden. Das ist mein abschließender Appell an Sie: Tun Sie das! Wenn Sie nur ein paar der vorgeschlagenen Impulse in Ihr Leben lassen, hat sich das Schreiben dieses Buchs für mich gelohnt.

Zum Abschluss möchte ich Ihnen die Geschichte des Australiers Cliff Young erzählen. Als ich diese Geschichte zum ersten Mal hörte, war ich so fasziniert und angetan, dass ich sie mittlerweile auch in meinen Vorträgen zum Besten gebe.

In Australien fand in den 1980er-Jahren jedes Jahr ein Ultramarathon von Sydney nach Melbourne statt. Dort nahmen nur die Härtesten der Harten teil. Jeden Tag hieß es gut 18 Stunden zu laufen, dann wurde sechs Stunden geschlafen und dann folgte wieder die gleiche Prozedur. Das ging so über acht lange Tage. Im Jahr 1982 war beim Start auf einmal ein älterer Herr im Blickfeld: 61 Jahre, in Fallschirmspringer-Kombi und drei Pfund schweren Springerstiefeln. Der Reporter sagte zu ihm: „Entschuldigen Sie bitte, wir wollen gerade die Wettkämpfer fotografieren. Wären Sie so nett und gehen ein bisschen zur Seite?“ Der ältere Mann sagte daraufhin: „Ich laufe hier mit!“ Diese Antwort verursachte großes Erstaunen, denn er war fast dreißig Jahre älter als der zweitälteste Teilnehmer im Feld. Man interviewte ihn: „Sind Sie denn schon jemals einen Marathon oder etwas Ähnliches zuvor gelaufen?“ Der ältere Mann sagte: „Nein, aber irgendwann muss ja für jeden das erste Mal sein.“ Die Reporter wurden neugierig und wollten wissen, wie er denn überhaupt auf die Idee gekommen sei, hier mitzulaufen. Er sagte: „Ich beobachte das schon seit Jahren. Die laufen immer hinter meiner Schafherde her.“ Da sagte der Reporter: „Wenn Sie hier noch nie mitgelaufen sind, was ist denn Ihre Strategie? Wo sind Ihre Verpflegungsdepots? Wo wollen Sie denn übernachten?“ Da sagte der ältere Herr: „Was heißt denn hier Strategie? Ich dachte, der Weg zum Ziel sei ausgeschildert. Ich bin doch nicht hier zum Pennen, sondern zum Rennen!“ Die Australier mit ihrer sportlichen Einstellung dachten sich: O.k., wenn der mitmachen will ... Es gilt das olympische Prinzip – Dabeisein ist alles. Man ließ ihn schließlich mitlaufen. Nachdem das Rennen gestartet war, hatte Cliff Young schnell einige hundert Meter Rückstand auf die anderen Läufer und der Reporter sagte: „Meine Damen und Herren, Sie sehen hier den Traum eines alten Mannes. Es ist vermutlich das letzte Mal, dass Cliff Young seine Mitstreiter sieht.“ Und: Es war in der Tat das letzte Mal, dass Cliff Young seine Mitstreiter gesehen hatte, denn nach ein paar Meilen lag er schon hoffnungslos einige Minuten zurück. Als sich seine Konkurrenten jedoch am nächsten Morgen nach sechs Stunden Schlaf wieder auf die Strecke begaben, mussten sie zu ihrem Entsetzen feststellen, dass Cliff Young die Nacht durchgelaufen war und jetzt mehr als dreißig Kilometer vor ihnen lag. „Wie kann einer nur so verrückt sein?“, dachten sie sich. „Bei einem Rennen über acht Tage die ersten 24 Stunden durchzulaufen. Der wird sicherlich im Laufe des Tages schlapp machen.“ Am Ende des zweiten Tages hatten ihn die anderen Läufer fast wieder eingeholt, weil sie einfach schneller liefen. Doch nach der zweiten Nacht stellten sie fest, dass Cliff Young bis auf eine Stunde Kurzschlaf auch diese Nacht durchgelaufen war. Cliff Young gewann den Ultramarathon von Sydney nach Melbourne schließlich mit sagenhaften eineinhalb Tagen Vorsprung!

Warum erzähle ich Ihnen diese Geschichte? Die Kollegen von Cliff Young waren alle gestandene Profis. Sie wussten, dass man nach achtzehn Stunden schlafen musste. Sie wussten auch, dass man sich mindestens eine Stunde massieren lassen musste, und sie planten auch immer mindestens eine Stunde für das Frühstück ein. Cliff Young dagegen war blutiger Amateur. Er wusste nicht um die eingebildeten Grenzen der Profis Bescheid, sondern lebte einzig nach der Maxime: „Ich glaube nur an die Grenzen, die ich selbst ausgetestet habe." Im Jahr 1983 verbesserten dieselben Gegner, die im Vorjahr von Cliff Young vernichtend geschlagen worden waren, seine Bestzeit. Cliff Youngs Beispiel hatte sie gelehrt, nicht mehr an ihre eingebildeten Grenzen zu glauben, sondern für sich auszutesten, was wirklich im Bereich des Möglichen lag.

Das ist auch meine abschließende Botschaft an Sie: Lassen Sie sich nicht von außen in irgendwelche Schablonen zwängen, sondern stecken Sie sich Ihre eigenen Grenzen. Wir gehen häufig nicht an unsere Grenzen und fordern uns nicht. Warum auch? Das Leben ist doch bequem. Glücklich werden wir auf Dauer aber nur, wenn wir unser Potenzial ausschöpfen und das Beste aus unseren Möglichkeiten machen. Wie Cliff Young. Es liegt mir wirklich am Herzen, nochmals zu betonen, dass es dabei nicht immer um das Laufen oder um Extreme gehen muss. Sie müssen nicht morgen 166 Kilometer um den Mont Blanc laufen, um eine Grenzerfahrung zu erleben. Es kommt vielmehr darauf an, dass Sie sich Ihre eigenen Grenzen im Leben setzen, diese immer wieder verschieben und sich dadurch weiterentwickeln. Für den einen bedeutet das, neue sportliche Abenteuer zu erleben, für den anderen, zum ersten Mal eine Präsentation vor großem Publikum zu halten und für den nächsten, eine neue Sprache zu erlernen. Welche Grenze es bei Ihnen auch immer sein mag. Ich wünsche Ihnen für die Zukunft viel Erfolg und alles Gute. Bleiben Sie vor allem gesund. *Break your limits*!

Ihr *Norman Bücher*

Norman Bücher – Extremläufer und Vortragsredner

Motivationsexperte Norman Bücher ist Extremläufer aus Leidenschaft. Mit 22 Jahren lief er seinen ersten Marathon, ein Jahr später zum ersten Mal die 100 Kilometer von Biel. Als 29-Jähriger beendete er erfolgreich den härtesten und anspruchsvollsten Extremberglauf in Europa, den Ultra-Trail du Mont Blanc (166 Kilometer, 9.400 Höhenmeter). Der Abenteurer stellt sich extremen sportlichen Herausforderungen und bestreitet die schwierigsten Marathonläufe der Welt. Seine Durchquerung der Atacamawüste in Chile, der 100-Meilen-Lauf im Himalaya und der Jungle Marathon in Brasilien belegen dies. Sein Lebensmotto lautet: „Break your limits".

Als Diplom-Betriebswirt und Diplom-Sportmarketing-Manager verfügt er über ein fundiertes Fachwissen und wichtige wissenschaftliche Kenntnisse. Nach längeren Auslandsaufenthalten arbeitete Norman Bücher bei mehreren Unternehmensberatungen in ganz Deutschland. Die jahrelange Erfahrung aus dem Extremsport sowie sein betriebswirtschaftliches Know-how gibt er in spannenden und genussreichen Vorträgen weiter. Der 5 Sterne Redner hat die Gabe, als Referent dem Publikum seinen außergewöhnlichen Erfahrungsschatz mit Kompetenz, Leidenschaft und rhetorischem Geschick zu vermitteln.

Der Motivationsexperte besitzt die Fähigkeit, bei seinen Vorträgen den Zuhörern zu vermitteln, wie viel Extremsport mit dem Arbeits- und Alltagsleben zu tun hat. Besonders seine lebendige, authentische und dynamische Art und Weise, mit der Norman Bücher es schafft, den Bogen von seiner sportlichen Welt zum Publikum zu schlagen, macht die Einzigartigkeit seiner lehrreichen, unterhaltsamen und bildgewaltigen Vorträge aus.

www.norman-buecher.de

Firmenvorträge mit Norman Bücher

Praxisnah, umsetzbar und authentisch. Unter diesen Prämissen gestaltet Norman Bücher seine Vorträge. Er spricht darin ausschließlich aus eigener Erfahrung. Durch seine prägenden Erfahrungen als Extremsportler, sein Wissen als ehemaliger Unternehmensberater und seinen betriebswirtschaftlichen Hintergrund werden seine Vorträge zu einem authentischen, lehrreichen und unterhaltsamen Erlebnis.

Der Erfahrungsschatz von Norman Bücher bietet fundierte Ansatzpunkte für ein Spektrum hochrelevanter Themen im Bereich Motivation, Höchstleistung und Grenzerfahrung. Durch den Transfer von Extremsport auf berufsbezogene Themen erhalten die Teilnehmer seiner Vorträge wertvolle Impulse, neue Denkanstöße und ungewohnte Sichtweisen auf scheinbar schon bekannte Sachverhalte.

Möglichkeiten der Zusammenarbeit:

- Führungskräftetagungen
- Kick-Off-Veranstaltungen
- Kundenveranstaltungen
- Mitarbeiterschulungen
- Kongresse
- Messen
- Jahrestagungen
- Verbandstreffen
- Vertriebsmeetings

Kontakt: 5 Sterne Redner, Heinrich Kürzeder
Untere Hauptstraße 5, 89407 Dillingen/Donau,
Telefon: + 49 (0) 9071/770 35-0,
Telefax: +49 (0) 9071/770 35-29
h.kuerzeder@5-sterne-redner.de
www.5-sterne-redner.de/referenten/norman-buecher